Dressur-Training

Die Arbeit an hohen Lektionen

Arthur Kottas-Heldenberg | Andrew Fitzpatrick

Müller Rüschlikon

Einbandgestaltung: Kornelia Erlewein

Titelbilder: Ewald Willibald und aus dem Archiv der Autoren

Bildnachweis:
Die Fotos auf den Seiten 6 und 9 stammen aus dem Archiv der Autoren.

Alle übrigen Fotos wurden von Ewald Willibald erstellt.

Die Zeichnungen stammen von Dianne Breeze.

First published by Kenilworth Press, an Imprint of Quiller Publishing Ltd in the English language as
Dressage Solutions

Deutschsprachige Ausgabe: Aus dem Englischen übersetzt von Sigrid Eicher.

ISBN 978-3-275-01991-5

Postfach 103743, 70032 Stuttgart
Ein Unternehmen der Paul Pietsch Verlage GmbH & Co. KG
Lizenznehmer der Bucheli Verlags AG, Baarerstr. 43, CH-6304 Zug

1. Auflage 2014

Sie finden uns im Internet unter www.mueller-rueschlikon-verlag.de

Redaktion: Claudia König
Innengestaltung: grafik + design Erlewein, Stuttgart-Freiberg
Druck und Bindung: Agentur Dalvit, 85521 Ottobrunn
Printed in Italy

INHALT

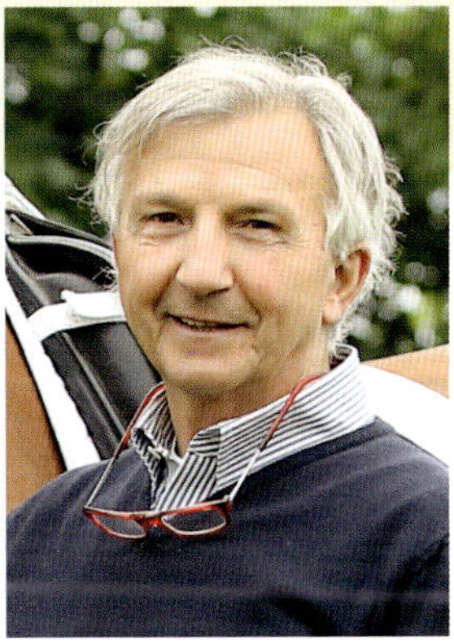

Danksagung

Wir bedanken uns bei Caroline und Patricia Kottas-Heldenberg dafür, dass sie Ewald Willibald ihre Zeit und ihre reiterlichen Fähigkeiten für seine exzellenten Fotos im ganzen Buch zur Verfügung gestellt haben.
Dank gebührt auch Dianne Breeze für ihre wunderbar instruktiven Zeichnungen und Fiona Passey D.O., N.D. für die Beratung bei den Dehnübungen.
Ganz großen Dank schulden wir Alex und Nick Cookson und dem *Training the Teachers Tomorrow Trust* für die Erlaubnis, uns in ihrem Heim zu treffen, um über das Buch zu diskutieren, und für ihre Ermutigung und Unterstützung bei diesem Projekt.
Dank auch an die Reiter und Pferde der Klassischen Reitschule im Gestüt Lipica, Slowenien, für die Erlaubnis, ihre superbe Arbeit in der Hohen Schule zu zeigen und einmal mehr an Ewald Willibald, der die Fotos dazu machte.
Dankend anerkennen möchten wir außerdem die beständige Hilfe und Ermutigung durch John Beaton von Kenilworth Press, die gestalterischen Fähigkeiten von Paul Saunders und das Korrekturlesen von Martin Diggle.

Illustrationen

Alle Fotos wurden mit Erlaubnis des Fotografen Ewald Willibald ins Buch aufgenommen. Ausgenommen sind lediglich die Fotos auf Seite 6 und 9 aus der Privatsammlung von Arthur Kottas-Heldenberg.
Alle Zeichnungen wurden mit Erlaubnis der Künstlerin Dianne Breeze reproduziert.

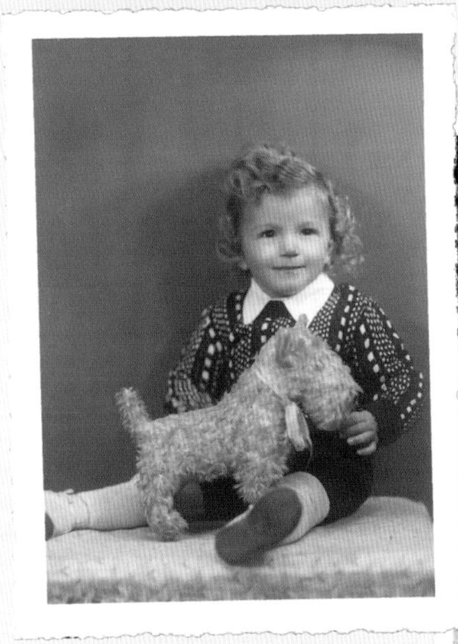

Die besondere Beziehung zu Tieren zeigt sich bei Arthur Kottas schon sehr früh.

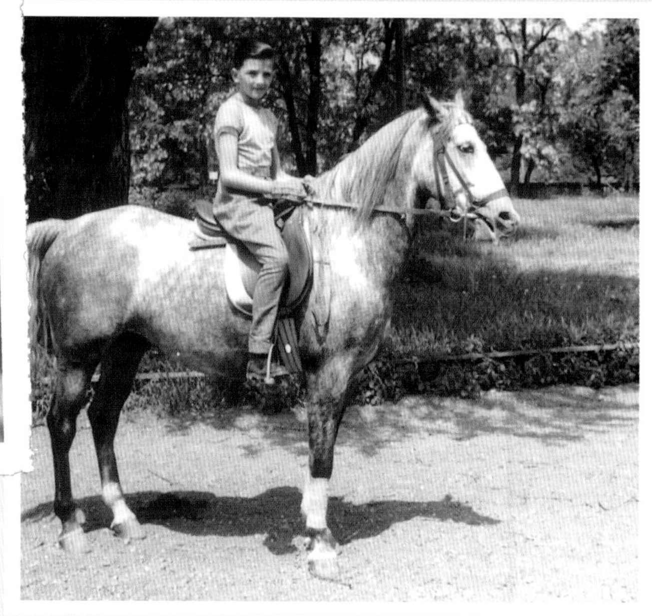

Arthur Kottas als Jugendlicher im Frühstadium des korrekten Sitzes.

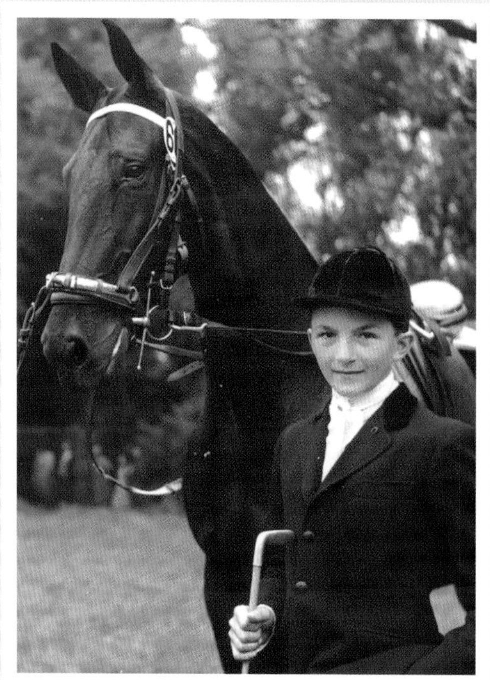

Turniere waren Teil der Kindheit.

Einführung

In diesem Buch finden Sie im Rahmen der klassischen Dressurausbildung Ratschläge zu den Problemen, die sich im täglichen Training ergeben. Es ist so aufgebaut, dass es dem Leser, der Leserin leicht fällt, das entsprechende Kapitel zu dem Problem aufzufinden, die Gründe dafür zu entdecken und Lösungen zu finden. Logischerweise ist es unmöglich, jedes auftretende Problem zu behandeln, aber das Buch wird sich hoffentlich als gute Quelle erweisen, gleichermaßen nützlich für Lehrer und Reiter.

Um Lösungen für Probleme anbieten zu können, müssen diese Probleme in einen Zusammenhang gestellt werden, was eine korrekte Praxis voraussetzt, denn die Dressurarbeit kann sich ohne Struktur nicht glatt entwickeln. Man sagt, dass man zwei Leben braucht, um reiten zu lernen. Das Buch möchte Ihnen als Führer auf diesem Weg dienen.

Die Ratschläge basieren auf den soliden Grundsätzen der klassischen Dressur und haben sich im Alltag bewährt. Diese Grundsätze sind immer bestimmt vom Wohlergehen des Pferdes, von der Arbeit mit dem Pferd, nicht gegen das Pferd. In der Philosophie der korrekten Ausbildung gibt es keine »Abkürzungen«, es geht mehr um die fortschreitende Entwicklung innerhalb eines Systems, das Hunderte von Jahren für Tausende von Pferden bewiesen hat, dass es funktioniert.

Diese Grundsätze sind immer bestimmt vom Wohlergehen des Pferdes.

Auf den ersten Blick mag eine Reitweise, die harte Arbeit, Geduld und Verständnis für den vierbeinigen Partner erfordert, in der Welt von heute, die unrealistischer Weise immer auf sofortigen Erfolg aus ist, nicht sehr anziehend wirken. Aber wer den Weg der klassischen Dressurausbildung beschreitet, wird sich reich belohnt sehen. Wir dürfen nicht vergessen, dass wir wollen, dass das Pferd für uns arbeitet, und wenn wir es richtig machen, kann es uns zum willigen Partner und Freund werden.

Gute Reiter behandeln das Pferd mit Respekt. Sie sollten sich gegenseitig vertrauen. Wir müssen lernen, wie das Pferd die Welt sieht, und uns entsprechend verhalten. Damit ist nicht gemeint, dass wir ihm menschliche Qualitäten unterstellen, sondern eher dass wir uns ihm gegenüber jederzeit geduldig, ruhig und freundlich verhalten.

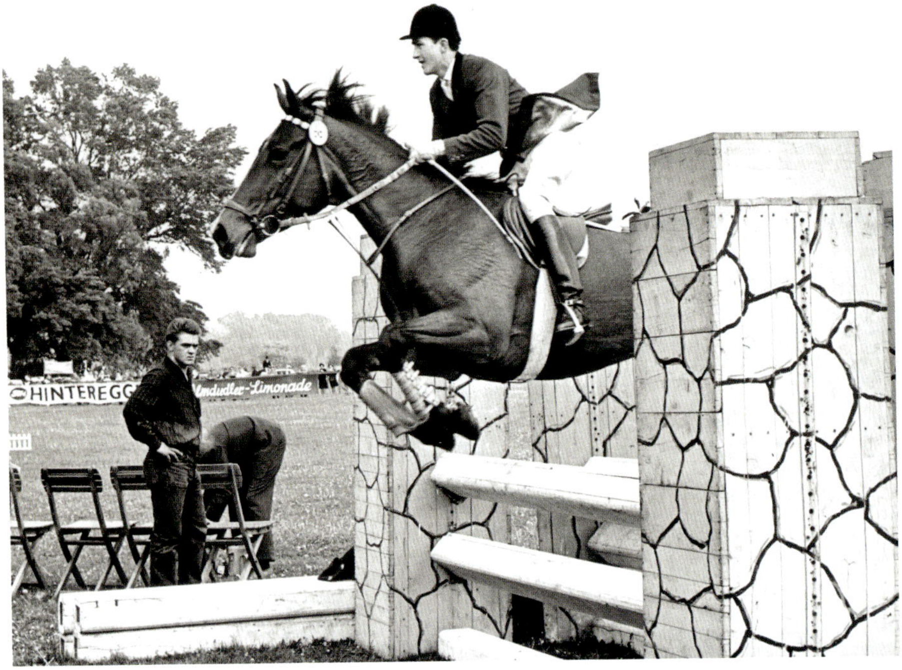

Vor seinem Eintritt in die Spanische Hofreitschule nahm Arthur an vielen Springprüfungen teil.

Als Reiter kommunizieren wir mit unserem Pferd mittels einer Sprache, die auf der Berührung und dem Druck von Schenkeln, Sitz und Zügeln beruht, weshalb die Hilfengebung beständig sein muss. Folgen wir nicht einem klaren System, wird es uns nicht verstehen. Dann kann es zu Problemen kommen, weil das Pferd verwirrt, frustriert oder ängstlich wird. Unsere Aufgabe ist es, ihm zu helfen, uns zu verstehen und dem menschlichen Partner zu vertrauen.

Unser Ziel ist es, das Pferd als solches zu verbessern, ob Superpferd oder nicht.

Den Reitern wird die Betonung auffallen, die auf die Entwicklung eines korrekten Sitzes gelegt wird, und die braucht zwar ihre Zeit, kann den Reiter aber, erfolgreich abgeschlossen, zu einem positiven Faktor der Ausbildung machen. Danach sollte jeder Reiter streben, ob er nun auf Turnieren starten oder nur die Befriedigung genießen will, ein Pferd auf ein hohes Niveau ausgebildet zu haben. Unser Ziel ist es, das Pferd als solches zu verbessern, ob Superpferd oder nicht. Jedes Pferd verdient es, gut behandelt und ausgebildet zu werden.

Das Buch ist in einfache Abschnitte gegliedert: Es beginnt mit einer Erklärung des Reitersitzes und geht von einer Beschreibung der Gänge über die Grundausbildung und die Seitengänge weiter bis zu den höheren Lektionen.

In den meisten Fällen wird eine »Blaupause« (s. Glossar) als gutes Beispiel angeboten. Es folgen häufige Fehler mitsamt der Begründung, warum sie so wichtig sind, bevor Lösungsvorschläge gemacht werden. Haben diese Probleme ihren Ursprung im Sitz des Reiters, wird der Leser, um unnötige Wiederholungen zu vermeiden, auf die entsprechenden Punkte im Kapitel über den Sitz zurückverwiesen.

Wir hoffen, dass Reiter wie ihre Lehrer von diesem Buch profitieren. Am Reiten selbst gibt es nichts Neues mehr, aber beim Reitenlernen geht es um Kommunikation und Verständnis. Mit diesem Buch möchten wir Ihnen Einsichten vermitteln, damit Sie und Ihr Pferd Freude am Reiten haben.

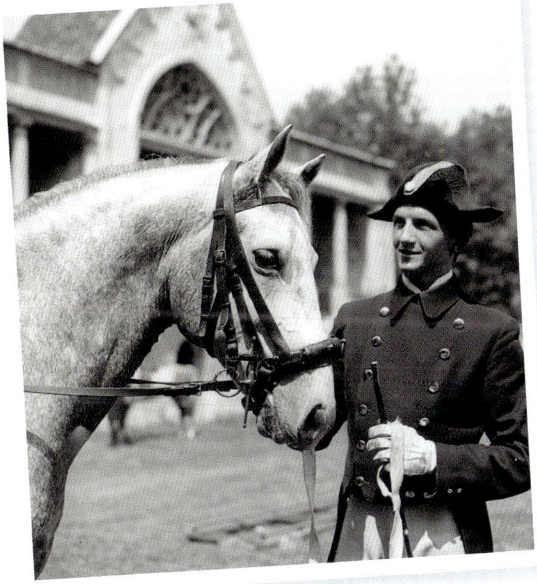

Anfangszeit in der Spanischen Hofreitschule

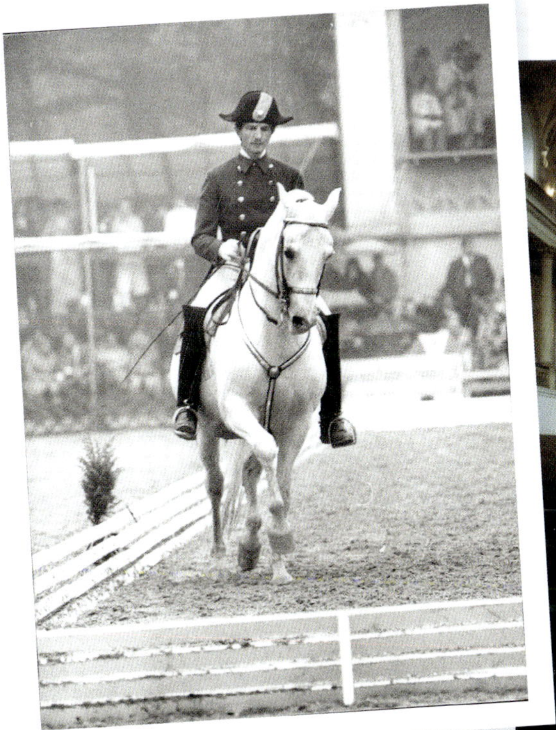

Pferd und Reiter voll konzentriert bei einer Vorstellung in der Spanischen Hofreitschule.

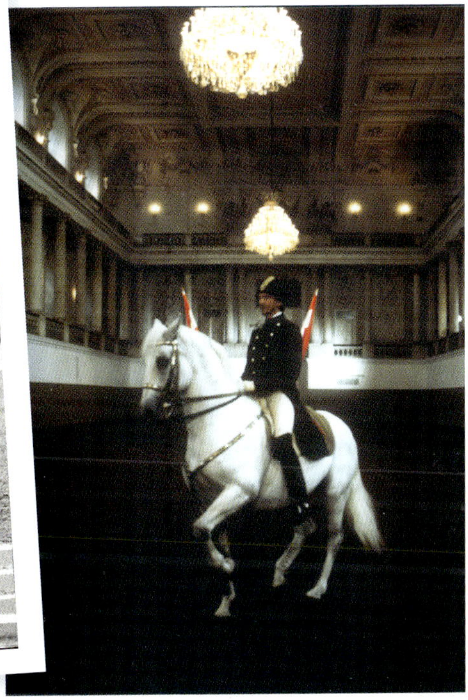

Piaffe in der Winter-Reitschule in Wien

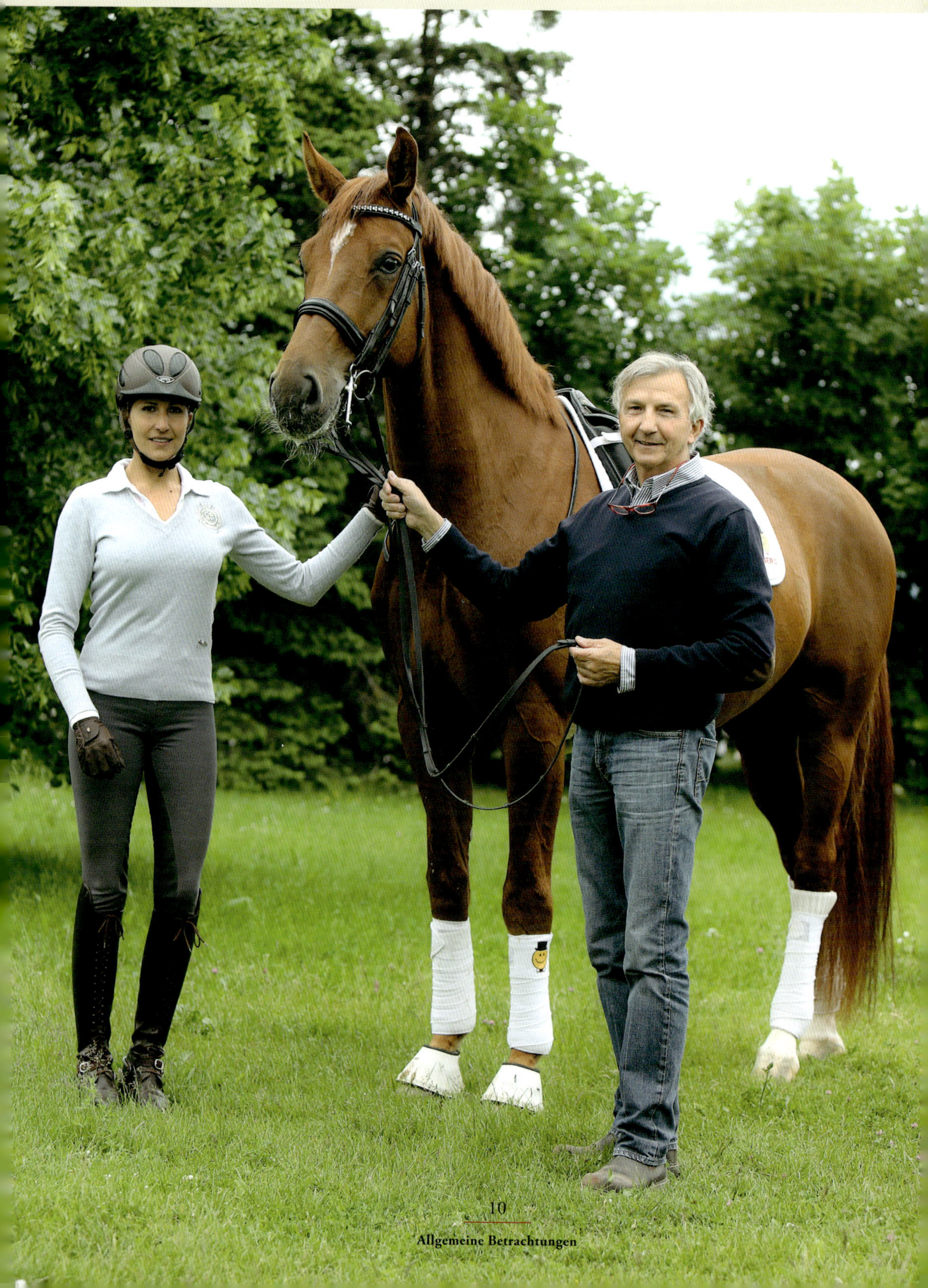

Kapitel 1

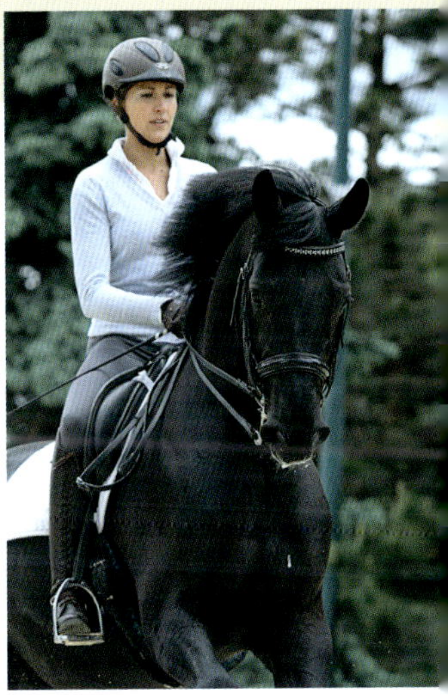

Allgemeine Betrachtungen

Reiten und Fitness

Das Dressurreiten erfordert sowohl geistige Konzentration wie eine gewisse körperliche Fitness. Wenn unsere eigenen Muskeln und Gelenke biegsam und elastisch sind und wir über einige Ausdauer verfügen, können wir reiten, ohne unser Pferd zu behindern.

Der Reitersitz ist bis zu einem gewissen Grad entwicklungsfähig. So braucht es etwa Zeit und Praxis, den Muskeltonus in der Lenden- und Unterbauchpartie zu entwickeln, der eine effektive Einwirkung per Sitz ermöglicht. Ebenso muss die Oberschenkelmuskulatur meist erst an eine gewisse Dehnung gewöhnt werden, bis sie die für einen tiefen Sitz erforderliche Position einhalten kann.

Das Dressurreiten erfordert sowohl geistige Konzentration wie eine gewisse körperliche Fitness.

Andere Aspekte des Reitersitzes müssen jedoch einfach erlernt und beibehalten werden. Den Kopf hoch und die Zügel mit dem Daumen nach oben zu halten sind gute Gewohnheiten, die sich durch die Selbstdisziplin ausbilden, sich wenn nötig entsprechend zu korrigieren.

Übungen an der Longe machen es dem Reiter möglich, sich neben dem Erlernen der Grundlagen der Hilfengebung auf die Entwicklung von Flexibilität und Balance zu konzentrieren, ohne das Pferd zu verwirren. Allmählich wird der Reiter, die Reiterin merken, dass er oder sie sich immer weniger auf die eigene Haltung zu konzentrieren braucht als vielmehr, anhand der Reaktionen des Pferdes, auf die Hilfen, darauf, wie das Pferd sich fühlt.

Viele Reiter arbeiten im Büro oder haben eine lange Anfahrt zum Reitstall, kommen dort also nicht unbedingt in der optimalen Kondition zum Reiten an. Wie wichtig die Aufwärmphase für das Pferd

links | Arthur und Caroline

ist, wissen wir, aber wir selbst sollten ebenfalls locker und entspannt sein. Am Ende eines Arbeitstages voller Stress mag das nicht ganz einfach sein, uns würden also ein paar Dehnübungen vor dem Reiten ebenfalls guttun.
Mangelnde Fitness kann sich auf mancherlei Weise auf unsere Reiterei auswirken:

- Verspannungen in Hals und Schultern können den Zügelkontakt beeinträchtigen.
- Eine steife Lendenpartie kann dazu führen, dass der Reiter dem Pferd in den Rücken fällt und die Verbindung von der Hinterhand zum Gebiss gestört ist.
- Ein Reiter mit steifen Gelenken wird sich schwertun, Harmonie mit dem Pferd und einen tiefen, geschmeidigen Sitz zu erreichen.

Dehnübungen für den Reiter

Die gegenüber liegende Seite zeigt einige Vorschläge zu Dehnübungen.
Übertreiben Sie die Dehnung nicht, halten Sie die Position nur so lange, wie sie sich für Sie gut anfühlt.
Fragen Sie im Zweifelsfall zuerst Ihren Arzt oder Orthopäden.

Nehmen Sie sich insgesamt vier bis fünf Minuten Zeit.

1. Fangen Sie mit 30 Sekunden Entspannung an.
2. Die Knie abwechselnd je 15 Sekunden an den Bauch ziehen.
3. Schulterblätter hinten zusammendrücken, zwei Mal je 8 Sekunden.
4. Lendenpartie flach an den Boden drücken, zwei Mal je 10 Sekunden.
5. Mit den Händen hinter dem Kopf drei Mal Oberkörper anheben, jeweils 3 Sekunden halten.
6. Jede Seite 30 Sekunden.
7. 30 Sekunden Pause.
8. 20 Sekunden jede Seite.
9. Flach auf den Rücken legen, Arme und Füße zwei Mal je 5 Sekunden ausstrecken.
10. Kopf und Knie anheben, Knie mit den Händen halten und 25 Sekunden leicht hin und her schaukeln.
11. Ruhen Sie sich aus und lassen Sie die Dehnung wirken.

Dehnübungen

Diese Übungen sind gut gegen Muskelkater im unteren Rückenbereich und gegen Verspannungen im Genick und in den Schultern. Im Idealfall jede Nacht vor dem Einschlafen!

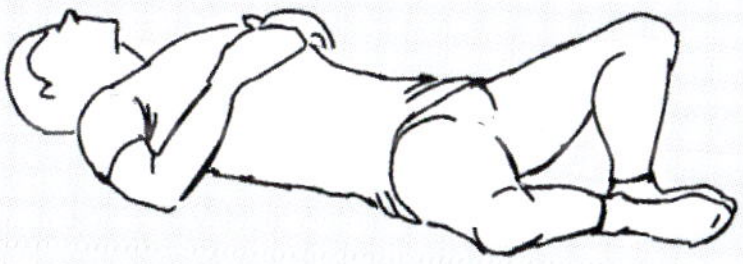

1

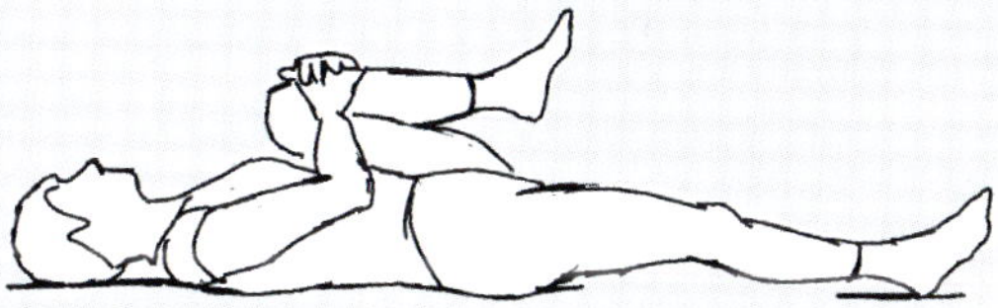

2

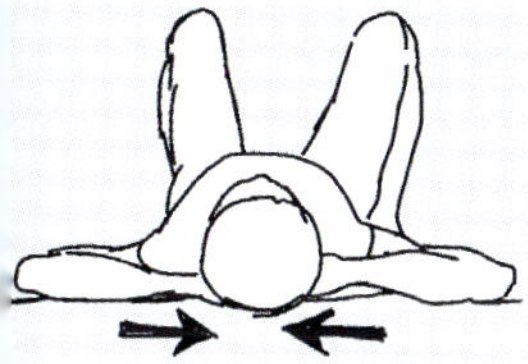

3

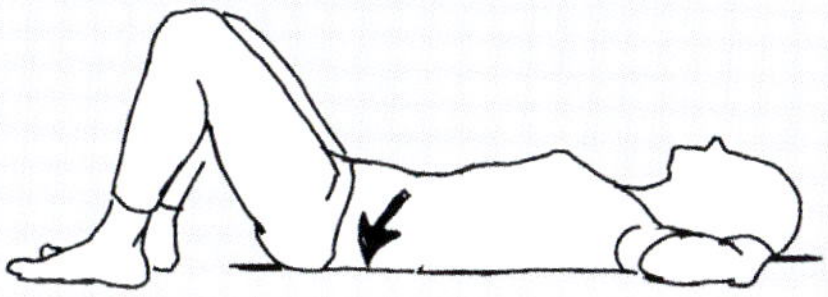

4

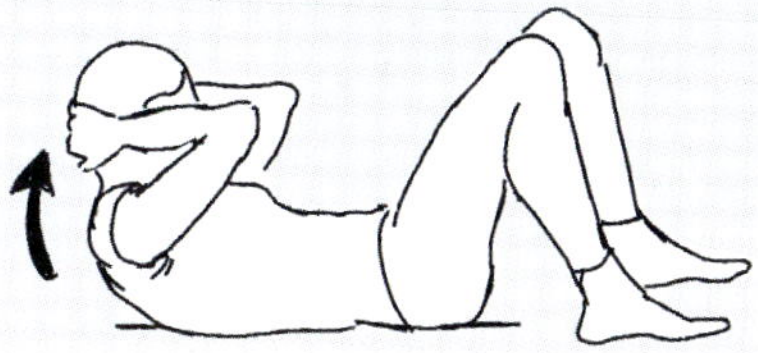

5

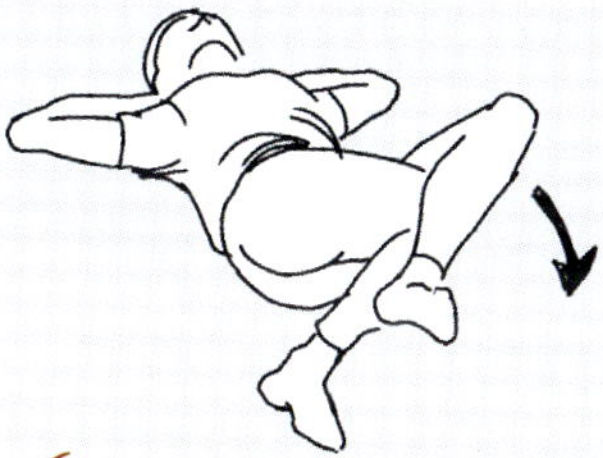

6

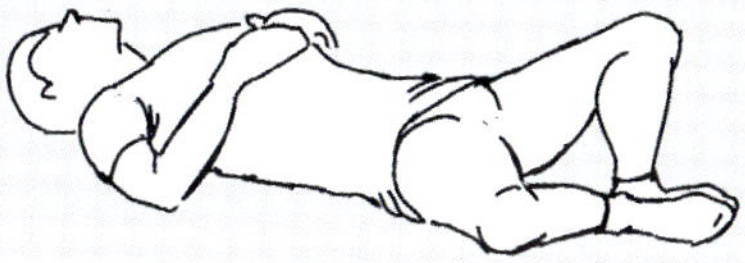

7

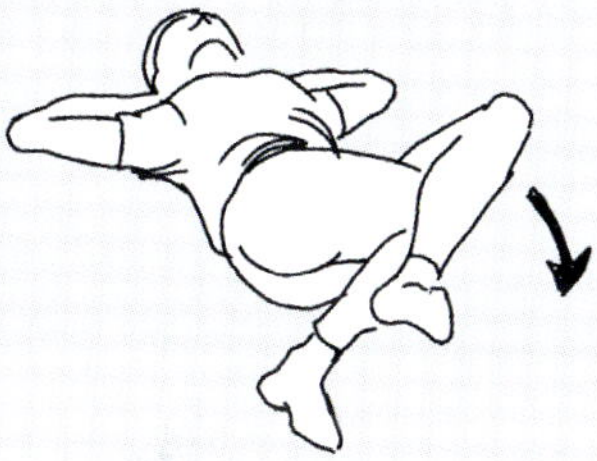

8

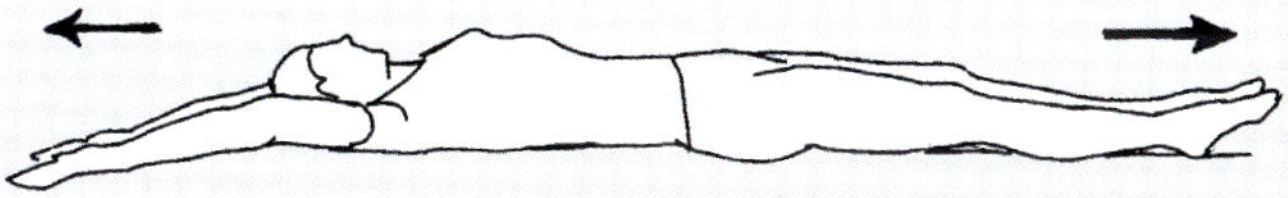

9

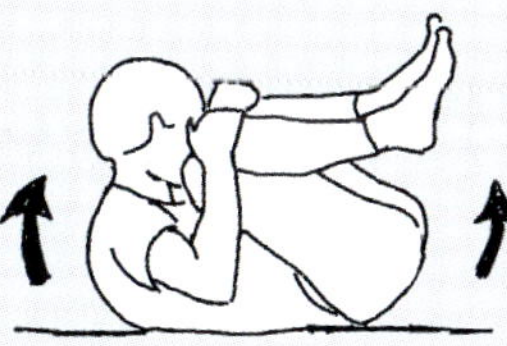

10

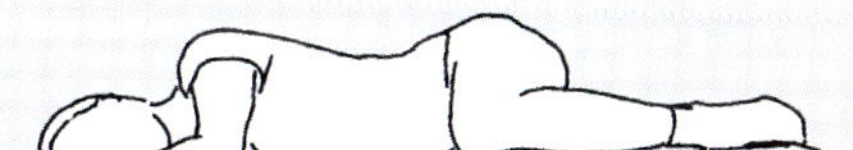

11

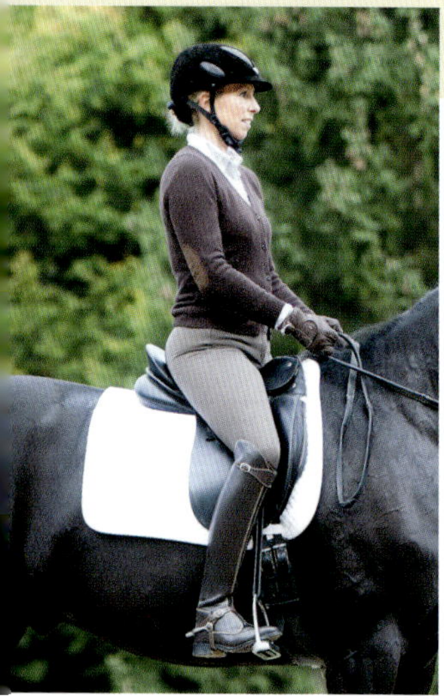

Kapitel 2

Der Sitz

Die Grundlage des guten Reitens ist ein korrekter Sitz. Nur so kann der Reiter im Gleichgewicht sein und effektiv mit seinem Pferd kommunizieren.

Es kostet zwar Zeit und Mühe, den klassischen Sitz zu vervollkommnen, aber er ist kein Geheimnis. Er ist sowohl funktional wie elegant und hat sich im Verlauf der Jahrhunderte für Reiter wie Pferd als die effektivste, sicherste und am wenigsten ermüdende Haltung erwiesen.

Im Idealfall stehen am Anfang Longenstunden. Ein erfahrener Ausbilder sollte ein ruhiges Pferd von geeigneter Größe auswählen, das in einer sicheren Umgebung unaufgeregt seine Runden zieht. Diese Einzelheiten sind wichtig für alle Betroffenen, denn wir dürfen nie vergessen, dass auch das ruhigste Pferd keine Maschine ist und sich erschrecken kann.

Die Übungen an der Longe sollen dem Anfänger Selbstvertrauen und Entspannung vermitteln, sodass Reitenlernen zu einer Erfahrung wird, die er genießen kann.

Die Haltung im Sattel

Um korrekt sitzen zu lernen, sind Korrekturen durch einen erfahrenen Lehrer vom Boden aus wichtig, obwohl ein bedeutender Aspekt der reiterlichen Ausbildung darin besteht, ein Körperbewusstsein zu entwickeln, das dem Reiter erlaubt, sich bis zu einem gewissen Grad selbst zu korrigieren.

Das macht den Reiter weniger abhängig von ständigen Anweisungen des Ausbilders, sodass er allmählich, überwacht durch den Ausbilder, selbst mehr Verantwortung übernehmen kann. Es hilft dem Anfänger, sich eine »Blaupause« des idealen Sitzes vorzustellen.

Die Blaupause

Das Erlernen des korrekten Sitzes beginnt damit, dass der Reiter im tiefsten Punkt des Sattels sitzt, den Oberkörper gerade und hoch aufgerichtet. Das Becken steht aufrecht, weder nach vorn gekippt noch zusammengeklappt im »Stuhlsitz«, der ein Mitgehen in die Bewegungen des Pferdes und den wirkungsvollen Einsatz der Sitzhilfen unmöglich macht.

Das Gewicht ist gleichmäßig auf die beiden Sitzbeinhöcker verteilt, das Steißbein ruht ganz leicht im Sattel. Dadurch entsteht ein Dreipunkt-Sitz, ähnlich dem Sitzen auf einem dreibeinigen Hocker, was eine sichere und ausbalancierte Haltung im Sattel ermöglicht Der Oberkörper steht senkrecht, weder in die eine noch in die andere Richtung geneigt.

Der Kopf wird so gehalten, dass der Reiter zwischen den Pferdeohren durch nach vorne schaut. Das Kinn zeigt nach oben und wird leicht angezogen, die Ohren des Reiters befinden sich auf gleicher Höhe, weder in die eine noch in die andere Richtung gekippt. Die Schulterblätter liegen flach am Rücken an, als würden sie zueinandergedrückt. Dadurch gewinnt der Brustkorb Abstand zum Bauchraum, und der Reiter kann wenn nötig die Sitz- und Kreuzhilfen effektiv einsetzen. Die Muskeln am Bauch und dem unteren Rücken sind angespannt, ohne verspannt zu sein, damit Flexibilität und Lockerheit erhalten bleiben.

Die Oberarme liegen beidseitig parallel zum Oberkörper, die Ellbogen berühren den Körper im Bereich zwischen dem oberen Teil des Hüftknochens und den unteren Rippen.
Das Ellbogengelenk ist deutlich abgewinkelt, was Bewegungen abschwächt und für ruhige Hände sorgt. Auch Unterarme und Hände sind entspannt, ohne Versteifungen und starre Gelenke.
Beide Hände werden etwas über dem Widerrist getragen, der linke Daumen zeigt in Richtung rechtes, der rechte Daumen in Richtung linkes Pferdeohr. Die Finger sind um die Zügel zur Faust geschlossen, wobei die Fingernägel eine Linie quer zur Handfläche bilden. Die Hände werden aufrecht getragen, als hielten sie ein Weinglas!

Die Hände werden aufrecht getragen, als hielten sie ein Weinglas!

Die Beine des Reiters umfangen den Pferderumpf, wobei die Muskeln am inneren Oberschenkel flach, aber ohne zu klammern, am Sattel anliegen.

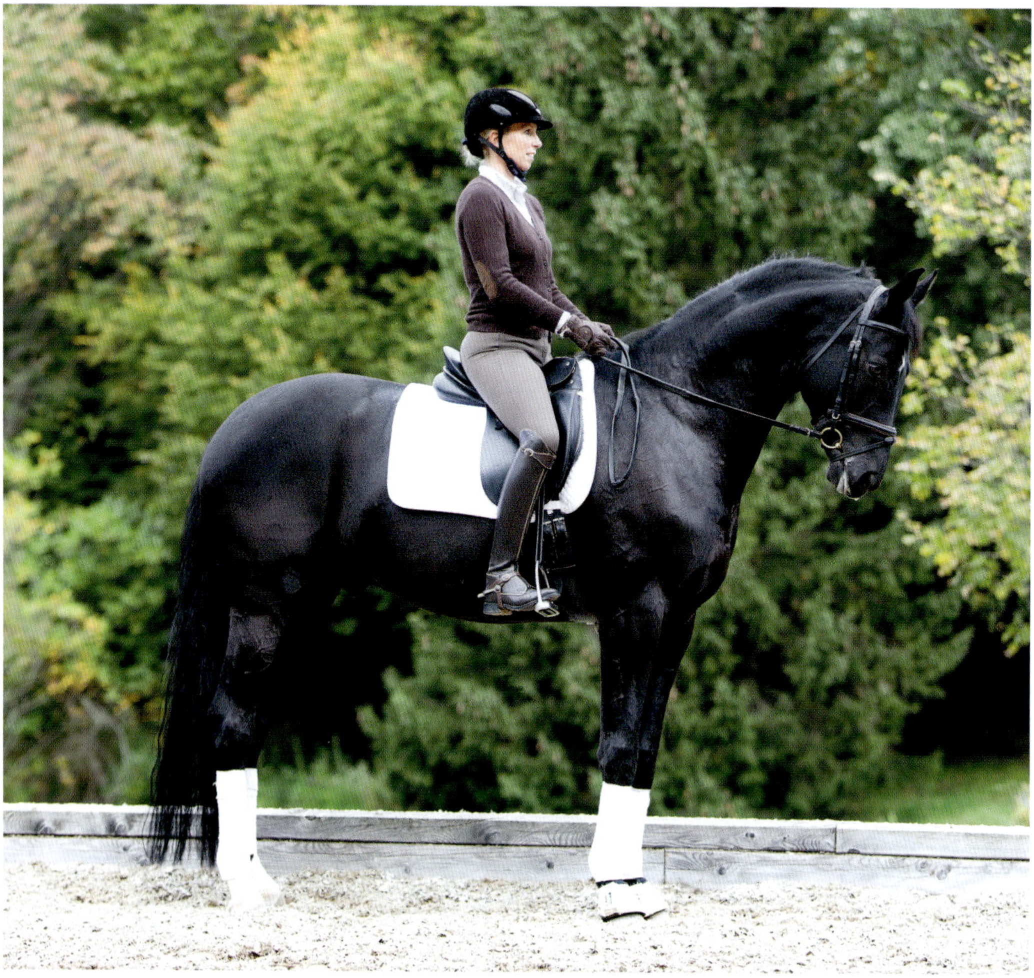

Patricia zeigt den korrekten Sitz. Wichtig ist ein aufgerichtetes Becken, da darauf die übrige Haltung aufbaut. Die Ellbogen sind im Gelenk deutlich gebeugt, die Hände werden vor der Sattelkammer und etwas oberhalb des Widerrists getragen. Die Reiterin schaut nach vorne-oben, der Schenkel liegt am Pferd, ohne zu klammern.

Kniescheiben und Zehen zeigen mehr nach vorne als zur Seite. Dadurch behalten die Beingelenke ihre Geschmeidigkeit, die verloren ginge, würden sie verdreht oder in eine bestimmte Haltung gezwungen.

Die Innenseite der Waden halten leichten Kontakt zu den Seiten des Pferdes und bieten dem Pferd dadurch Unterstützung und Sicherheit.

Wie Stoßdämpfer am Auto müssen die Fußgelenke federn, um die im Trab oder Galopp entstehenden Stöße abzufangen.

Die Fersen sind der tiefste Punkt des Reiters. Sie sorgen für die Anspannung in den Wadenmuskeln und ermöglichen eine positive Schenkelhilfe, wenn sie gebraucht wird.

Mit der korrekten Schenkellage kann das Reitergewicht absinken in den Sattel und in die Fersen des Reiters, der dadurch in der Bewegung das Gefühl hat, im Pferd zu sitzen, statt auf dem Sattel zu thronen.

Von der Seite gesehen sollten das Ohr des Reiters, die Schulter, der Ellbogen und der Absatz auf einer Senkrechten liegen.
Diese Ausrichtung sorgt für Stabilität und ermöglicht es uns – zusammen mit einer Flexibilität in der Lendenpartie und den Hauptgelenken des Körpers –, uns in Harmonie mit dem Pferd zu bewegen und still im Sattel zu sitzen.

Ziel ist eine ausbalancierte, entspannte Haltung, die ohne großen körperlichen Einsatz beibehalten werden kann.
Ein Reitanfänger mag das Gefühl haben, dass es sogar sehr viel körperlichen Einsatz braucht, um diese ideale Haltung beizubehalten, aber wie die meisten Dinge, die es wert sind, getan zu werden, braucht es ein wenig Zeit, bis man zu der Stufe gelangt, wo ein guter Sitz zur zweiten Natur wird.

Die Aufgabe des Sitzes

Der Sitz hat beim Reiten drei Einflussbereiche:

1. Harmonie (d. h. Zustimmung oder Ablehnung) der Art der Bewegung des Pferdes.

2. Beibehaltung von Tempo und Trittlänge des Pferdes.

3. Verlängerung der Tritte.

Wichtig ist, die Bedeutung des Sitzes als Teil des gesamten Systems der Hilfen zu erkennen, zusammen mit den Schenkel- und Zügelhilfen.

Harmonie mit der Bewegung des Pferdes bedeutet, dass sich das Becken des Reiters weder mehr noch weniger bewegt, als es die Tritte des Pferdes vorgeben, sondern genau im gleichen Maße. Damit vermittelt der Reiter dem Pferd, dass er mit Tempo und Trittlänge einverstanden ist. Pferd und Reiter sind nahtlos miteinander verbunden, wie durch eine zweite Haut.

Möchte der Reiter langsamer werden, wird der Sitz, zusammen mit den anderen Hilfen, im Halte-Modus eingesetzt.
In der normalen Abfolge werden zuerst die Schenkel, dann der Sitz und zuletzt die Zügel eingesetzt. Ist das Pferd aber stark, setzt man klugerweise erst den Sitz ein, um die Kontrolle zu behalten, dann die Schenkel und die Zügel. Wichtig: Die Zügel treten immer nach den anderen Hilfen in Aktion.

Bei einem Übergang schließt der Reiter die Schenkel um das Pferd, um so die Hinterhand zu aktivieren, damit das Pferd Brustkorb und Rücken nach oben bringt und den Winkel an der Hüfte schließt. Dadurch kommen die Hinterbeine mehr unter den Bauch, in eine Position, die ihnen eine vermehrte Gewichtsaufnahme erleichtert.

Zeigen die Schenkelhilfen Wirkung, setzt der Reiter seinen Sitz ein. Ein junges oder noch nicht ausgebildetes Pferd braucht vielleicht ein wenig länger und reagiert später auf die Hilfen, sodass die Sitzhilfe mit einer kleinen Verzögerung wirkt. Bei einem ausgebildeten Pferd, das »an den Hilfen« ist, können Sitz, Schenkel und Zügel fast gleichzeitig eingesetzt werden, sodass die Reaktion viel schneller erfolgt.

Für den Reiter bedeutet dies, dass er sich im Oberkörper aufrichtet, die Schlüsselbeine nach oben bringt und gleichzeitig die Ellbogen nach unten in Richtung Hüften drückt. Dadurch wird der Oberkörper stabilisiert, und das Pferd, das den Widerstand aus dem Becken des Reiters spürt, wird langsamer und strebt die Zustimmung des Reiters an, ausgedrückt durch den oben beschriebenen harmonischen Sitz.

Nicht die Ellbogen nach hinten ziehen, um keinen Druck auf das Pferdemaul auszuüben.
Machen Sie sich nicht steif im Rücken, weil dies ein Hohlkreuz zur Folge hätte und das Becken nach vorne kippt. Dann kann der Rücken nicht in der Bewegung mitgehen, der Reiter wird im Sattel gestoßen und Pferd wie Reiter leiden.

Zeigen Schenkel- und Sitzhilfen Wirkung, kann der Reiter am äußeren Zügel weiche halbe Paraden geben, und zwar durch ein leichtes Vibrieren des Zügels, nicht durch Rückwärtsziehen. Dieses Vibrieren dauert gewöhnlich drei oder vier Sekunden, auch weniger, wenn das Pferd schneller reagiert.

Der treibende Sitz dient in Verbindung mit anderen Hilfen der Verlängerung der Schritte oder Tritte, wenn z. B. der Reiter vom Arbeitstrab in den Mitteltrab übergehen will. Die Schenkelhilfe aktiviert die Hinterhand. Spürt der Reiter, dass das Pferd bereit ist zu-

zulegen, verlängert er die »Wischbewegung« seines Gesäßes im Sattel, als ob er damit den Hinterbeinen Platz schaffen wollte für größere, raumgreifendere Bewegungen.
Achten Sie darauf, das Gesäß nicht in den Sattel zu drücken, weil dann das Pferd, um dem unbequemen Gefühl zu entkommen, den Rücken hohl machen kann. Damit gehen Balance und Schwebephase verloren, das Pferd fühlt sich unwohl und kommt ins Laufen.

In Kürze: Der Reiter muss die Fähigkeit entwickeln, den Muskeltonus des Oberkörpers nach Belieben zu verändern, damit der Sitz zur Harmonisierung wie zum Verkürzen oder Verlängern der Tritte eingesetzt werden kann.

Gewichtshilfen

Einfach gesagt: Schon unser Gewicht im Sattel kann die Richtung in positiver oder negativer Weise beeinflussen. Ein Pferd fühlt sich wohl, wenn es sich unter der Mitte zwischen unseren Sitzbeinhöckern befindet. Das macht es ihm einfacher, uns zu tragen und dabei das Gleichgewicht zu wahren. Wir können davon Gebrauch machen in Wendungen, auf dem Zirkel oder bei Seitengängen. Wenn wir die Schultern parallel zu den Schultern des Pferdes halten und den äußeren Schenkel zurücklegen, verlagern wir mehr Gewicht auf den inneren Gesäßknochen, was wiederum das Pferd dazu bringt, sich in die entsprechende Richtung zu bewegen, um unter dem Zentrum unseres Gewichts zu bleiben.

Schon unser Gewicht im Sattel kann die Richtung in positiver oder negativer Weise beeinflussen.

Wenn wir beispielsweise im Travers, Renvers oder in der Traversale in die Richtung der Bewegung schauen und mehr Gewicht auf den inneren Sitzbeinhöcker und Steigbügel verlagern, hilft dies dem Pferd, sich flüssig zu bewegen. Liegt das Gewicht dagegen auf dem falschen Sitzbeinhöcker, wird die Bewegung behindert, und der Takt geht verloren.

Die Gewichtshilfe soll fast unmerklich sein; eine leichte Gewichtsverlagerung genügt schon. Mit großen Bewegungen stören wir das Pferd nur.

HALTUNGSFEHLER

1. Nach unten schauen

Dadurch wird das Gewicht nach vorn und vor den Sattel verlagert, was Pferd und Reiter aus dem Gleichgewicht bringt. Es kann auch zu Verspannungen im Hals und in den Schultern führen, weil der Körper eine nicht ausbalancierte Kopfhaltung zu stabilisieren versucht, und diese Verspannung wird über die Zügel zum Pferdemaul übermittelt, was zu Problemen in der Anlehnung führt.

Die Verantwortung liegt beim Reiter: Er muss den Kopf oben behalten!

2. Runde Schultern

Dies kann zu unruhigen Armen und Problemen in der Anlehnung führen.

Beugen Sie den Ellbogen leicht ab, um die Bewegung des Pferdes aufzufangen.

Um die Schulterblätter flach anliegen zu lassen, kann der Reiter sich folgende Übungen zunutze machen: Halten Sie den Arm waagrecht nach vorn gestreckt und drehen Sie ihn dicht am Ohr vorbei langsam nach hinten, bis Sie spüren, dass sich Ihr Schulterblatt bewegt. An diesem Punkt lassen Sie den Arm seitlich absinken, beugen den Ellbogen und bringen die Faust über dem Widerrist in Position. Damit ist der Fehler korrigiert.

Diese Übung hilft auch bei abgespreizten Ellbogen.

3. Durchgestreckte Arme

Durchgestreckte Arme bedeuten, dass sich die Hände auf und ab bewegen, was den Zügelkontakt stört und dem Pferd Schmerzen im Maul verursachen kann.

Biegen Sie den Ellbogen leicht ab, um die Bewegung des Pferdes aufzufangen. Gute Reiterhände sind harmonisch, sie bewegen sich weder mehr noch weniger als Kopf und Hals des Pferdes.

Nach innen gedrehte Handgelenke

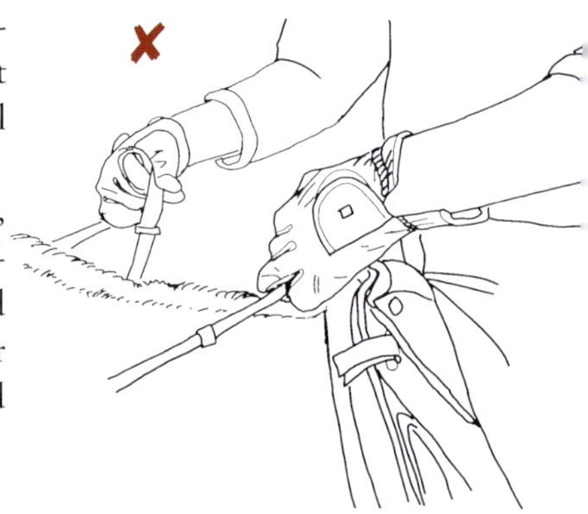

4. Eingedrehte Handgelenke

Dadurch werden die Hände fest und fühlen sich über die Zügel grob an, was das Pferd veranlassen kann, sich im Kiefer zu versteifen oder das Maul zu öffnen. Die Handgelenke müssen entspannt, aber nicht schlaff sein, sodass sie bei halben Paraden in der Lage sind, die Zügel zum Vibrieren zu bringen. Dies spielt sich über dem Widerrist ab; sie dürfen nicht dahinter zurückgezogen werden.

Ein Reiter, der sich in den Händen/Handgelenken steif macht, versucht vielleicht, sich mit den Händen festzuhalten, um das Gleichgewicht zu wahren. Dies muss innerhalb der grundsätzlichen Arbeit an der Fähigkeit, unabhängig vom Sitz zu sitzen und den Bewegungen des Pferdes zu folgen, korrigiert werden.
Illustration siehe Seite 20.

5. Offene Finger

Durch offene Finger rutschen die Zügel leicht durch. Manchmal steckt dahinter das Bestreben des Reiters um einen weichen Zügelkontakt, aber das ist ein Irrtum, denn dadurch wird eine konstante Anlehnung verhindert.
Die Finger sollen geschlossen, die Handgelenke dagegen entspannt sein.

6. Ungleich hoch stehende Hände

Ungleich hoch stehende Hände schaden dem Kontakt, weil dadurch das Gebiss im Maul kippt, statt gleichmäßig auf den Laden im Unterkiefer aufzuliegen.
Die Hände sollten gleich hoch stehen, etwa eine Handbreit über dem Widerrist, und außerdem auf gleichem Niveau, nicht eine Hand weiter hinten als die andere. Sonst entsteht ein einseitiger Zug im Maulwinkel.

✗ falsch
✓ richtig

Ungleich hoch stehende Hände

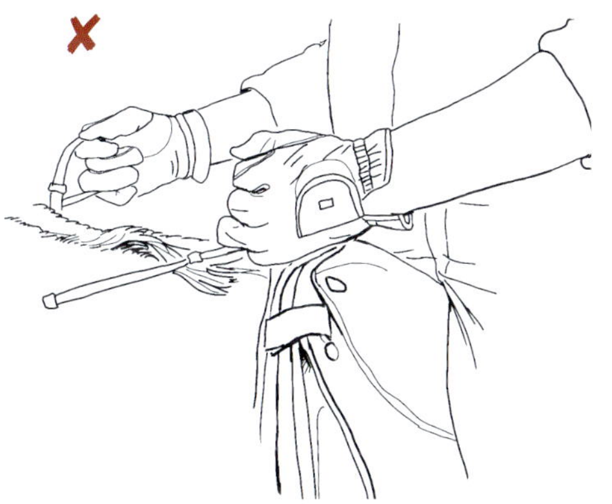

Korrekte Handhaltung

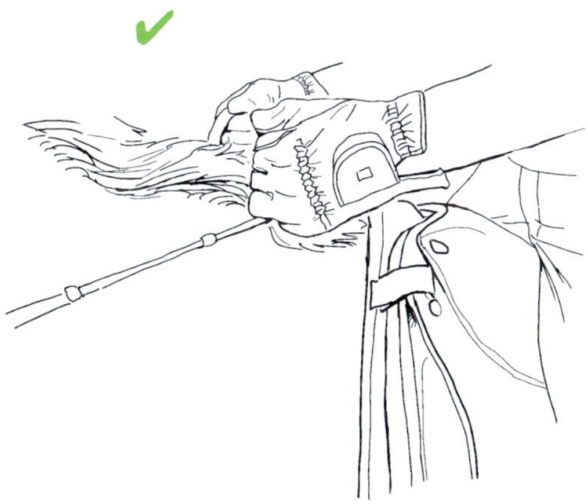

7. Hohlkreuz

Manchmal ist ein Hohlkreuz die Folge davon, dass der Reiter sich übertrieben darum bemüht, sich im Sattel »groß« zu machen. Dadurch kippt das Becken nach vorn in eine unstabile und unbequeme Position, die die Lendenpartie anstrengt. Es kann dazu führen, dass der Reiter im Sattel gestoßen wird, weil er so der Bewegung des Pferdes nicht folgen kann und effektive Sitzhilfen unmöglich sind.

Um ein Gefühl für die richtige Haltung zu bekommen, nehmen Sie zu Fuß mit dem Rücken zur Wand die Reithaltung ein. Wenn Kopf, Schultern und Absätze die Wand berühren, darf es in der Lendenpartie keine Lücke geben. So sieht die Haltung aus, die wir im Sattel sehen wollen.

8. Im Sattel zusammenklappen

Darunter ist ein Zusammenklappen der unteren Rückenpartie zu verstehen. Der Reiter kann nicht mehr über den Sitz einwirken und macht sich auf dem Pferd schwer.

Siehe die Vorschläge zu einem Großwerden im Oberkörper.

9. Einknicken in der Hüfte

Dadurch verlagert sich der Sitz auf eine Seite des Sattels, was Pferd wie Reiter aus dem Gleichgewicht bringt. Ein Pferd fühlt sich wohl, wenn es sich unter den Sitzbeinhöckern des Reiters und seinem Gewicht befindet. Neigt sich der Reiter zu einer Seite, bringt er das Pferd aus dem Gleichgewicht.

Auch ungleich lange Bügelriemen können die Ursache sein, achten Sie also auf gleiche Länge. Die Arbeit ohne Bügel kann das Problem verdeutlichen und das Bewusstsein dafür schärfen, wie wichtig es ist, in der Mitte des Sattels zu sitzen.

Zu einem Einknicken in der Hüfte kann es auch kommen, wenn ein Schenkel hochgezogen wird, um eine Hilfe zu geben. Der Absatz muss tief bleiben, wenn der Unterschenkel treibend eingesetzt wird. Um das Problem zu vermeiden, strecken Sie das Bein aus, wenn Sie eine Hilfe gegeben haben.

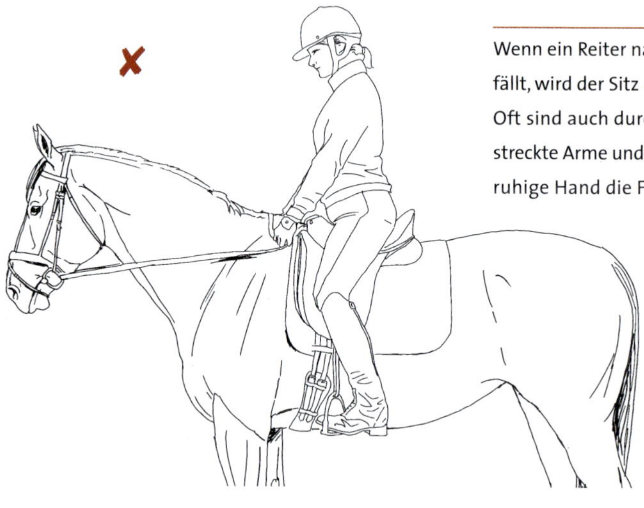

Wenn ein Reiter nach vorn fällt, wird der Sitz unstabil. Oft sind auch durchgestreckte Arme und eine unruhige Hand die Folge.

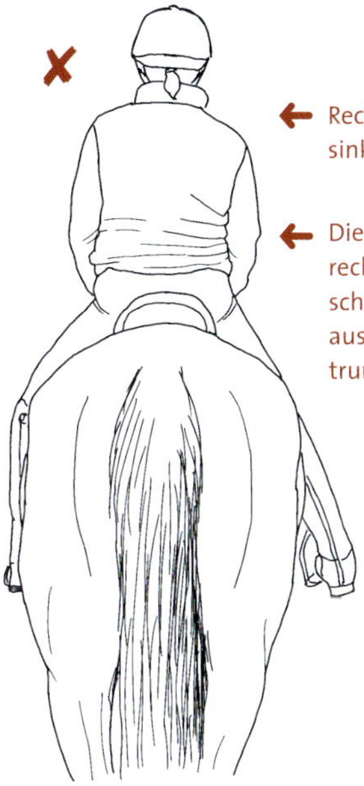

Rechte Schulter sinkt ab.

Die eingeknickte rechte Hüfte schiebt den Sitz aus dem Zentrum heraus.

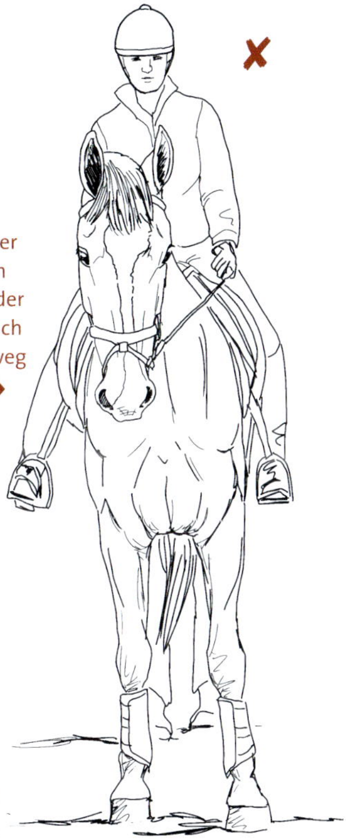

Ein Einknicken in der rechten Hüfte kann dazu führen, dass der rechte Schenkel nach hinten schwingt, weg vom Pferd.

Die Zeichnungen zeigen, wie die Reiterin das Bein hochzieht und in der rechten Hüfte einknickt, was Pferd wie Reiterin aus dem Gleichgewicht bringt.

10. Klammern mit den Knien

Wenn ein Reiter aus dem Gleichgewicht kommt, klammert er sich zu seiner Sicherheit gern mit den Knien fest. Sich nach vorn zu lehnen oder ein steifer unterer Rücken können beide das Problem verschärfen. Die Lösung liegt in der Arbeit an einem unabhängigen Sitz.

Das Becken muss rhythmisch nach vorn in der Bewegung des Pferdes mitschwingen. Hilfreich ist die Arbeit an der Longe mit übergeschlagenen Steigbügeln, wobei der Reiter sich mit einer Hand an der Sattelkammer festhalten darf, um das Gleichgewicht zu stabilisieren und Vertrauen aufzubauen.

11. Hochgezogene Absätze

Beide Absätze sollten tiefer sein als die Zehen, mit federnden Gelenken. Dies ermöglicht dem Reiter, sicher im Pferd zu sitzen, anstatt auf dem Sattel zu thronen. Hochgezogene Absätze deuten oft darauf hin, dass die Muskeln am Unterschenkel schlaff sind, was eine effektive Hilfengebung unmöglich macht.

Kontrollieren Sie die Länge der Bügelriemen. Zu lange Riemen machen noch keinen Dressursitz!

Manchmal liegt die Wurzel des Problems auch darin, dass der Oberkörper nach vorn fällt. Achten Sie im Sattel darauf, den Oberkörper senkrecht zu halten.

Erziehen Sie Ihr Bein dazu, Hilfen mit gebeugtem Unterschenkel zu geben, anstatt den Absatz hochzuziehen.

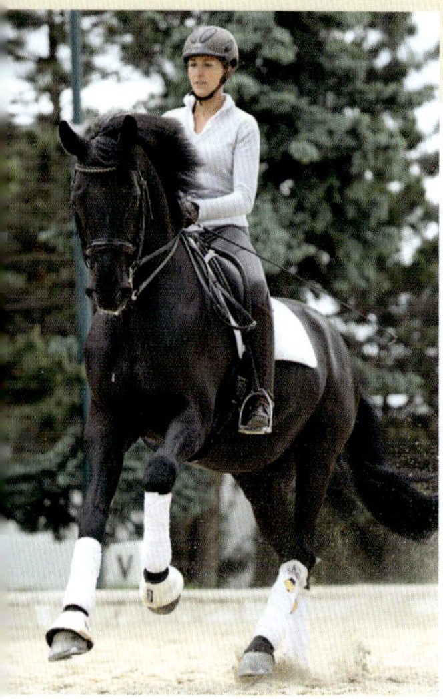

Kapitel 3

Die Grundgangarten

SCHRITT

Allgemeines

- Der Schritt ist eine Bewegung im regelmäßigen Viertakt. Er sollte energisch, aber nicht eilig oder verspannt sein.
- Es gibt keine Schwebephase.
- Freier Schritt am langen Zügel, Mittelschritt, versammelter Schritt und starker Schritt sind die anerkannten Tempi im Schritt.
- In der Grundausbildung werden nur freier Schritt und Mittelschritt verlangt.
- Versammelter und starker Schritt können schwierig zu erarbeiten sein und werden deshalb in der Grundausbildung nicht geritten.

Freier Schritt

- Im freien Schritt am langen Zügel streckt das Pferd Kopf und Hals länger und tiefer, bei leichter Anlehnung ans Gebiss. (Im freien Schritt am hingegebenen Zügel besteht kein Kontakt zum Gebiss.)
- Angestrebt wird Entspannung: Das Pferd soll sich strecken und die Schritte maximal verlängern.
- Das Pferd soll normalerweise mit den Hinterhufen zwei Hufbreit übertreten.
- Der freie Schritt dient dazu, Muskeln und Gelenke des Pferdes zu lockern und die Durchblutung zu fördern, bevor das Training beginnt, oder innerhalb der Arbeit als Belohnung für eine gut ausgeführte Lektion.
- Am Ende einer Übungseinheit dient der freie Schritt dem »Abkühlen«, damit das Pferd die Arbeit entspannt beendet und kühl, trocken und entspannt in den Stall kommt.

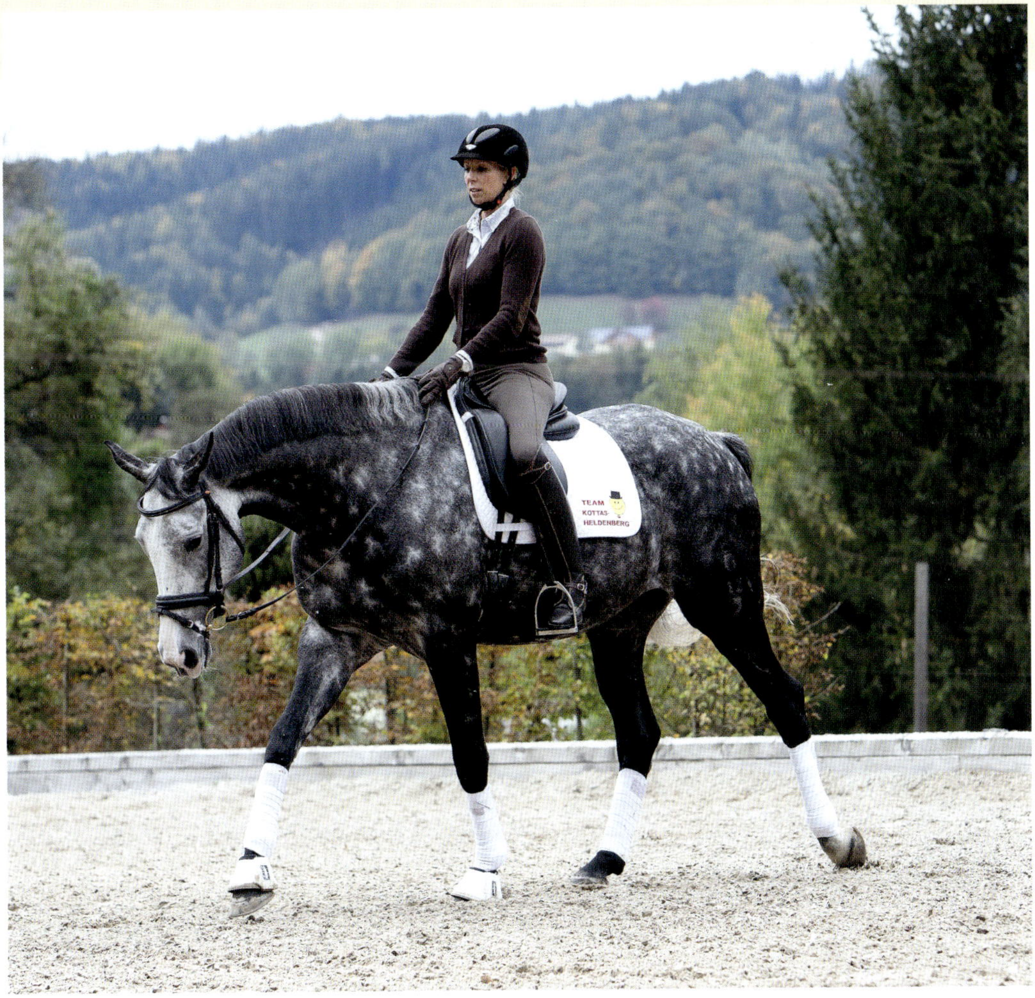

Ein gutes Beispiel für ein entspanntes Pferd im freien Schritt. Bei leicht angenommenem Zügel streckt sich der Hals nach vorwärts-abwärts, und die lockere Ohrhaltung zeigt, wie ruhig das Pferd ist.

Mittelschritt

- Der Mittelschritt ist ein regelmäßiges Schreiten ohne Eile.
- Das Pferd bleibt ruhig und am Zügel, mit entspanntem Unterkiefer, leicht gebogenem Hals, aufgewölbtem Rücken und weit übertretenden Hinterbeinen.
- Die Hinterhufe treten einen Hufbreit über den Abdruck der Vorderhufe.
- Der Mittelschritt eignet sich gut dafür, eine neue Übung wie etwa einen Seitengang einzuführen. Er lässt dem Pferd Zeit, die neue Arbeit zu begreifen, ohne es zu ermüden, und dem Reiter fällt es im Mittelschritt oft leichter, seine Hilfengebung zu koordinieren.

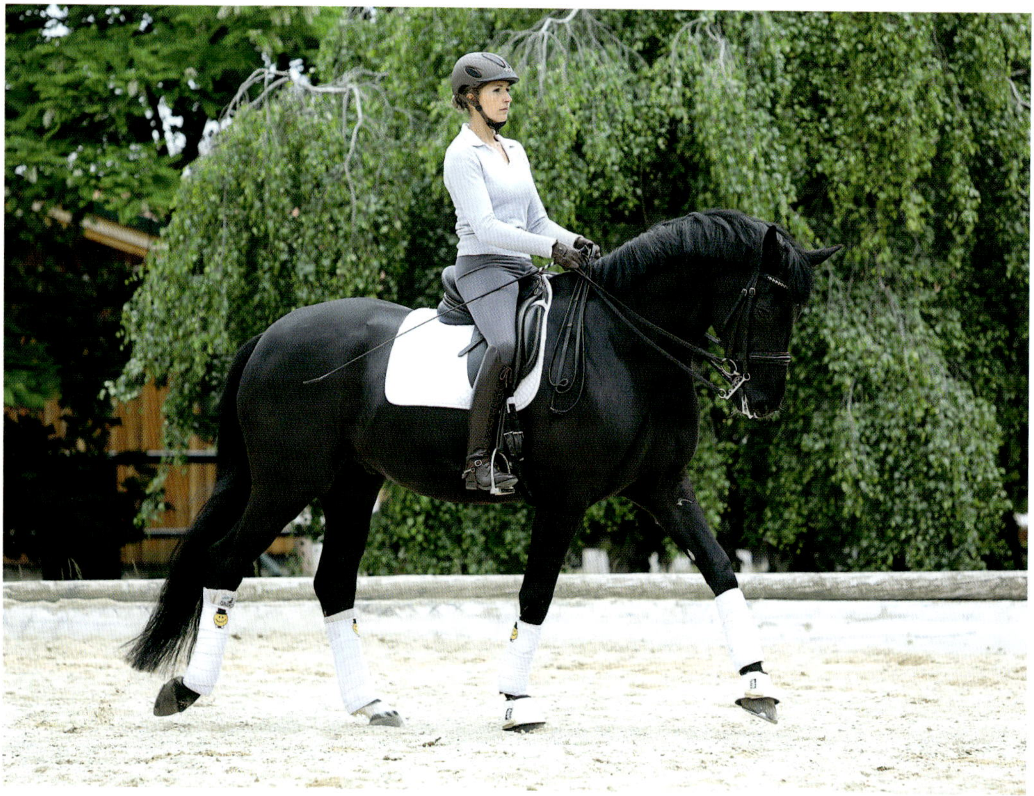

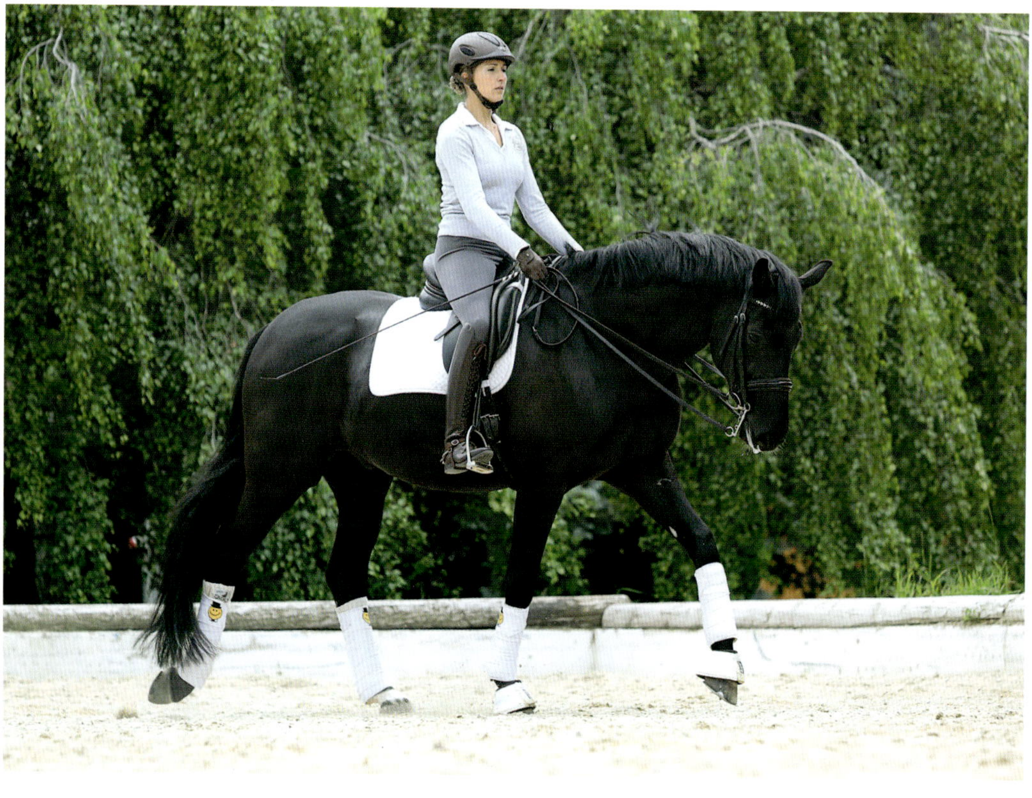

Versammelter Schritt

- Im versammelten Schritt bleibt das Pferd an den Hilfen und zeigt Energie, ohne eilig zu werden. Ein gewisses Maß an Selbsthaltung ist erforderlich.
- Das Pferd wird im Rahmen etwas größer und kürzer, die Nasenlinie steht fast senkrecht. Das Genick ist der höchste Punkt, die Hinterbeine sind infolge der drei stärker gebeugten hinteren Gelenke leicht abgesenkt.
- Der versammelte Schritt ist das Ergebnis des vermehrten Engagements der Hinterhand. Die Hinterbeine treten gut unter den Körper, die Schritte werden höher, aber runder als im Mittelschritt.
- Infolge dieses vermehrten Engagements können die Schritte etwas kürzer werden, sodass die Hinterhufe in die Abdrücke der Vorderhufe oder leicht dahinter treten. Achtung: Ziel der Versammlung ist es, dass die Hinterbeine vermehrt Gewicht aufnehmen und die Schritte als Nebenwirkung kürzer und runder werden. Kurze Schritte sind nicht das Ziel der Versammlung.

Starker Schritt

- Im starken Schritt greift das Pferd so weit aus, wie es ihm unter Beibehaltung der Regelmäßigkeit der Schritte möglich ist. Als Leitfaden mag dienen, dass die Hinterhufe zwei Hufbreit vor den Abdrücken der Vorderhufe den Boden berühren sollen.
- Das Pferd soll nicht eilen.
- Der Rahmen wird etwas länger, Kopf und Hals werden mehr gestreckt, aber der Reiter muss den Kontakt zum Gebiss behalten.

Linke Seite oben: In diesem versammelten Schritt zeigt sich Carolines Pferd aktiv und eifrig, aber ohne Verspannung. Die Hinterbeine treten gut unter, sodass der Rahmen kürzer und größer wird. Würde das Pferd im Hals kurz gemacht, wäre dies nicht möglich.

Linke Seite unten: Starker Schritt – Bei leichter Anlehnung erlaubt die Reiterin dem Pferd eine gewisse Streckung und damit weite, raumgreifende Schritte. Vergleichen Sie dieses Bild mit dem freien Schritt (S. 25): ebenfalls maximaler Raumgriff, aber am hingegebenen Zügel.

PROBLEME MIT DEM SCHRITT

1. Taktverlust – Passgang

Ein häufiger Grund sind Verspannungen im Rücken.

LÖSUNGEN

a Bodenstangen und niedrige Cavaletti können einen freien Schritt fördern und den Takt regulieren. Im Schnitt beträgt der Abstand zwischen den Stangen im Schritt 0,90 m, er muss jedoch jederzeit an die Schrittlänge des Pferdes angepasst werden. Siehe Vorschläge im Kapitel »Grundausbildung«.

b Der Reiter muss spüren, was im Pferd vorgeht, sonst ist seine Hilfengebung zeitlich dem puren Zufall überlassen, was dem klaren Takt schaden kann.

- Hat der Reiter wirklich Schwierigkeiten mit dem richtigen Augenblick, kann der Ausbilder dies dadurch verbessern, dass er den Reiter die Fußfolge laut ansagen lässt.
- Reiten ohne Steigbügel und ein tiefer Sitz im Sattel helfen dem Reiter, die Bewegung und Fußfolge des Pferdes klar zu erkennen.

c Nützlich ist auch das Bergauf- und Bergabreiten. Durch konzentriertes Bergabreiten wird der Viertakt normalerweise verbessert.

d Reiten Sie Übergänge vom freien Schritt zum Mittelschritt und wieder zum freien Schritt. Dadurch entspannt sich die Rückenmuskulatur des Pferdes, und der Reiter muss sehr vorsichtig den Zügelkontakt wieder aufnehmen, um die Entspannung im Mittelschritt nicht zu gefährden. Eine zu starke Anlehnung schafft Spannungen, die den Takt negativ beeinflussen.

e Schulterherein im Schritt ist ein gutes Mittel, den korrekten Viertakt wiederherzustellen.

f Kommt das Pferd im Schritt sehr ins Laufen, kann dies zu Passgang führen. Wir können versuchen, das Tempo zurückzunehmen, bis sich der Viertakt wieder einstellt.

Nächste Seite: Deutlich ist zu sehen, wie stark das Pferd bergauf untertritt. Dadurch werden die Schritte länger, die Rückenmuskulatur wird gelöst. Bergab findet das Pferd leichter sein Gleichgewicht und wird sich seines Körpers besser bewusst.

2. Schritt zu eilig/Passgang

Dieses Problem kann sich bei einem nervösen oder leicht erregbaren Pferd einstellen. Die Lösung besteht darin, das Pferd zu beruhigen und zu entspannen.

a Wir brauchen viel Geduld und lange Schrittphasen am langen Zügel, um das Pferd zu entspannen.

b Der Reiter muss sehr still und ruhig sitzen, sodass das Pferd sich

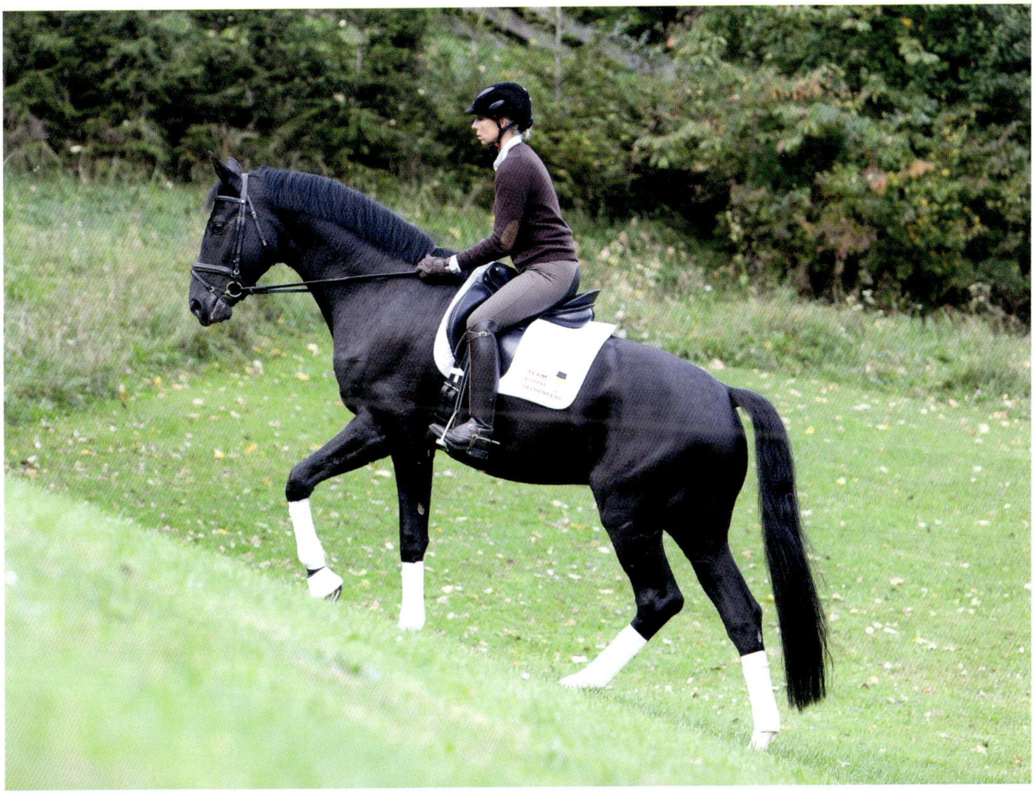

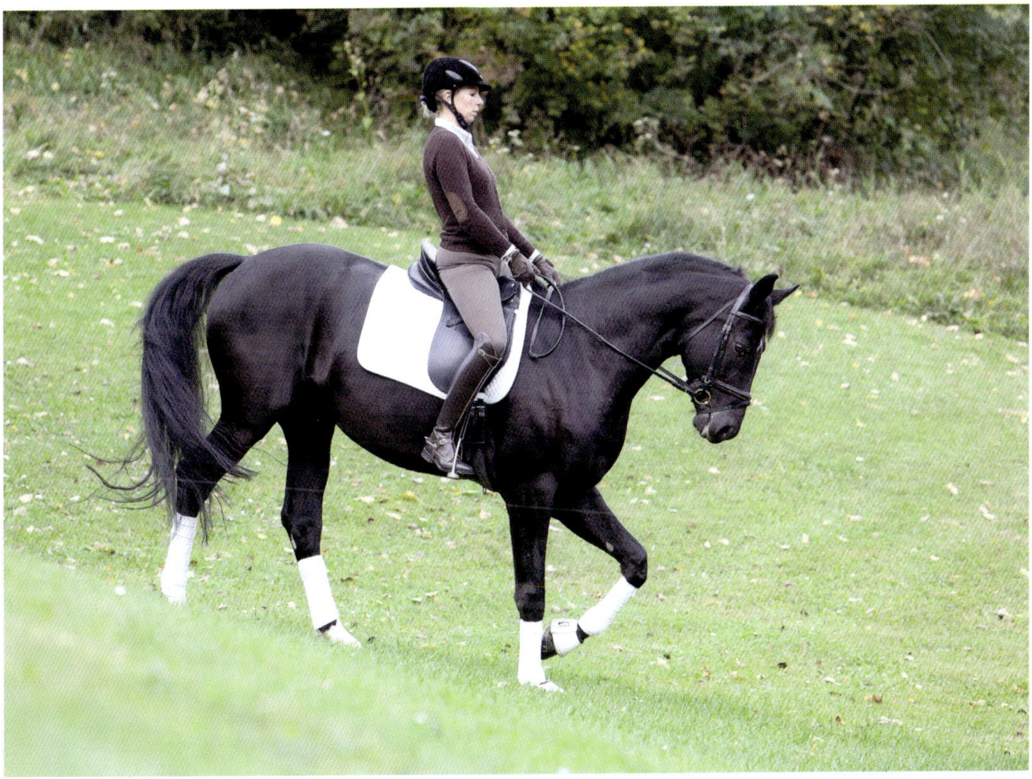

allmählich in die Ruhe des Reiters einstimmt und sich ebenfalls zu entspannen beginnt.

c Manche Pferde verspannen sich, wenn sie den Reiterschenkel an der Seite spüren. In diesem Fall darf der Schenkel nur sehr leicht eingesetzt werden, bis das Pferd ihn mit der Zeit ohne Verspannung akzeptiert. Ist dies erreicht, können wir daran gehen, den Schritt zu verbessern.

d Junge Pferde oder solche mit kaltem Rücken profitieren manchmal davon, wenn sie vor dem Reiten ablongiert werden. Sie können sich dann entspannen, ohne durch das Reitergewicht im Rücken gestört zu werden.

e Halbe Paraden und häufige Übergänge vom Halten zum Schritt tragen dazu bei, den Schritt allmählich unter Kontrolle zu bringen.

3. Faul im Schritt

Die Schritte sollen im Takt, von gleicher Länge und voller Energie sein.

Die Schritte sollen im Takt, von gleicher Länge und voller Energie sein. Das Pferd darf die Zehen nicht nachziehen.

Lösungen

a Wir müssen für mehr Aktivität sorgen.

- Versuchen Sie es mit abwechselnden Schenkelhilfen in Koordination mit dem jeweils abfußenden Hinterbein. Den Moment sollten wir in den Gesäßknochen spüren. Der Schenkel wird kurz vor dem Abfußen des gleichseitigen Hinterbeins angelegt.

b Es ist wichtig, dass der Reiter sich im Rücken nicht steif macht oder verspannt, weil er damit das Pferd am freien Vortreten hindern würde.

c Starker Zügelkontakt kann die gleiche Wirkung haben. Geben Sie aus dem lockeren Handgelenk heraus mehrfach ein wenig nach.
Der Schritt wird besser werden, wenn der Reiter die Handbremse löst.

d Ein ständig klopfender oder klammernder Schenkel stumpft das Pferd ab; es entsteht das Gefühl, dass das Pferd sich im Schritt »bitten lässt«. Die Schenkel des Reiters sollen leicht anliegen, die Hilfen werden sparsam eingesetzt, notfalls mit Unterstützung durch die Gerte. Reagiert das Pferd auf die Hilfe, stellt der Reiter die Hilfengebung ein und sitzt ruhig und entspannt im Sattel, die Schenkel »umfassen« das Pferd. Mit der Zeit können wir das Pferd vermehrt auf die Hilfen sensibilisieren.

e Das Reiten über Bodenstangen kann den Schritt aktivieren. Bewältigt das Pferd diese Aufgabe in aller Ruhe, können die Abstände leicht verlängert werden, damit das Pferd weiter ausschreitet. Arbeit über Bodenstangen oder niedrige Cavaletti bringt Abwechslung in die Arbeit und macht vielen Pferden Spaß. Für uns bedeutet es, dass wir Verbesserungen erreichen und gleichzeitig dem Pferd eine Freude machen können.

f Häufige Übergänge, auf- und absteigend, tragen dazu bei, dass das Pferd unseren Hilfen mehr Aufmerksamkeit schenkt.

TRAB

Allgemeines

- Der Trab ist eine Bewegung im Zweitakt, bei der jeweils die diagonalen Beinpaare abheben. Zwischen jedem Abfußen und Aufkommen eines Beinpaares liegt eine deutliche Schwebephase.
- Unterschieden werden Arbeitstrab, Mittel- und starker Trab.

Arbeitstrab

- Der Arbeitstrab ist der Trab für den Alltag, hauptsächlich verwendet bei jungen oder noch grünen Pferden, die noch nicht genügend Kraft, Geschmeidigkeit und Gleichgewicht entwickelt haben, um die anderen Varianten zu zeigen.
- Die Hinterhufe sollen in die Abdrücke der Vorderhufe treten.
- Das Pferd soll Energie zeigen, ohne zu laufen oder auf die Vorhand zu kommen.
- Er dient dem Aufwärmen oder dem Streckenlassen des Pferdes zur Entspannung.

Mitteltrab

- Hier zeigen die Tritte ein Mittelmaß an Verlängerung, in der Mitte zwischen Arbeitstrab und starkem Trab.
- Die Hinterhufe sollen mindestens eine Hufbreit vor die Abdrücke der Vorderhufe treten.
- Die Tritte sollen rund bleiben, nicht abgeflacht oder eilig. Das Pferd bleibt am Zügel, bei leicht verlängertem Rahmen und vermehrtem Schwung.

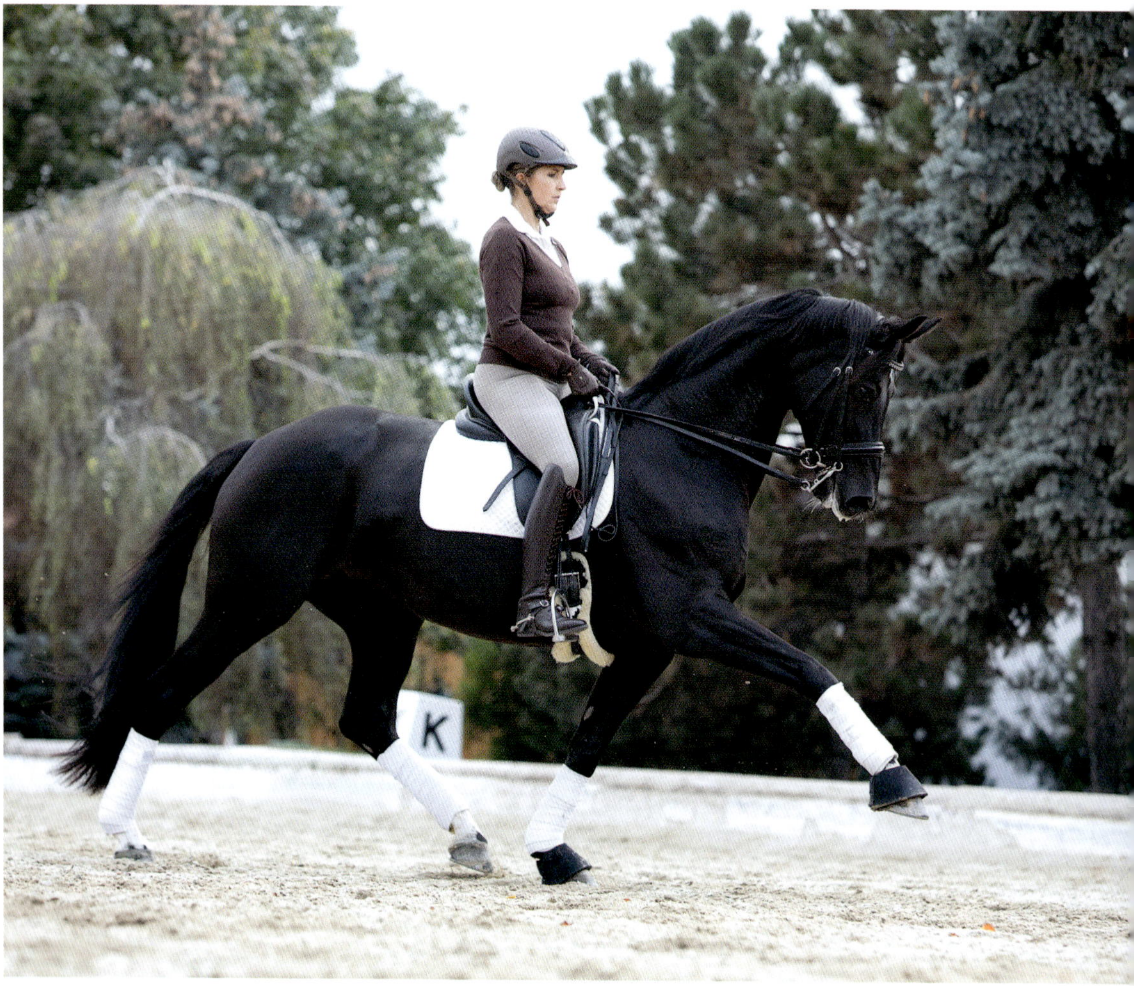

Ausdrucksvolle, raumgreifende Tritte im starken Trab. Die Reiterin sitzt vollständig still.

Starker Trab

- Im starken Trab erreichen die Tritte ihr Maximum. Der Rahmen ist leicht erweitert, das Pferd bleibt aber an den Hilfen, mit tätiger Hinterhand und rundem, schwingendem Rücken.
- Leitlinie: Die Hinterhufe fußen mindestens zwei Hufbreit vor den Abdrücken der Vorderhufe auf.
- Wegen der stärkeren körperlichen Anforderungen werden solche Verstärkungen am Anfang der Ausbildung nicht erwartet.

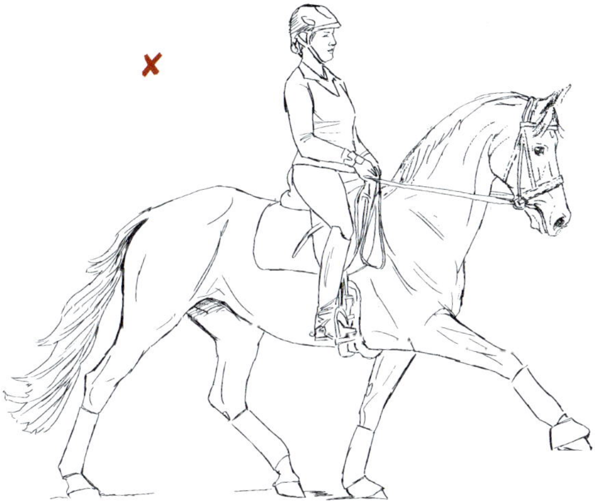

Eine falsche Verstärkung, weil das Pferd sich hohl macht. Der angespannte Unterhals zeigt, dass das Pferd nicht an den Hilfen steht. Manche Pferde werden schon mit überdurchschnittlicher Mechanik geboren und können »mehr Gang« zeigen. Wenn der Trab aber nicht durch den Körper schwingt, ist er nicht korrekt.

Hier wird die Bewegung des Pferdes durch zu viel Zügelkontakt gehemmt. Anstatt dem Pferd eine leichte Rahmenerweiterung zu erlauben, wird der Hals verkürzt.

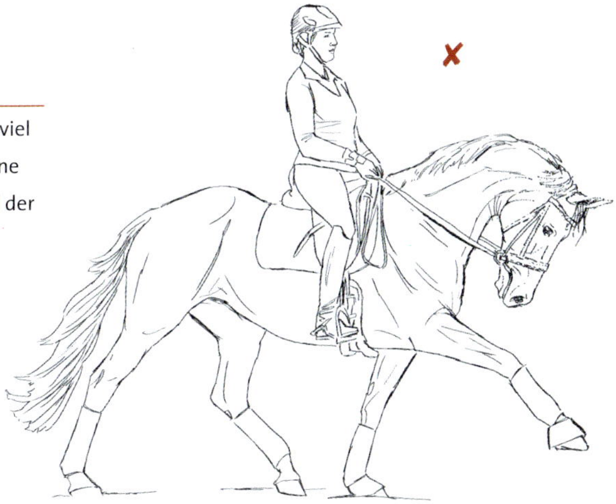

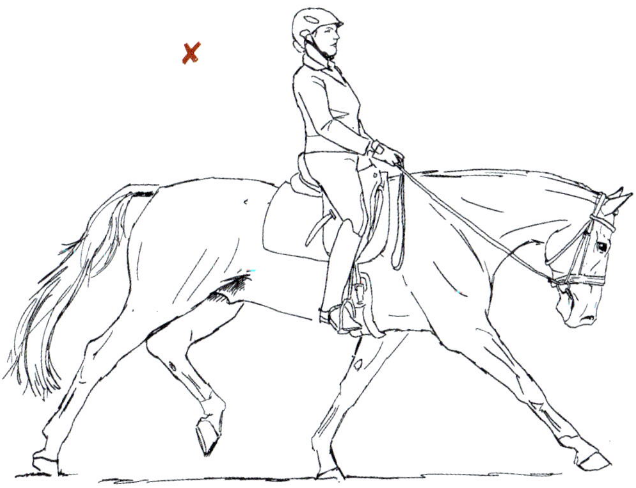

Dieses Pferd ist aus dem Gleichgewicht und läuft auf der Schulter. Vielleicht hat der Reiter eine Verstärkung verlangt, als das Pferd noch nicht im Gleichgewicht war. Der Extraschub bringt es dann auf die Vorhand.

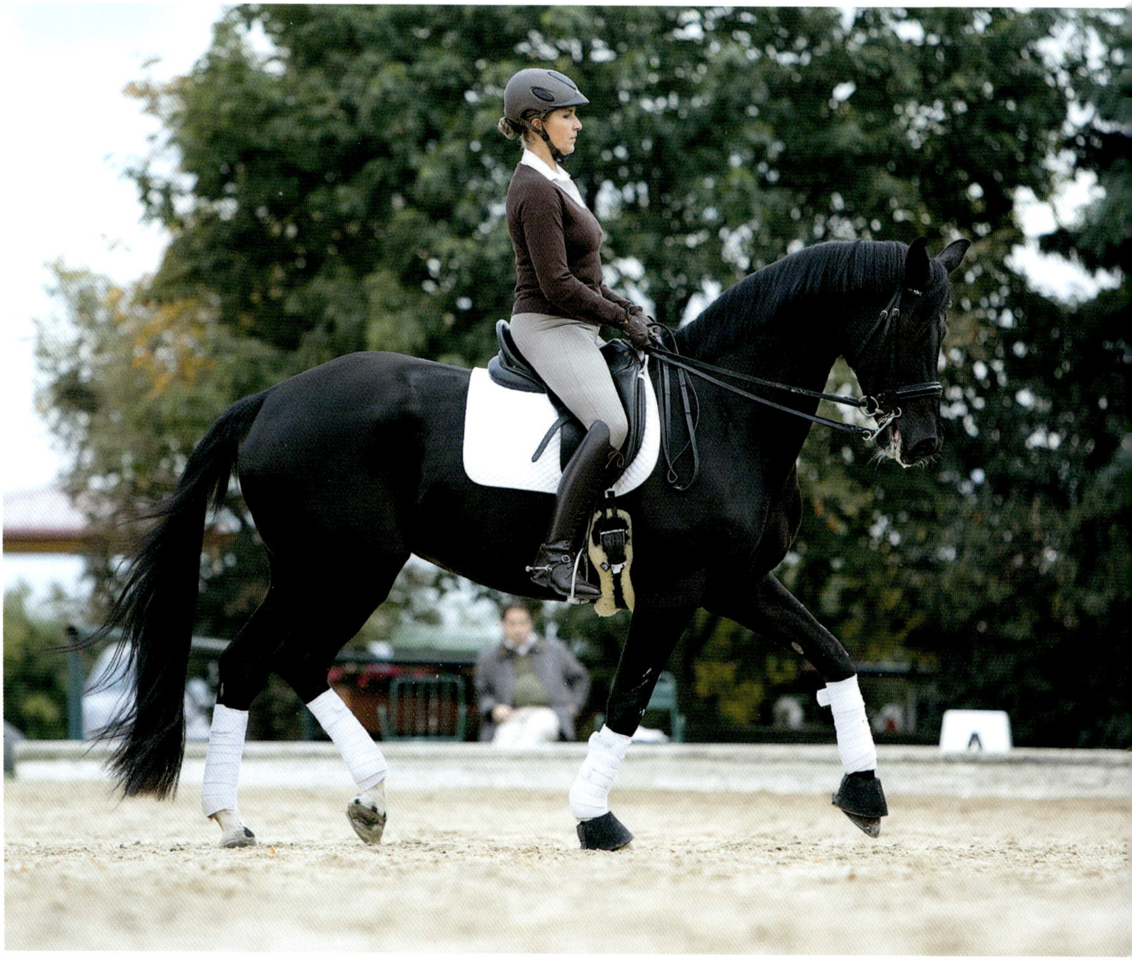

Achten Sie auf Hals und Kopf des Pferdes: Der Kopf steht leicht vor der Senkrechten, der Hals ist nicht in falscher »Versammlung« verkürzt und zusammengezogen.

Versammelter Trab

Man kann sagen, dass es im versammelten Trab Steigerungen gibt, das heißt, dass eine »Baby-Versammlung«, die eingeführt wird, um das Pferd durch halbe Paraden ins Gleichgewicht zu bringen, nicht gleichzusetzen ist mit der Versammlung, die ein bis zum Grand Prix ausgebildetes Pferd zeigt.

- Für die Versammlung muss das Pferd die Gelenke der Hinterhand mehr beugen als im Arbeitstrab, damit es Gewicht von der Vorhand nach hinten verlagern und ca. 50 Prozent oder mehr auf die Hanken aufnehmen kann. Dazu sind Kraft, Geschmeidigkeit und Gleichgewicht erforderlich. Von einem jungen Pferd wird nicht erwartet, diese Fähigkeiten mental wie körperlich unter dem zusätzlichen Reitergewicht zu entwickeln.

- Im versammelten Trab werden die Hanken aufgrund der stärkeren Biegung der hinteren Gelenke vermehrt abgesenkt. Entsprechend scheint die Vorhand sich zu heben, sie vermittelt einen »Aufwärts-Eindruck«. Da das Pferd weniger Gewicht auf der Vorhand trägt, wird es leichter und beweglicher.
- Der Rahmen wird etwas verkürzt, da die Hinterbeine näher an die Vorderbeine herantreten, der Rücken hebt sich und schwingt, und der Hals wölbt sich in größerem Bogen, mit dem Genick als höchstem Punkt.
- Ein Reiter, der Versammlung dadurch erreichen will, dass er den Pferdehals verkürzt, wird nicht spüren, wie die Vorhand leichter wird. Es ist eine falsche Versammlung.
- In der Versammlung zeigen die Tritte eine deutliche Kadenz.

PROBLEME MIT DEM TRAB

1. Keine Schwebephase

Unser Ziel ist eine Verbesserung des Gleichgewichts, die es dem Pferd ermöglicht, einige erhabene Tritte zu zeigen.

Wenn der Reiter, um mehr Schwung bemüht, das Pferd zu sehr antreibt, kommt das Pferd aus dem Gleichgewicht mit dem Resultat, dass die Schwebephase verloren geht (siehe Glossar).

LÖSUNGEN

a Halten Sie den Trab aktiv, aber nehmen Sie das Tempo zurück. Ist der Trab zu eilig, tritt das Pferd oft nach hinten heraus. Das bedeutet, dass der Antrieb nur nach vorn gerichtet ist, anstatt dass das Gewicht nach vorn geschoben und getragen wird. Die Folge sind flache Tritte.

- Im schnellen Trab macht sich das Pferd als Gegensteuerung in Kopf und Hals fest, was dem Reiter das Gefühl vermittelt, dass das Pferd schwer auf dem Zügel liegt.
- Unser Ziel ist eine Verbesserung des Gleichgewichts, die es dem Pferd ermöglicht, einige erhabene Tritte zu zeigen.
- Nur wenn der Pferderücken einer elastisch schwingenden Brücke gleicht, bei der die Energie ohne Unterbrechung von der Hinterhand nach vorn zur Vorhand fließt, ist eine Schwebephase möglich.

b Ein flacher Trab weist auf ein Pferd hin, dem es generell an Geschmeidigkeit fehlt. In diesem Fall müssen wir methodisch daran arbeiten, es leistungsfähiger, es zu einem glücklichen Athleten zu machen. Es kann leicht zwei oder drei Monate dauern, bis sich eine Verbesserung zeigt. Wir können uns nur dem Tempo des Pferdes anpassen und dürfen nicht versuchen, ihm etwas aufzuzwingen. Dies wäre seelisch und körperlich schädlich für das Pferd.

Wir können uns nur dem Tempo des Pferdes anpassen und dürfen nicht versuchen, ihm etwas aufzuzwingen. Dies wäre seelisch und körperlich schädlich für das Pferd.

- Zu unserem Programm gehören viele Übergänge, sowohl von einer Gangart zur anderen als auch innerhalb einer Gangart. Dies dient vor allem der Durchlässigkeit.
- Seitengänge tragen ebenfalls zur Geschmeidigkeit bei. Schenkelweichen, Schulterherein und Renvers sind geeignete Lektionen zum Geraderichten des Pferdes. Zeigt sich eine Verbesserung, können zusätzlich Traversalen und Hinterhandswendungen geritten werden.
  Achtung: Die Hilfengebung für diese Lektionen ist im entsprechenden Kapitel des Buches beschrieben.

c Das Gebäude kann ebenfalls eine Rolle spielen. Pferde mit kurzem Rücken und tief angesetztem Hals oder schwerer Vorhand tun sich mit der Schwebephase vielleicht schwer. Für ihre Ausbildung braucht es Takt und Geduld, weil ihr Körperbau einfach nicht ideal ist. Ein erfahrener Ausbilder kann aber trotzdem oft gute Ergebnisse erzielen, wenn es vielleicht auch länger dauert als bei einem Pferd, das mit einem guten Exterieur gesegnet ist.

- Der Reiter muss das Pferd an den Sitzhilfen haben, damit er, wenn das Pferd auf die Vorhand kommt, nicht versucht ist, es mit den Händen hoch zu halten, was das Problem nur verschlimmert. Stattdessen muss er in der Lage sein, das Tempo des Pferdes mit dem Sitz zu kontrollieren, was ihn davon befreit, seine Hände als »Bremse« benutzen zu müssen.
- Wenn das Pferd auf die Sitzhilfen hört, kann der Reiter allmählich zu einer Kombination von Schenkel- und Sitzhilfen übergehen, um die Energie in ausgewogene Tritte zu leiten, die eine gewisse Federkraft zeigen.

2. Kopf hoch bei Übergängen

Gründe dafür können sein, dass das Pferd den Zügelkontakt nicht akzeptiert, dass es nicht durchlässig genug oder zu wenig aktiv ist.

a Ist der Kontakt zu stark? Eine harte Hand fügt dem Pferdemaul Schmerzen zu, sodass das Pferd zu seiner Verteidigung den Kiefer fest macht und bei Übergängen den Kopf hochwirft.

Bleiben Sie im Handgelenk immer locker und nachgiebig und denken Sie beim Zügelkontakt immer an »vorwärts«.

- Die Antwort ist, mit einem weicheren, nachgiebigeren Zügel zu reiten. Bei halben Paraden bleiben die Hände weiter über dem Widerrist stehen und dürfen nicht nach hinten ziehen. Bleiben Sie im Handgelenk immer locker und nachgiebig und denken Sie beim Kontakt mit den Zügeln immer »vorwärts«.

- Ein nicht ausbalancierter Reiter reißt vielleicht am Zügel, was das Pferd dazu bringt, den Kopf hochzuwerfen. Der Ausbilder muss dem Reiter helfen, seinen Sitz zu verbessern, damit er sich nicht länger am Zügel festhalten muss. Dazu bieten sich Übungen an der Longe an, zum Beispiel Reiten ohne Bügel, Dehnübungen für mehr Geschmeidigkeit und Reiten ohne Zügel.

b Ein steifes, nicht ausbalanciertes Pferd, das auf der Vorhand geht und nicht durchlässig ist, wirft bei Übergängen oft den Kopf hoch. Da der Grund dafür die mangelnde Verbindung zwischen Sprunggelenk und Gebiss ist, bietet sich als Lösung gymnastizierende Arbeit an, um den Pferdekörper zu lockern.

- Ein steifes Pferd kann die Hinterbeine nicht unter den Körper bringen, um sich in einen Übergang zu »heben«. Stattdessen macht es sich lieber fest im Hals, um sich »hineinzuhebeln«.
- Der Reiter muss an der Durchlässigkeit arbeiten, was bedeutet, dass er viele Übergänge von einer Gangart zur anderen und innerhalb einer Gangart reiten muss.
- Die Arbeit in einer Dehnhaltung, das heißt mit dem Genick auf Höhe des Widerrists, trägt dazu bei, dass das Pferd mit tiefer gestelltem Hals das Gebiss sucht, was dazu führt, dass sich der Rücken hebt. Wie lange das dauert, hängt vom einzelnen Pferd ab. Das Ziel ist eine Silhouette, in der der Pferderücken der oberen Wölbung eines Rades gleicht, leicht konvex, nicht konkav. Korrekt ausgeführt sind die Muskeln am Unterhals weich, und hinter dem Sattel schwingt der Rücken sichtbar auf und ab.
- Wir können das Pferd über kleine Cavaletti treten lassen, um den ganzen Körper zu entspannen. Die meisten Pferde genießen diese Art Arbeit.
- Ist das Pferd entspannt und schwingt, können wir damit beginnen, es zusammenzusetzen, mit ruhigen, vorwärts treibenden Hilfen die Sprunggelenke mit dem Gebiss zu verbinden, um die Hinterbeine unter den Körper zu bringen.
- Es wäre ganz falsch, den Pferdekopf mit Hilfszügeln oder einem scharfen Gebiss fixieren zu wollen, da keines dieser Mittel den Ursprung des Problems berührt, sondern dem Pferd nur Unbehagen verursacht und es noch steifer macht als zuvor.
- Weitere Ausführungen finden Sie im nächsten Kapitel unter »Über dem Zügel gehen«.

3. Schwierigkeiten, den Mitteltrab zu erreichen

- Das Pferd reagiert kaum oder gar nicht auf die Hilfen.
- Das Pferd läuft nur schneller.

Warum ist das wichtig?

- Die Grundausbildung zielt darauf ab, die natürlichen Gänge des Pferdes weiterzuentwickeln.
- Ein Gradmesser für die Durchlässigkeit des Pferdes ist, wie weit es sich innerhalb einer Gangart regulieren lässt.
- Übergänge innerhalb einer Gangart sind ein integraler Bestandteil der Dressurausbildung des Pferdes, und da sie fast auf jedem Prüfungsniveau verlangt werden, muss der Reiter Strategien entwickeln, um die Unterschiede herauszuarbeiten, besonders bei Pferden, die nicht mit spektakulären Gängen auf die Welt gekommen sind.

Lösungen

a Die erste Frage sollte immer lauten: »Habe ich korrekt angefragt?« Versteht das Pferd die Hilfen nicht, weil sie unklar gegeben wurden, kann man ihm nicht übelnehmen, wenn es nicht reagiert.

- Das wäre so, als ob Sie jemanden in einer fremden Sprache um etwas bitten, jedoch die falschen Worte benutzen. Er kann vielleicht erraten, was Sie wollen, er kann aber auch gar nichts tun, weil er Sie nicht versteht. Denselben Fehler zu wiederholen hilft dem Verständnis auch nicht weiter.
- Wenn ein Reiter einen Fehler gemacht hat, darf er das Pferd nicht für seine eigenen Unzulänglichkeiten bestrafen, sondern sollte prüfen, ob er es mit halben Paraden richtig vorbereitet hat. Die halben Paraden sind Hinweise darauf, dass Sie gleich etwas anderes verlangen werden, und bereiten das Pferd körperlich darauf vor, indem Sie es einen Augenblick zurückhalten, sodass es die Hinterbeine unter den Körper bringen und sich besser ausbalancieren kann, bevor es wie gefordert die Tritte verlängert.
- Damit fällt der Übergang dem Pferd leichter, weil die Schenkelhilfe für mehr Kraftentfaltung sorgt, Gleichgewicht und Durchlässigkeit bestätigt sind und der Schwung sich auf diese Weise positiv entwickeln kann.
- Nachdem er so den Übergang vorbereitet hat, bleibt der Oberkörper des Reiters gerade aufgerichtet, der innere Schenkel liegt am Gurt und bewegt sich im Takt der geforderten verlängerten

Tritte. Die Hände bleiben bei gleich bleibendem Kontakt ruhig und entspannt, als wollten sie dem Pferd eine Tür öffnen, durch die es gehen kann. Dem Pferd wird für die verlängerten Tritte normalerweise eine leichte Rahmenerweiterung zugestanden.

- Der Mitteltrab sollte schwungvoll, aber nicht eilig wirken. Stellen Sie sich die verlängerten Tritte vor wie einen »gedehnten« versammelten Trab: Das Pferd bleibt rund, ausbalanciert und mit deutlicher Schwebephase zwischen den einzelnen Tritten, zeigt aber mehr Raumgriff und eine »Aufwärts«-Tendenz.

b Gibt der Reiter korrekte Hilfen, erzielt aber wenig bis gar keine Reaktion, müssen wir zu den grundsätzlichen Reaktionen des Pferdes auf die Hilfen (siehe Kapitel 4, Seite 54) zurückgehen.

c Werden die Trabtritte nur eiliger statt länger, müssen wir uns mit der Ursache beschäftigen.

- Bei einem jungen oder unterentwickelten Pferd kann eine schwache Hinterhand die Ursache sein.
- Für die verlängerten Tritte muss die Hinterhand kräftiger sein als für den Arbeitstrab, denn das Pferd muss hinten vermehrt Gewicht aufnehmen, wenn es im Mitteltrab mit den Hinterbeinen weiter unter den Körper tritt.
- Achten Sie darauf, die körperliche Kraft des Pferdes zu verbessern. Cavaletti-Arbeit und Ausritte ins Gelände sind ebenso Teil unseres Programms wie die Arbeit in der Halle oder auf dem Platz. Schulterherein, Renvers und Übergänge tragen dazu bei, das Pferd zu kräftigen.

d Das Exterieur kann einen Einfluss haben. Ein überbautes Pferd kann Schwierigkeiten bekommen, wenn es »bergab« gebaut ist.

- Ein junges Pferd kann sich auswachsen, sodass es schließlich nicht mehr überbaut ist. Bis dahin wäre es vernünftig, Mitteltrab nur in Maßen zu verlangen. Ist ein Pferd nicht in der Lage, diese Aufgabe zu erfüllen, laufen wir Gefahr, es falsch zu schulen, was womöglich Verspannungen zur Folge hat.
- Wir sollten bei einem jungen Pferd Zeit investieren, um Kraft aufzubauen und das Gleichgewicht zu verbessern, ohne es körperlich zu überfordern (siehe oben).
- Wenn ein ausgewachsenes Pferd überbaut ist, müssen wir uns damit abfinden, dass es Grenzen gibt für das, was wir erreichen können. Trotzdem werden wir versuchen, im Training die Fähigkeit des Pferdes, sich in den Hanken zu beugen und zur Verbesserung des Gleichgewichts mehr Gewicht aufzunehmen, zu verbessern. Unser Programm muss sorgfältig überwacht werden, damit wir vom Pferd nicht zu viel ver-

langen. Unser Kalender muss das Pferd sein, sodass wir nur so schnell vorgehen, wie es mit den körperlichen Gegebenheiten des Pferdes vereinbar ist.

e Ein Pferd, das nicht geradegerichtet ist, kann keinen erfolgreichen Mitteltrab zeigen. Es ist nicht im Gleichgewicht, den Mitteltrab zu fordern macht die Sache nur noch schlimmer: Das Pferd eilt.

- Bei einem nicht geradegerichteten Pferd arbeiten die Hinterbeine nicht gleichmäßig. Dies verstärkt sich durch den Mitteltrab weiter und führt zu ungleichen Tritten.
- Außengalopp kann helfen, das Pferd geradezurichten, und die Energieentfaltung im Galopp kann dem Trab Ausdruck verleihen. Beides kann dazu beitragen, dass das Pferd einen sehr guten Mitteltrab entwickelt.

GALOPP

Allgemeines

- Galopp ist ein Dreitakt.
- Man spricht von Rechts- bzw. Linksgalopp, je nachdem, welches Bein zuerst vorschwingt.
- Die Fußfolge ist:
  1. Äußeres Hinterbein
  2. Inneres Hinter- und äußeres Vorderbein paarweise zusammen
  3. Inneres Vorderbein
- Auf Folge 3 (das »führende« Bein) folgt ein Moment der Schwebephase, in der kein Fuß den Boden berührt.
- Im Arbeitsgalopp entspricht ein Galoppsprung etwa einer Pferdelänge (ungefähr 3 m bei einem Pferd, weniger bei einem Pony).
- In Prüfungen wird nach Arbeitsgalopp, Mittelgalopp, versammeltem und starkem Galopp unterschieden. Alltagsgangart ist der Arbeitsgalopp.
- Bei einem jungen Pferd wird normalerweise zuerst der Mittelgalopp entwickelt, vor dem versammelten Galopp. Dies soll sicherstellen, dass das Pferd über genügend Energie verfügt und die Versammlung nicht zu einem kurzen, leblosen Galoppsprung führt.

Galopphilfen

- Der Reiter sitzt »nach innen« (siehe S. 53) und bereitet das Pferd mit weichen halben Paraden seelisch und körperlich vor. Damit ist das

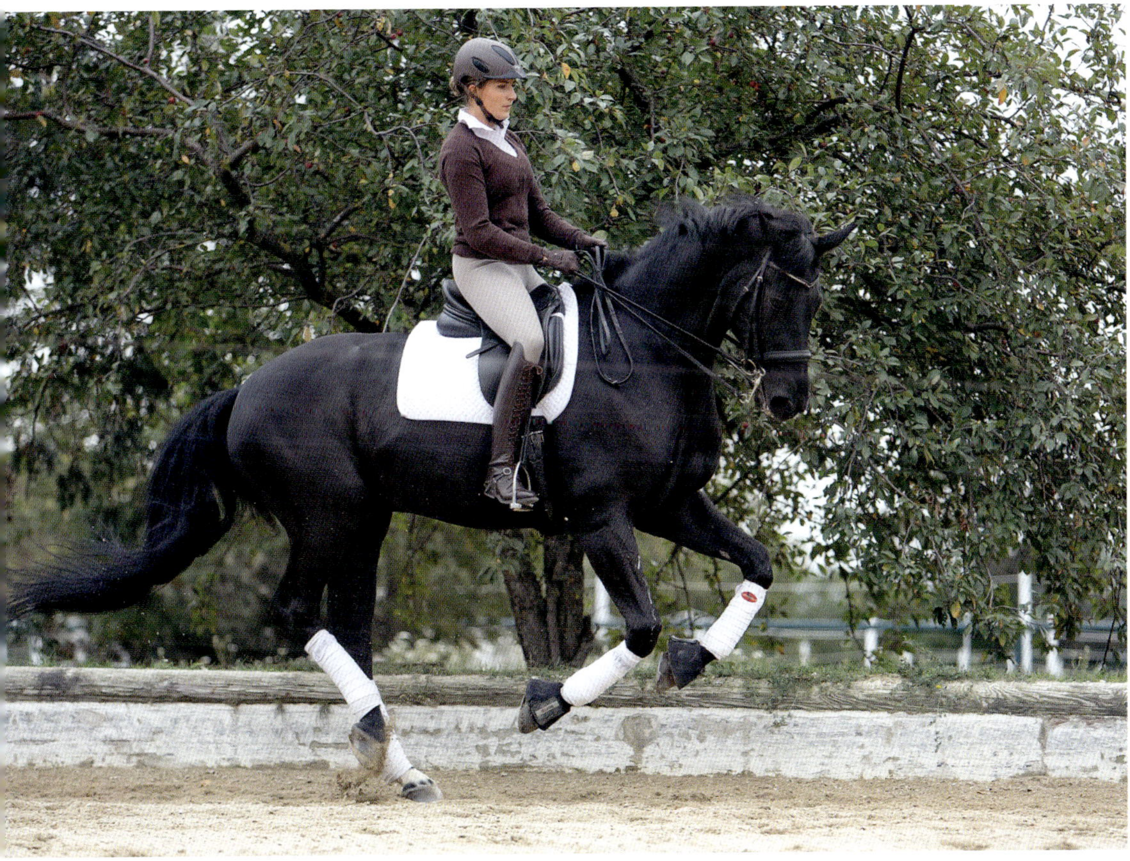

Pferd vorgewarnt, dass gleich etwas Neues von ihm verlangt wird, und es verbessert sein Gleichgewicht und sein Engagement.

- Die innere Schulter wird leicht zurückgenommen, der innere Steigbügel vermehrt ausgetreten, was mehr Gewicht auf den inneren Sitzbeinhöcker bringt.
- Der innere Zügel sorgt für eine leichte Biegung, ausreichend, um das innere Pferdeauge schimmern zu sehen, aber nicht mehr. Eine leichte Anlehnung bleibt erhalten.
- Der äußere Zügel stützt und kontrolliert die äußere Schulter, aber ohne zu ziehen.
- Der innere Schenkel bleibt passiv am Gurt liegen und sorgt nach dem Angaloppieren für energische und »nach oben« gerichtete Sprünge.
- Der äußere Schenkel liegt ein bis zwei Handbreit hinter dem Gurt und gibt mit leichtem Druck dem Pferd das Signal zum Angaloppieren. Der beste Zeitpunkt dafür ist der Moment, wenn das äußere Vorderbein am Boden ist. So galoppiert das Pferd am ehesten richtig an.

Im Mittelgalopp springt das Pferd mit positiver Vorwärtsenergie mehr nach oben.

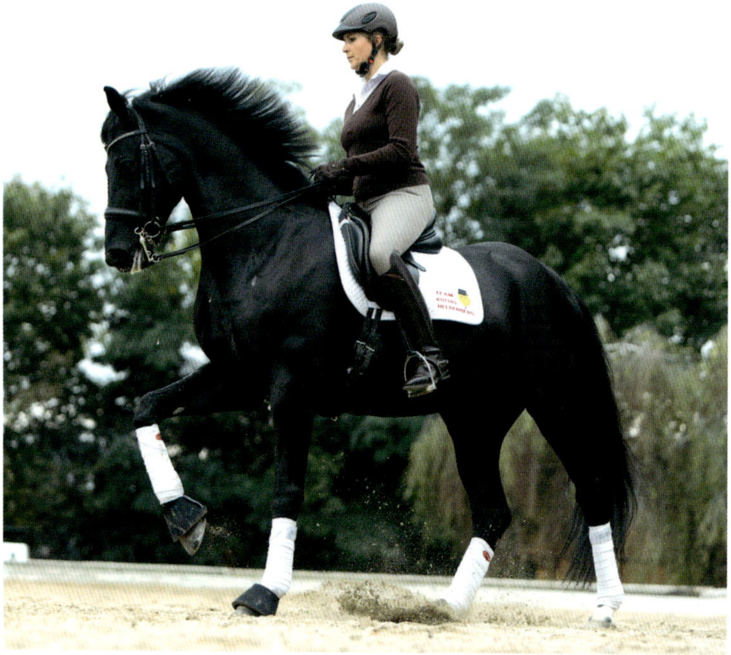

Im versammelten Galopp bleibt die Energie die gleiche wie im Mittelgalopp, drückt sich aber anders aus. Die Hanken nehmen mehr Gewicht auf, und der Schwung äußert sich in höheren, runderen Galoppsprüngen.

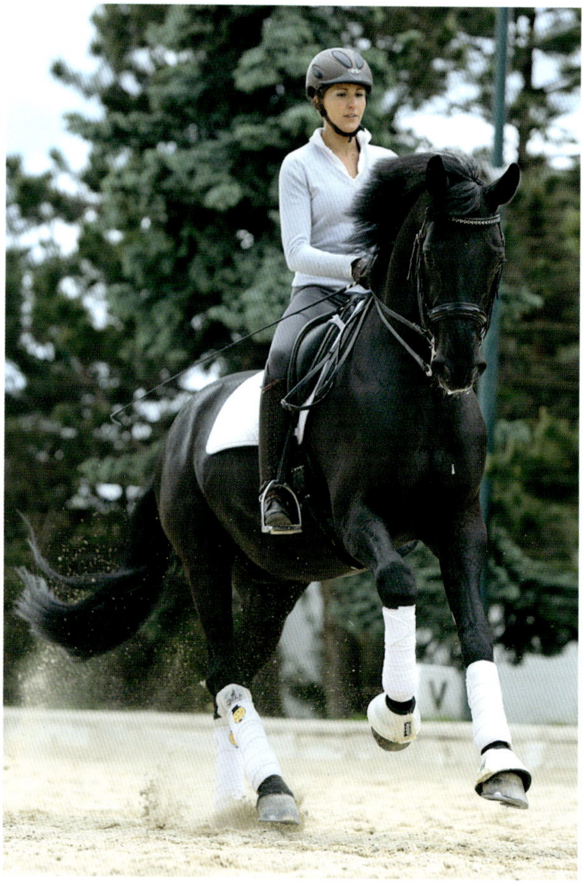

Das Foto verdeutlicht, dass das Pferd sich im starken Galopp hinter dem Sattel »setzt«, wodurch die Galoppsprünge größer und mehr »nach oben« ausfallen.

- Im Galopp wird der äußere Schenkel passiv, falls es nicht darum geht, ein Abdriften nach außen zu verhindern. Bleibt er ständig um die Außenseite geklemmt, kann er das Pferd unbeabsichtigt dazu bringen, mit der Hinterhand nach innen auszuweichen.

PROBLEME MIT DEM GALOPP

1. Galopp auf zwei Hufschlägen, »schiefer« Galopp
   Ratschläge zur Korrektur eines »schiefen« Galopps siehe S. 62.
2. Falsches Angaloppieren
   Ein Pferd galoppiert falsch an, wenn es nicht auf der vom Reiter gewünschten Hand angaloppiert. Die Ursache ist häufig in mangelnder Vorbereitung zu finden.

LÖSUNGEN

a Überprüfen Sie Ihre Gewichtshilfen. Rutscht Ihr Gesäß nach außen, wenn Sie angaloppieren wollen, kann dies das Pferd aus dem Gleichgewicht und zum falschen Angaloppieren bringen. Achten Sie darauf, »nach innen« zu sitzen, das heißt, die innere Schulter leicht zurückzunehmen und den äußeren Schenkel hinter den Gurt zu legen, wodurch etwas mehr Gewicht auf den inneren Gesäßknochen gebracht wird. Helfen kann auch die Erinnerung daran, den inneren Steigbügel auszutreten.

b Achten Sie auf die korrekte Schenkellage mit dem äußeren Schenkel ein oder zwei Handbreit hinter dem Gurt. Dieser Schenkel gibt das Signal zum Angaloppieren. Verrutscht er nach vorn, fällt es dem Pferd sehr schwer zu unterscheiden, welches der äußere und welches der innere Schenkel ist. Es ist verwirrt und galoppiert womöglich falsch an.

- Nehmen Sie den äußeren Schenkel nicht noch weiter zurück, es könnte das Pferd irritieren und zum Buckeln oder Ausschlagen verleiten.
- Der innere Schenkel bereitet das Pferd auf den Übergang vor, indem er die Hinterbeine aktiviert und die Biegung nach innen aufrecht erhält, bleibt im Augenblick des Angaloppierens aber passiv. Wenn wir das Angaloppieren ausschließlich mit dem äußeren Schenkel fordern, verdeutlichen wir dem Pferd, auf welcher Hand es angaloppieren soll.

c Lassen wir den Trab vor dem Angaloppieren eiliger werden, machen wir es dem Pferd schwer.

- Halten Sie das Tempo aktiv, aber ohne zu eilen, sodass das Pferd längs, vom Schweif bis zum Genick, ausbalanciert ist.

Übungsvorschläge

- Für den unerfahrenen Reiter kann es eine Hilfe sein, vor dem Angaloppieren die Trabtritte zu zählen: 'eins-zwei, eins-zwei' usw. Die Zählgeschwindigkeit sollte vor dem Moment des Angaloppierens konstant bleiben.
- Hilfreich ist auch ein direkter Übergang vom Schritt zum Galopp. Das Pferd kann den Schwung nicht ausnützen, um sich auf der Vorhand in den Galopp zu werfen, sondern wird dazu angeregt, die Hanken zu beugen und sich korrekt in den Galopp hineinzuheben.
- Reiten Sie im Trab kleine 10 m-Zirkel, bis der Trab gleichmäßig und ausbalanciert ist. Dann geben Sie ruhig die Hilfen zum Angaloppieren. Korrekt geritten sind kleine Zirkel ein gutes Mittel, ein eiliges Pferd zur Ruhe zu bringen. Siehe Fotos unten und rechts.
- Reiten Sie Schulterherein, richten Sie das Pferd wieder gerade und fordern Sie unmittelbar den Übergang zum Galopp. Der Seitengang bringt das Pferd ins Gleichgewicht und aktiviert das innere Hinterbein, sodass sich das Pferd ruhig in den Galopp heben kann.

d Ein Pferd, das auf einer Hand sehr steif ist, galoppiert vielleicht lieber auf der anderen Hand. Hier muss der Reiter überlegen, wie er die Biegung nach innen weicher gestalten kann, damit das Pferd gerader und geschmeidiger wird.

Korrekt geritten sind kleine Zirkel ein gutes Mittel, ein eiliges Pferd zur Ruhe zu bringen.

Die Reiterin sorgt für eine gleichmäßige Biegung vom Schweif bis zum Genick, die mit der Linie am Boden übereinstimmt. Dadurch wird das Pferd ausgerichtet und findet besser sein Gleichgewicht. Die Bildfolge geht von rechts nach links.

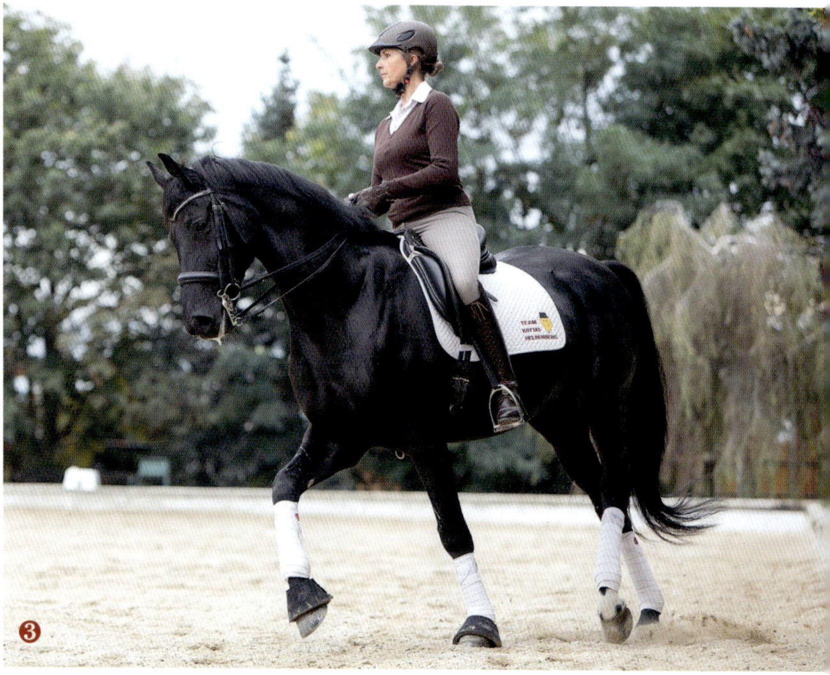

Übungsvorschlag

- Verkleinern Sie auf der steifen Hand einen 20 m-Zirkel so weit, wie das Pferd es noch mitmacht, ohne Takt und Gleichgewicht zu verlieren – vielleicht bis zu einem Durchmesser von 8 oder 10 m. Dann treiben Sie das Pferd mit dem inneren Schenkel am Gurt wieder in Spiralen nach außen und fordern es damit auf, den Brustkorb leicht um die innere Hilfe herum zu biegen. Versuchen Sie sich vorzustellen, dass Ihr innerer Schenkel das Pferd vom inneren Zügel »weg« und zum äußeren Zügel »hin« treibt, sodass das Pferd, nicht der Reiter sich am Gebiss anlehnt. Geben Sie während des Zirkelvergrößerns mit der inneren Hand immer wieder leicht nach, um dem Pferd abzugewöhnen, zur besseren Balance den inneren Zügel als Krücke zu benutzen, auf die es sich stützen kann.
- Vergessen Sie nicht, den äußeren Schenkel hinter dem Gurt liegen zu lassen, damit sich das Pferd nicht der Biegung entziehen kann, indem es mit der Hinterhand nach außen ausweicht. Haben Sie den Zirkel genügend vergrößert, galoppieren Sie auf der inneren Hand an.
- Alternativ können Sie, wenn Sie das Gefühl haben, dass das Pferd auf dem kleinen Zirkel gut im Takt und Gleichgewicht ist, auch hier schon den Übergang fordern und den Zirkel im Galopp vergrößern. Bis das Pferd sich auf jeder Hand geschmeidiger und

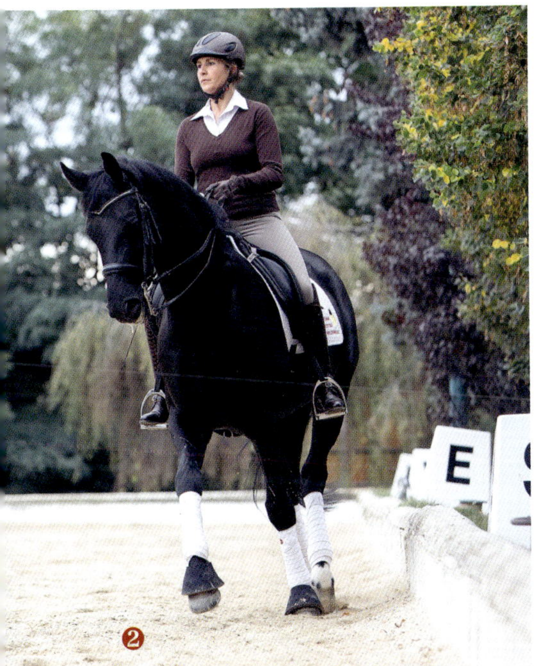

❷

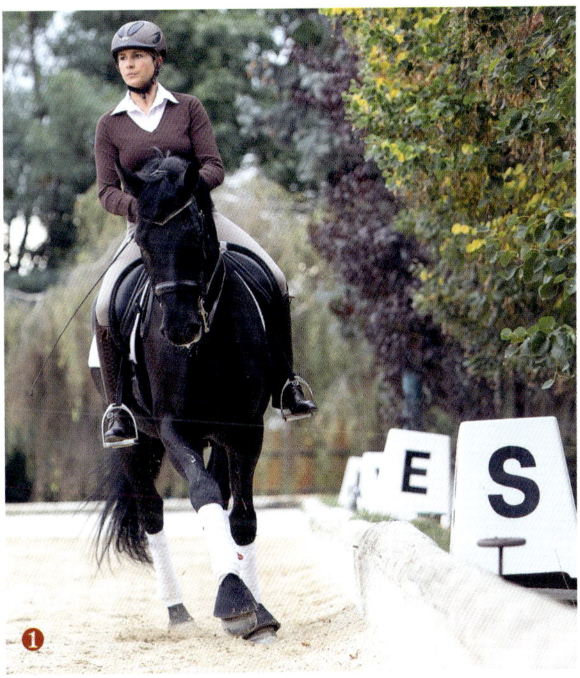

❶

ausbalancierter anfühlt, ist es jedoch klug, nur auf großen Zirkeln zu galoppieren.

e Ist die Anlehnung am äußeren Zügel zu stark, kann dies zu einem falschen Angaloppieren führen. Geben Sie vor dem Übergang leicht nach, als wäre die Anlehnung wie ein Gummiband. Nimmt das Pferd die Anlehnung entspannter an und zeigt eine weiche Biegung nach innen, können Sie angaloppieren.

- Der Ausbilder kann den Reiter auffordern, die Zügel überzustreichen und sie wieder aufzunehmen, erst mit einem Zügel, dann mit beiden, damit dem Reiter bewusst wird, wie stark er mit den Händen einwirkt. Takt und Tempo dürfen nicht verloren gehen, wenn der Zügel nachgibt. Wirft das Pferd beim Überstreichen den Kopf hoch, ist dies ein Zeichen dafür, dass die Reiterhand zu stark einwirkt.
- Eine der Funktionen des äußeren Zügels besteht darin, das Maß der Halsbiegung nach innen zu begrenzen, was aber nicht bedeutet, dass er die Wirkung eines Schraubstocks haben soll! Steht der äußere Zügel zu sehr an, fühlt sich das Pferd unwohl und verkrampft sich. Unser Ziel sollte es sein, mit einer minimalen, nicht mit einer maximalen Kontrolle auszukommen.

f Aufgrund von Steifheiten versuchen manche Pferde, die innere Biegung dadurch zu vermeiden, dass sie im Augenblick des Übergangs die Hinterhand nach außen stellen.

Übungsvorschläge

- Reiten Sie Travers auf dem Zirkel, um das Hinterhandherein ein wenig zu schulen Der Winkel braucht nur dazu auszureichen, dass Rückgrat und Vorhand korrekt ausgerichtet sind.
- Der Reiter sollte außerdem darauf achten, das Gewicht leicht nach innen zu verlegen. Das Pferd darf ihn nicht nach außen schieben.
- Auch das Angaloppieren aus einer großen Schrittpirouette ist eine nützliche Übung. Der Reiter muss einfühlsam sein und darf nur einige wenige Pirouetteschritte fordern, und diese nicht zu klein, weil es dem Pferd sonst unmöglich ist, seinen Anforderungen nachzukommen.
- Erlaubt man einem schiefen Pferd, beim Übergang auf die äußere Schulter zu fallen, springt es oft auf der falschen Hand an.
- Zur Korrektur reduziert man die innere Halsbiegung. Der äußere Zügel erlaubt nur so viel Halsbiegung, dass der Reiter das innere Auge schimmern sieht.
- Vor dem Übergang Schultervor zu reiten kann hilfreich sein, wenn

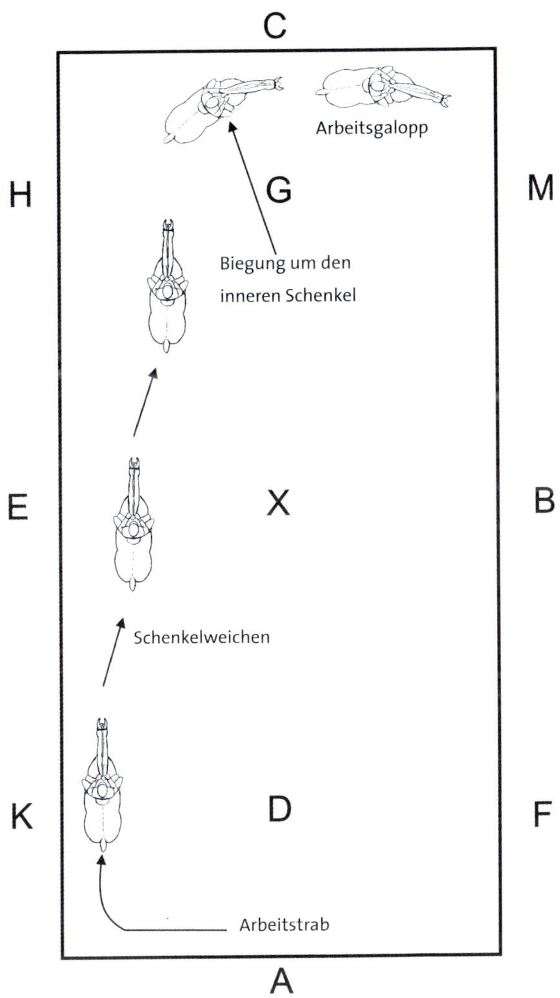

Stellen Sie sich vor, das Pferd ist nach rechts schief, macht sich hohl und verlegt zu viel Gewicht auf die linke Schulter. Zur Korrektur versuchen Sie es mit Schenkelweichen vom Hufschlag nach innen bis zur Dreiviertellinie. Kurz vor Erreichen der Ecke fordern Sie eine leichte Biegung nach innen und geben dann die Hilfen für den Rechtsgalopp.

das Pferd sehr einseitig ist und Schwierigkeiten hat, die regulierende Funktion des äußeren Zügels anzunehmen.

- Eine fortgeschrittenere Übung wäre, an der langen Seite Renvers zu reiten (in diesem Beispiel wäre das Pferd um den linken Schenkel gebogen), das Pferd dann geradezurichten und anzugaloppieren. Renvers ist eine ausgezeichnete gymnastizierende Übung, weil das Pferd sich von seiner hohlen Seite wegbiegen muss. Wenn wir den Seitengang beenden, müssten wir das Pferd vor dem Übergang korrekt ausgerichtet haben.

Beherzigen Sie den Grundsatz: Biegt sich Ihr Pferd nicht genügend (ist steif), dann biegen Sie seinen Körper mehr – biegt es sich aber zu sehr (ist schief oder hohl), dann biegen Sie es weniger. Das Ziel ist, allzeit ein geradegerichtetes Pferd zu haben.

3. Läuft in den Galopp hinein

Beim Übergang in den Galopp muss das Tempo gleich bleiben.

LÖSUNGEN

a Als Erstes gilt es zu überprüfen, ob der Reiter den Übergang mit halben Paraden korrekt vorbereitet hat. Dieser Vorgang sollte für jeden Übergang automatisch ablaufen, weil der Reiter sonst dem Pferd keine Chance für einen guten Übergang lässt.

Halbe Paraden: Zu einer halben Parade gehören drei Teile: Sitz-, Schenkel- und Zügelhilfe.

1. Bei der Sitzhilfe macht sich der Reiter im Sattel größer und strafft die Muskeln im Bauch- und Lendenbereich. Das Pferd spürt einen Widerstand, der vom Becken des Reiters ausgeht, und das nächste Element, das zum Einsatz kommt, die Schenkelhilfe, verhindert, dass die Hinterbeine schneller werden.
2. Der Reiter schließt die Schenkel, um die Hinterbeine des Pferdes zum weiteren Untertreten unter den Pferdekörper zu veranlassen und damit Engagement und Gleichgewicht zu verbessern.
3. Mit einem Vibrieren am äußeren Zügel gibt der Reiter eine Zügelhilfe. Dieser Vorgang wird manchmal als Ausdrücken eines nassen Schwamms beschrieben. Das Pferd wird aufgefordert, mit dem Unterkiefer nachzugeben, und in Koordination mit Sitz- und Schenkelhilfe stabilisiert diese Hilfe das Pferd und macht es bereit für den Übergang (innerhalb einer Gangart oder von einer Gangart zur anderen).
4. Der Zügel vibriert nur ganz kurz, und der Reiter muss in dem Augenblick, in dem er eine leichte Reaktion des Pferdes spürt, so fort weich nachgeben, um das Pferd zu belohnen und ihm zu sagen, dass es alles richtig gemacht hat. Das Weichwerden darf auf keinen Fall vergessen werden! Achtung: Dieses Weichwerden ist nicht wie das Annehmen und Nachgeben des Zügels, bei dem der Zügel durchhängt, es ist mehr ein »toleranter« Zügel, um die Anlehnung zu verringern.
5. Wichtig ist, dass die Hände bei dieser Zügelhilfe über dem Widerrist stehen bleiben und nicht etwa nach hinten ziehen. Sonst macht sich das Pferd steif in Unterkiefer und Genick, das Gegenteil von dem, was wir erreichen wollen.

b Ein Pferd, das frisch ist oder den Übergang in den Galopp vorwegnimmt, läuft vielleicht in den Galopp hinein. Um das Pferd zu beruhigen und es mehr ins Gleichgewicht zu bringen, kann der

Reiter es mit mehreren 10 m-Zirkeln an verschiedenen Stellen versuchen. Achtet das Pferd wieder besser auf die Hilfen, kann der Reiter eine ruhige halbe Parade geben und vorsichtig angaloppieren.

- Lässt das Pferd sich nicht beruhigen, können wir es mit Rückwärtsrichten versuchen und daraus ruhig wieder anreiten, bevor wir die Hilfen zum Angaloppieren geben. Bei einem aufgeregten oder stark pullenden Pferd sind vielleicht mehrere Wiederholungen nötig.
- Manche Pferde reagieren sehr heftig auf den Schenkel und eilen dann in den Übergang. In diesem Fall muss der Reiter das Pferd wie üblich vorbereiten, darf den äußeren Schenkel aber nur minimal zum Einsatz bringen. Manchmal braucht man, bei korrektem Sitz und korrekter Lage der Schenkel, die die Flanken des Pferdes aber kaum berühren, nur »Galopp« zu denken – und das Pferd galoppiert an. (Wenn Sie »Galopp« denken, spürt ein sensibles Pferd ein leichtes Vorwärtssignal, das von Ihrem inneren Gesäßknochen ausgeht, und das kann schon ausreichen.)
- Nimmt ein Pferd das Angaloppieren vorweg und wird schneller, galoppiert man an anderen Stellen an.
- Für den Gehorsam des Pferdes ist es nützlich, kurz vor der Stelle, an der das Pferd das Angaloppieren vorwegnimmt, einen Übergang in eine niedrigere Gangart zu reiten, auf den Zirkel zu gehen oder die Hand zu wechseln. Der Reiter muss während der Trainingsstunde immer die Initiative behalten!

c Einem Pferd mit langem oder schwachem Rücken kann ein sauberer Übergang schwerfallen. Gleichgewicht und Engagement kann es dann durch Eilen zu ersetzen versuchen.

- Die langfristige Lösung besteht darin, für Ihr Pferd ein Gymnastikprogramm zu entwerfen, das seine Schwachstellen stärkt. Dazu gehören Sprungfolgen über niedrige Cavaletti und Ausreiten ins Gelände neben der Dressurarbeit in der Halle oder auf dem Platz.
- Zu starkes Einsitzen kann bei einem schwachen Pferd dazu führen, dass es den Rücken durchbiegt wie eine Hängematte, was einen korrekten Übergang unmöglich macht.
- Kurzfristig gesehen kann ein schwaches Pferd davon profitieren, wenn der Reiter den leichten Sitz einnimmt. Natürlich muss er ausbalanciert sein und darf sich nicht am Zügel festhalten.
- Der Oberkörper ist leicht nach vorn geneigt, um das Gewicht im Sattel zu verringern, das Gesäß bleibt jedoch in Kontakt mit dem Sattel. Das Gewicht ruht vermehrt auf Knien und Oberschenkeln.

Im leichten Sitz können die Bügelriemen ein oder zwei Loch kürzer geschnallt werden.

d Auch die harte Hand des Reiters kann ein Grund dafür sein, dass das Pferd in den Galopp hineinläuft. Das Pferd macht sich steif, pullt und versucht, dem unangenehmen Gefühl im Maul davonzulaufen.

- Die Lösung liegt in der Erinnerung an die Grundlagen: Sitz, Schenkel und Zügel werden zusammen eingesetzt, mit halben Paraden, die weicher werden, sobald eine positive Reaktion von Seiten des Pferdes erfolgt. Der Reiter muss das Pferd »am Sitz« (unter Kontrolle) haben, sodass er nicht gezwungen ist, die Zügel wie die Handbremse im Auto zu benutzen. Kann der Reiter die Zügel annehmen und nachgeben, ohne dass das Pferd schneller wird oder Gleichgewicht und Rahmen verändert, ist eine gewisse Selbsthaltung erreicht, und es kann ein Übergang zum Galopp geritten werden, ohne dass das Pferd eiliger wird.

4. Vierschlag-Galopp

Von Vierschlag-Galopp spricht man, wenn das innere Hinterbein vor dem äußeren Vorderbein auffußt, anstatt dass sich beide paarweise bewegen. Es entsteht dann ein Vier- anstatt eines Dreischlags.

Warum ist das wichtig?

Bei einem natürlichen Galopp ist ein Dreischlag zu hören. Es ist ein Grundprinzip der Dressur, dass wir die natürlichen Gänge erhalten und veredeln und nicht zerbrechen wollen.

Lösungen

a Eine häufige Ursache dieses Problems ist der Versuch, Versammlung mit falschen Mitteln zu erreichen.

- Bei der Versammlung geht es darum, wie viel Last das Pferd auf den Hinterbeinen aufnehmen kann, nicht darum, wie kurz wir seine Tritte oder Sprünge machen können.
- Vergisst ein Reiter seine Schenkel- und Sitzhilfen und setzt, um die Sprünge zu verkürzen, die Zügel zu stark ein, kann dadurch der Schwung verloren gehen. Das Pferd hält sich im Rücken fest, und die Folge ist ein Vierschlag-Galopp.
- Die Antwort ist, sich weniger auf die Hände zu konzentrie-

ren, sondern stattdessen Sitz, Schenkel und Zügel in Harmonie einzusetzen, sodass das Pferd über den Rücken arbeiten und die Hinterbeine besser untersetzen kann.

- Dazu muss der Reiter vielleicht mehrmals die Zügel an nehmen und nachgeben, um die Selbsthaltung anzuregen und die Anlehnung leichter zu gestalten, damit das Pferd wieder Zutrauen fasst, den Kontakt zu suchen und dann auch zu akzeptieren.
- Der innere Schenkel fordert einen energischen, nach oben gerichteten Galoppsprung. Wo keine Energie ist, gibt es auch nichts zu versammeln.

Wo keine Energie ist, gibt es auch nichts zu versammeln.

b Der Galopp kann auch zu langsam und schwunglos sein. Die Antwort ist, die Aktivität der Hinterbeine zu erhöhen, während man das Tempo mit dem Sitz reguliert.

- Manchmal genügt frisches Vorwärtsreiten an einer oder zwei langen Seiten, um den Energielevel aufzufrischen und den fehlerhaften Vierschlag-Galopp zu korrigieren.

c Ein Pferd, das in Rücken und Hanken sehr steif ist, kann einen Vierschlag-Galopp zeigen, besonders wenn der Reiter versucht, das Tempo zu verkürzen. Es versucht vielleicht, sich im Schnelltakt mit den Vorderbeinen voranzuziehen, und wenn der Reiter das Tempo verlangsamen will, verfällt es in den Vierschlag-Galopp.

- Überprüfen Sie zuerst, ob es einen medizinischen Grund dafür gibt, dass das Pferd den Galopp so schwierig findet, oder ob eine Lahmheit vorliegt. Ist dies ausgeschlossen, muss der Reiter ein Programm zur Gymnastizierung des Pferdes verfolgen.
- Eine große Hilfe können Sprungfolgen über niedrige Cavaletti oder Trabarbeit über Bodenstangen sein, außerdem Übergänge innerhalb einer Gangart oder von einer Gangart zur anderen, wodurch das Pferd in seiner Längsachse geschmeidiger wird.
- Auch Seitengänge wären sehr nützlich, um das Pferd geschmeidiger zu machen und ihm zu helfen, mit den Hinterbeinen weiter unter den Körper zu treten. So würde es lernen, die vermehrte Lastaufnahme zu akzeptieren.
- Wir dürfen außerdem nie vergessen, den Sattel daraufhin zu überprüfen, ob er dem Pferd passt und angenehm ist. Fühlt das Pferd sich damit nicht wohl, kann dies zu Problemen in den Gangarten führen.

Wir dürfen auch nie vergessen, den Sattel daraufhin zu überprüfen, ob er dem Pferd passt und angenehm ist.

5. Kreuzgalopp

Im Kreuzgalopp galoppieren die Vorderbeine auf der einen und die Hinterbeine auf der anderen Hand, was dem Reiter ein sehr »holpriges« Gefühl vermittelt, anders als die normale flüssige Schaukelpferd-Bewegung.

Lösungen

a Ein nicht ausbalanciertes oder schwaches Pferd neigt oft zum Kreuzgalopp, besonders wenn es auf einem kleinen Zirkel galoppieren soll.

- Kurzfristig gesehen sollte der Reiter seine Anforderungen herunterschrauben und mit dem Pferd einfachere Figuren reiten.
- Möglichst nicht auf engem Raum arbeiten. Das Pferd wird den Extra-Freiraum zu schätzen wissen, bis es über mehr Kraft und Gleichgewicht verfügt.
- Auch der Boden von Reithalle oder -platz ist wichtig. Ist er uneben oder lose, kann das Pferd das Vertrauen in den Boden verlieren und versuchen, sich in den Kreuzgalopp zu retten.

b Auch ein schlecht ausbalancierter Reiter kann die Ursache sein. Ein sensibles oder schwaches Pferd kann leicht in den Kreuzgalopp verfallen, wenn der Reiter nicht ruhig im Sattel sitzt.

- Im Rechtsgalopp müssen Sie in der »Position rechts« sitzen (und im Linksgalopp umgekehrt). Beschreibung siehe nächste Seite.
- Achten Sie auf einen ruhigen Sitz im Sattel. Kopf und Schultern des Reiters dürfen im Galopp nicht mitschaukeln, nur die Hüften schwingen mit. Die Schultern des Reiters müssen parallel zu denen des Pferdes bleiben und dürfen sich nicht von einer Seite auf die andere verdrehen. Beides kann zu Kreuzgalopp führen.
- Hält der Reiter sich am Zügel fest, kann auch dies den Kreuzgalopp verursachen.
  Der Ausbilder muss mit dem Reiter an der Verbesserung des Sitzes arbeiten. Dazu können Longenübungen eine große Hilfe sein. Hat der Reiter Vertrauen gefasst und gelernt, tief einzusitzen, so dass er mit lockeren, entspannten Händen und Handgelenken eine nach vorn gerichtete Anlehnung demonstrieren kann, verschwindet das Problem des Kreuzgalopps oft von selbst.
- Der Rahmen des Pferdes wird oft runder und entspannter, wenn der Zügel ein wenig nachgibt und die Anlehnung leichter wird, als wenn er zu stark ansteht und nach rückwärts wirkt.

c Manchmal kommt es zum Kreuzgalopp, wenn der Außengalopp neu hinzukommt, besonders wenn der Reiter zu viel zu schnell zu erreichen versucht. Ein steifes, nicht ausbalanciertes Pferd kann während des Außengalopps leicht in den Kreuzgalopp verfallen.

- Der Reiter muss im Außengalopp nach innen sitzen – und »innen« bezieht sich auf die Biegung des Pferdes, nicht auf die Mitte von Halle oder Platz.
- Das Reitergewicht kann für das Gleichgewicht des Pferdes einen großen Unterschied machen. Es ist also sehr wichtig, immer nach innen zu sitzen, sodass das Reitergewicht mehr auf dem inneren Sitzbeinhöcker ruht. Neigt sich der Oberkörper nach außen, verschiebt sich das Gewicht auf die falsche Seite, und das kann einen Kreuzgalopp zur Folge haben.
- Fällt das Pferd in den Kreuzgalopp, wenn Sie versuchen, eine Ecke im Außengalopp zu reiten, machen Sie die Wendung weiter.
  Flache Ecken fallen dem Pferd leichter, aber wenn auch dies noch zu schwierig ist, gehen Sie am besten eine Stufe zurück und versuchen es mit einfachen Schlangenlinien, um Gleichgewicht und Vertrauen wieder herzustellen. Dies ist ein Beispiel dafür, dass »sich Zeit nehmen« nicht gleichbedeutend ist mit »Zeit vergeuden«!
- Weitere Betrachtungen zum Außengalopp finden Sie im Abschnitt Außengalopp auf Seite 147ff.

Position rechts oder links

Der Reiter nimmt Position rechts oder links ein, sobald er das Pferd für Wendungen, Zirkel, Seitengänge oder den Galopp einstellt. Dies bedeutet, dass wir die innere Schulter ein wenig zurücknehmen, parallel zu den Schultern des Pferdes, um mehr Gewicht auf den inneren Gesäßknochen zu bringen. Der innere Schenkel liegt am Gurt, der äußere hinter dem Gurt. Der Reiter schaut zwischen den Ohren des Pferdes hindurch nach vorn.

Kapitel 4

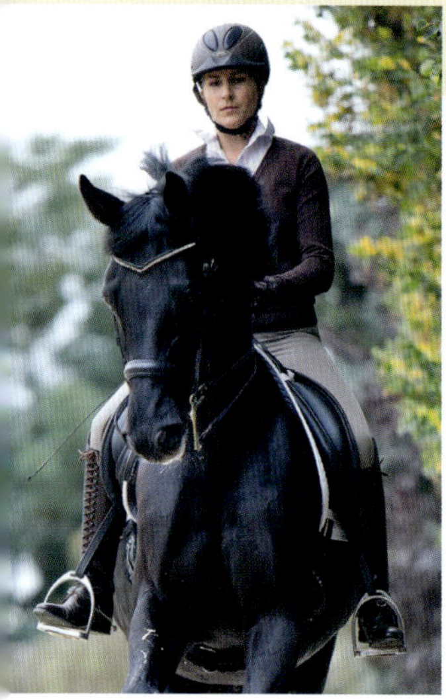

Probleme in der Grundausbildung

1. Das Pferd reagiert nicht auf den Schenkel (»nicht vor dem Bein«).

Das bedeutet, dass das Pferd nicht prompt, sondern langsam oder widerstrebend auf die Schenkelhilfe des Reiters reagiert.

Warum ist das wichtig?

Wir müssen das Pferd dazu ausbilden, prompt auf unsere Hilfen zu reagieren, weil sonst die Qualität der Arbeit und die Fähigkeit des Reiters zur Korrektur darunter leiden.

Das Ziel, das wir anstreben, ist, das Pferd »an den Hilfen« oder »vor dem Bein« zu haben, was bedeutet, dass es sich voll auf den Reiter konzentriert und prompt und angemessen auf die leichten Schenkelhilfen des Reiters reagiert.

Lösungen

a Dieses Problem kann viele Ursachen haben. Vielleicht versteht das Pferd nicht, was von ihm verlangt wird, ist deshalb zögerlich und ohne Vertrauen und reagiert langsam. Achten Sie darauf, dass die Hilfen korrekt und zum richtigen Zeitpunkt gegeben werden.

- Wenn zum Beispiel der Unterschenkel des Reiters herumrutscht, spürt ihn das Pferd stoßweise an verschiedenen Stellen. Es hält dies für eine Hilfe und geht vorwärts, aber der Reiter zieht am Zügel, ohne zu merken, dass er selbst die Ursache war. Das Pferd ist verwirrt und in Zukunft unsicher, ob seine Reaktion auf den Schenkel nicht nur wieder zu einem Ruck ins Maul führt.

- In diesem Beispiel liegt die Lösung klar beim Reiter: Er muss an seinem Sitz arbeiten, damit sein Unterschenkel stabil am Pferd liegt. Dazu können u. a. Übungen an der Longe ohne Bügel verhelfen. Der Unterschenkel muss sich gefühlvoll anschmiegen, sodass in allen Gangarten ein tiefer Sitz gewährleistet ist.

b Die Wurzel des Problems kann auch eine harte Hand sein. Hier benötigt der Reiter ebenfalls Hilfe bei seinem Sitz; er muss versuchen, sein Gleichgewicht zu verbessern, damit er sich nicht an den Zügeln festhalten muss. Nur ein Reiter, der auch ohne Bügel und Zügel im Gleichgewicht bleibt, kann mit feiner Hand reiten.

c Ein Pferd, das sensibel im Maul ist, könnte Angst haben vorwärtszugehen, wenn das Gebiss scharf ist und der Reiter eine harte Hand hat. Ein erfahrener Ausbilder kann beraten, ob ein weicheres Gebiss geeigneter wäre und dem Pferd dazu verhelfen könnte, sich zu entspannen und auf die Schenkelhilfen hin freier vorwärtszugehen. Unser Ziel muss sein, dass das Pferd zufrieden in einem einfachen Trensenzaum mit englischem Reithalfter oder, wenn das Pferd das Maul öffnet, einem Reithalfter mit Sperrriemen geht.

- Später kann man zur Kandare übergehen, aber erst, wenn das Pferd die Trense korrekt annimmt und die Fähigkeiten des Reiters ein gewisses Niveau erreicht haben. Die Kandare darf nie als Bremse dienen oder dazu, dem Pferd Kopf und Hals herunterzuziehen.
- Wenn unser Pferd so ausgebildet ist, dass es alle Übungen harmonisch auf Trense absolviert, kann die Kandare eingesetzt werden, um die Hilfen noch weiter zu verfeinern.

d Es kann Faulheit oder Phlegma sein, was das Pferd so langsam auf unsere Hilfen reagieren lässt. Um es auf die Schenkelhilfen zu sensibilisieren, kann man viele Übergänge reiten, sowohl innerhalb einer Gangart wie von einer Gangart zur anderen. So ist das Pferd im Kopf beschäftigt, und die häufigen Übergänge bringen es an die Hilfen und können außerdem die Hinterbeine aktivieren.

- Wenn ein Pferd stumpf am Schenkel ist, erreicht man damit, es heftig in die Flanken zu treten oder ständig mit dem Unterschenkel zu klopfen, oft nur gesteigerten Widerwillen und weiteres Abstumpfen in den Reaktionen. Bleiben Sie bei leichten Hilfen, und wenn das Pferd die Hilfe ignoriert, tippen Sie es neben Ihrem Unterschenkel mit der Dressurgerte an.
- Wichtig ist, die Schenkelhilfe und den Gerteneinsatz zeitlich so aufeinander abzustimmen, dass das Pferd sie als zusammengehörig wahrnimmt. So können wir das Pferd dazu bringen, auf leichte Schenkelberührungen zu reagieren.

e Fühlt das Pferd sich träge an, können wir seinem Adrenalinpegel mit etwas Galopparbeit aufhelfen. Versuchen Sie es nach der Aufwärmphase mit etwas Galopparbeit im leichten Sitz. Reiten Sie Tempounterschiede, behalten Sie aber Kontrolle und Gleichgewicht. Vorrang hat, das Pferd zu aktivieren, denn es ist seine Energie, die wir kanalisieren, wenn wir es an die Hilfen bringen, und ohne kontrollierte Energie haben wir gar nichts.

f Manche Pferde werden sauer und lethargisch, wenn die Routine immer gleich bleibt. Ihnen hilft es, Abwechslung ins Tagesprogramm zu bringen.

- Reiten Sie ein oder zwei Mal in der Woche ins Gelände.
- Reiten Sie über kleine Cavaletti. Das kann dem Pferd Spaß machen und seine Reaktion auf die Hilfen verfeinern. Außerdem dient es der Gymnastizierung des Pferdes, sodass wir eines unserer Ziele auf einem anderen als dem normalen Weg erreichen.
- Arbeiten Sie das Pferd gelegentlich in anderen Reithallen oder -plätzen. Eine neue Umgebung kann ein abgestumpftes Pferd aufwecken und rittiger machen.
- Manche Pferde blühen auf, wenn sie mit anderen Pferden zusammen gearbeitet werden, und das kann dazu beitragen, die Reaktion auf die Hilfen zu verbessern.

Die Hilfengebung ist ein Kommunikationssystem, das auf »negativer Verstärkung« beruht.
Ein Pferd muss verstehen, was unser System von Druck und Berührung an seinem Körper bedeutet. Eine Hilfe ist ein Anreiz, der vom Pferd eine Antwort auslösen soll.
Wenn wir zum Beispiel antraben wollen, legen wir den inneren

Schenkel an. Trabt das Pferd an, hört der Schenkeldruck auf. Daraus lernt das Pferd, dass es mit einem ruhigen Schenkel »belohnt« wird, wenn es prompt reagiert.
Tut das Pferd, was wir von ihm wollen, zeigen wir unsere Zustimmung dadurch, dass wir ruhig sitzen und harmonisch seinen Bewegungen folgen.
Daraus ergibt sich, dass der Reiter seinen eigenen Körper unter Kontrolle haben muss, wenn er sein Pferd dressurmäßig ausbilden will.

- g Bei einem jungen oder schwachen Pferd kann es schlicht Müdigkeit sein, was seine Reaktion auf die Hilfen verlangsamt. Denken Sie darüber nach, die Übungseinheiten kürzer zu halten, sodass Sie aufhören können, wenn es noch frisch ist und Freude an der Arbeit hat. Reiten Sie wenn möglich zwei Mal am Tag, aber kürzere Zeit, damit es sich in der Zwischenzeit erholen kann. Ein müdes Pferd weiter zu arbeiten ist ein Fehler und kann dazu führen, dass es sich zu drücken versucht oder klebt.
- Auch ein Blick auf das Futter kann sich lohnen. Eine ausgeglichene Fütterung führt ihm alle Kohlehydrate, Proteine, Fette, Vitamine und Mineralien zu, die es für seine Arbeit braucht.
- Sind Sie sich nicht sicher, lassen Sie sich von einem Fachmann beraten.

2. Über dem Zügel

Was heisst das?

Wenn ein Pferd »über dem Zügel« geht, heißt das, dass es den Kopf zu hoch und auf eine Weise trägt, dass das Gebiss nicht mehr korrekt auf die Laden einwirken kann.

Warum ist das wichtig?

Ein Pferd, das über dem Zügel geht, ist wahrscheinlich verspannt, steif und drückt den Rücken weg. Die Hinterbeine treten nicht unter den Körper, das Pferd ist nicht im Gleichgewicht. Mit dem Über-dem-Zügel-Gehen sind all diese Probleme zusammengefasst. Es ist ein Fehler, sich nur auf die Stellung von Hals und Kopf zu konzentrieren.

Es ist ein Fehler, sich nur auf die Stellung von Hals und Kopf zu konzentrieren.

Die Anlehnung ist zu stark, weshalb das Pferd den Kopf hoch nimmt. Die Hinterbeine treten nicht genügend unter, das Pferd steht nicht »an den Hilfen«.

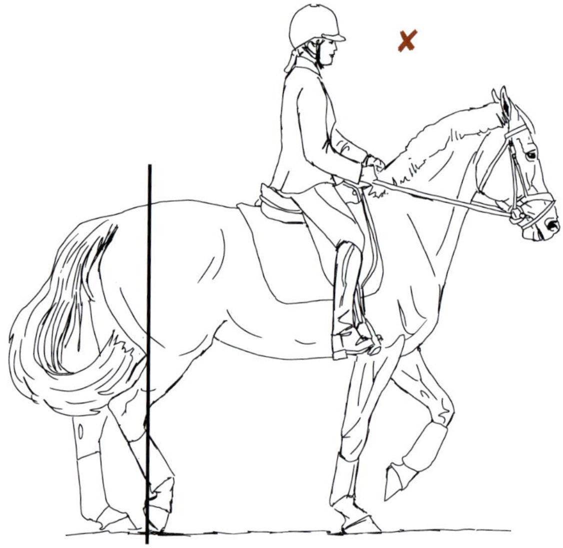

Vergleichen Sie die Position des Sprunggelenks in den beiden Zeichnungen. Stellen Sie sich eine Senkrechte vor, die an der Außenseite des Kniegelenks vorbei zum Boden verläuft. Wenn das innere Sprunggelenk sich so weit beugen kann, dass es vor dieser Linie steht, tritt das Pferd gut unter. Beugt es sich hinter der Linie, ist die Hinterhand nicht genügend aktiv.

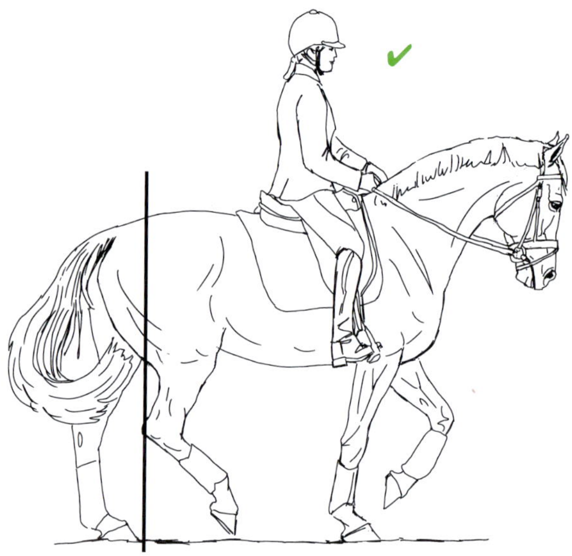

Eine korrekte Halswölbung, bei der der Kopf leicht vor der Senkrechten getragen wird und der Unterkiefer entspannt ist, sollte das Ergebnis eines insgesamt losgelassenen, ausbalancierten Pferdes mit aktiver Hinterhand sein, das mental auf seinen Reiter eingestimmt ist. Dann ist das Pferd »an den Hilfen«.
Im weiteren Verlauf der Ausbildung widmen wir uns der Entwicklung seiner Kraft, damit es sich immer mehr selbst zu tragen vermag, mit anderen Worten, damit es die Reiterhand nicht mehr als Stütze für sein Gleichgewicht benötigt.

Lösungen

a Eine harte Hand kann dazu führen, dass das Pferd über dem Zügel geht. Der Ausbilder muss einschätzen können, ob mangelndes Gleichgewicht des Reiters schuld daran ist, weil dieser sich mithilfe der Zügel ausbalanciert, oder ob ein Missverständnis bezüglich der korrekten Anwendung der Hilfen vorliegt.

- Im ersten Fall kann der Ausbilder vorschlagen, ohne Bügel zu reiten, um einen tieferen Sitz zu erreichen, oder Übungen an der Longe, um das Gleichgewicht des Reiters zu verbessern und einen unabhängigen Sitz zu entwickeln.
- Arbeit an der Longe ohne Zügel kann dazu beitragen, das gewohnheitsmäßige Ziehen am Zügel zur Stabilisierung des Sitzes auszuschalten.
- Eine gute Übung an der Longe besteht darin, sich mit der äußeren Hand an der Sattelkammer festzuhalten und den inneren Arm seitlich locker herunterhängen zu lassen. Dadurch findet der Reiter leichter sein Gleichgewicht, und wenn er sich sicher fühlt, kann der Ausbilder ihn ermutigen, die Sattelkammer loszulassen und sich darauf zu konzentrieren, mit geschmeidigem Rückgrat und schwingendem Becken den Rhythmus des Pferdes aufzunehmen.

  Wenn ein Reiter übertrieben mit der Hand einwirkt, um das Pferd zu regulieren, anstatt Schenkel-, Sitz- und Zügelhilfen zu koordinieren, neigt das Pferd dazu, über dem Zügel zu gehen, um dem unangenehmen Druck im Maul zu entgehen. Hier muss der Ausbilder sich die Zeit für eine umfassende Erklärung der Erfordernisse nehmen.
- Es ist die Aufgabe des Ausbilders, den Reiter für das Wohlergehen des Pferdes zu einem gefühlvollen Einsatz der Hilfen zu erziehen. Außerdem zeigt ein solcher Art ausgebildetes Pferd viel natürlichere und elegantere Gänge, welche die Grundlagen der klassischen Dressur sind.

b Ein junges Pferd mit schwachem Rücken braucht Zeit, bis es sich an das Reitergewicht gewöhnt hat und in der Lage ist, mit einer runderen Oberlinie zu arbeiten. Zwingt der Reiter aber Kopf und Hals mit Gewalt in einen falschen Rahmen, können bei einem unerfahrenen Pferd ein weggedrückter Rücken und überlastete Gelenke die Folge sein.

Es ist die Aufgabe des Ausbilders, den Reiter zum Wohlergehen des Pferdes zu einem gefühlvollen Einsatz der Hilfen zu erziehen.

c Das Exterieur kann ein Faktor sein.

- Ein Pferd mit langem Rücken ist oft schwächer und braucht Zeit, um genügend Kraft zum Tragen der Reiterlast zu entwickeln. Für die Dauer dieses Krafttrainings sollte man dem

Pferd eine etwas längere Haltung gestatten, damit es nicht in einen falschen Rahmen gepresst wird.

- Ein Pferd mit kurzem, tief angesetztem Hals und wenig Ganaschenfreiheit kann die Arbeit in der korrekten Haltung anfangs unbequem finden. Bis die Muskeln sich an diese Arbeit gewöhnt haben, sollte man es in der Kopf-/Halsposition etwas »offener« reiten. Beide Beispiele erinnern uns an den Grundsatz, dass die Zeit, die wir uns in der Ausbildung lassen, keine »vergeudete Zeit« ist.

d Ein nicht ausbalanciertes Pferd neigt oft dazu, über dem Zügel zu gehen.

- Treibt der Reiter das Pferd zu sehr an, schiebt er es auf die Vorhand, und die Hinterhand schleppt nach. Dies führt dazu, dass das Pferd sich im Hals verkrampft und den Kopf hoch nimmt.
- Zur Korrektur wird das Tempo verlangsamt. Weiche halbe Paraden machen das Pferd lockerer in Unterkiefer und Genick. Dann ist es dem Pferd möglich, sich zu entspannen und mit den Hinterbeinen unterzutreten.
- Der Grad des Engagements hängt natürlich vom Alter des Pferdes und seinem Ausbildungsstand ab, aber die Bausteine für eine korrekte Ausbildung werden gelegt, indem das Pferd am Zügel, nicht über dem Zügel arbeitet.

e Umgekehrt kann ein Pferd auch über dem Zügel gehen, weil die Hinterhand nicht aktiv genug arbeitet. Sind die Grundgangarten nicht energisch genug, schleppt die Hinterhand nach, das Pferd geht auf der Vorhand und benutzt Kopf und Hals als Balancierstange.

- Die Lösung besteht in der Aktivierung der Gänge, wobei man jedoch keineswegs Tempo mit Schwung verwechseln darf, weil das Pferd sonst auf die Schultern geschoben wird.
- Bei einem faulen Pferd können Galopparbeit und häufige Übergänge den Adrenalinpegel heben, und wenn es dann besser reagiert, kann der Reiter sich wieder der Aufgabe zuwenden, es korrekt an die Hilfen zu stellen. Dies ist ein Beispiel für die richtige Einschätzung der Prioritäten in der Ausbildung: Wir können ein Pferd nicht an den Hilfen arbeiten, solange es nicht prompt auf die Forderungen des Reiters eingeht.

f Von einem schiefen Pferd kann man nicht sagen, es sei korrekt an den Hilfen, weil die Hinterbeine nicht gleichmäßig arbeiten und die Anlehnung zu wünschen übrig lässt. Siehe Absatz »Lösungen« im Kapitel 4 »Schiefe«.

g Wir dürfen nicht vergessen, dass ein schlecht passender Sattel oder sogar Insekten dem Pferd so zusetzen können, dass es sich nicht auf die Arbeit konzentriert und über dem Zügel geht.

- Körperlicher Schmerz oder Unbehagen können das Pferd so ablenken, dass es nicht mehr am Zügel steht.
- Manche Pferde sind überempfindlich gegen Fliegenstiche und können sich nicht mehr auf die Reiterhilfen konzentrieren, wenn sie derartig belästigt werden. Ein Ohrenschutz und ein Fliegenspray können Abhilfe schaffen.

3. Hinter dem Zügel

Dies bedeutet, dass die Nasenlinie des Pferdes hinter der Senkrechten steht und das Pferd womöglich versucht, sich hinter dem Gebiss zu verkriechen, es nicht anzunehmen.

Warum ist das wichtig?

Damit entzieht es sich der Anlehnung, mit Auswirkungen auf alles, was wir in der Ausbildung versuchen.

Lösungen

a Grund dafür ist oft eine harte Reiterhand. Das Pferd versucht, dem Druck auf die Laden auszuweichen, indem es den Kopf in Richtung Brust einzieht. Der Hals wird eingerollt und erscheint übermäßig verkürzt.

- Der Reiter muss geduldig am Vertrauen des Pferdes arbeiten, indem er Hände und Handgelenke weich und flexibel und die Fäuste geschlossen hält. Gleichzeitig muss er mit dem Schenkel das Pferd ans Gebiss herantreiben, um eine echte Anlehnung herzustellen.

Generell müssen wir, wenn das Pferd den Hals zu sehr verkürzt, es etwas offener reiten, um die Nase korrekt an oder ein wenig vor die Senkrechte zu bringen, mit aktiver Hinterhand und schwingendem Rücken.
Wird das Pferd dagegen zu lang, müssen wir es von den Hanken nach vorn zum Gebiss schließen und so eine Längsbiegung und einen seinem Ausbildungsstand angemessenen Rahmen erarbeiten.
Achtung: Dies bedeutet nicht, am Zügel zu ziehen. Die Folge davon wäre ein steifes Pferd, das sich unwohl fühlt und nicht durch den Körper arbeitet.

b Das Problem kann auftreten, wenn man zu viel Versammlung fordert, bevor das Pferd aktiv genug geht.

- In diesem Fall sollte der Reiter sich mehr Zeit lassen und dem Pferd erlauben, in einem angemessenen Rahmen zu arbeiten, anstatt den Hals mit aller Gewalt zu verkürzen. Es ist ein Grundsatz der Ausbildung, dass der Rahmen entsteht durch den Grad an Kraft und Aktivität in der Hinterhand und nicht umgekehrt.

c Nervöse oder leicht erregbare Pferde können zu einer unregelmäßigen Anlehnung neigen: manchmal über und manchmal hinter dem Zügel. Der Reiter muss sich in sein Pferd einfühlen und mit der Hand ruhig und leicht vorgehen. Springt das Pferd unerwartet nach vorn, darf er nicht im Zügel hängen bleiben, denn dies würde das Problem nur weiter verschärfen und das Pferd darin bestätigen, dass da etwas ist, vor dem es sich fürchten muss.

d Das Pferd kann auch hinter dem Zügel gehen, weil das Gebiss zu scharf ist. Die offensichtliche Lösung ist ein milderes Gebiss, so dass das Pferd wieder Vertrauen fasst und nach vorn in die Anlehnung hineingeht.

Vielleicht wechselt der Reiter von einem normalen zu einem schärferen Gebiss, weil sich das Pferd seiner Meinung nach aufs Gebiss legt und er es gern »leichter an der Hand« hätte. Der Wunsch ist nachvollziehbar, aber das Problem wird falsch herum angegangen. Eine leichtere Anlehnung ist die Folge davon, dass das Pferd im Gleichgewicht ist, aktiv und losgelassen im Rücken. Wenn die Hinterbeine gut unter den Körper treten, kann Gewicht von der Vorhand auf die Hinterhand verlagert werden, und wir spüren, dass die Vorhand leichter wird. Damit sind wir dem Problem auf den Grund gegangen und haben nicht nur an den Symptomen herumexperimentiert.

4. Schiefe

Ein Pferd ist schief, wenn die Hinterbeine nicht in die Spur der Vorderbeine treten. Zu sehen sind zu viel Biegung in Kopf und Hals und eine Abstellung der Hinterhand zu einer Seite. Das Pferd ist »nicht geradegerichtet«.

Warum ist das wichtig?

- Eine Schiefe zu korrigieren und das Pferd geradezurichten ist absolut fundamental für die Ausbildung.
- Bei einem geradegerichteten Pferd entwickeln sich die Muskeln

auf beiden Körperseiten gleichmäßig, weshalb es auch auf beiden Händen gleich arbeiten kann. Bei einem schiefen Pferd ist die Muskelbildung ungleichmäßig. Stellen Sie sich einen Gewichtheber mit einer starken und einer schwachen Seite vor und Sie werden sehen: Das kann einfach nicht gehen!

- Da ein schiefes Pferd nicht mit beiden Hinterbeinen gleichmäßig arbeitet, kann es sich auch nicht versammeln. Auch in den Verstärkungen wird es Schwierigkeiten haben, weil Takt, Schwebephase und Kadenz verloren gehen.
- Wie beim Menschen gibt es auch bei den Pferden Rechts- und Linkshänder. Unser Ziel muss der beidhändige Athlet sein.
- Eine Schiefe wird nicht von selbst besser. Der Reiter muss über ein Programm gymnastischer Übungen verfügen, das jede Unebenmäßigkeit ansprechen und beheben kann.
- Bei Übungen auf einem Hufschlag müssen die Hinterhufe genau in der Spur der Vorderhufe folgen und sich gleichmäßig bewegen. Wenn sich der Pferderücken hebt und schwingt, stehen beide Zügel gleichmäßig an.
- In einer Wendung oder auf einem Zirkel sollte das Rückgrat des Pferdes eine gleichförmige Kurve aufweisen, vom Schweifansatz bis zum Genick. Dann haben wir ein gerades oder geradegerichtetes Pferd, was für die gleichmäßige gymnastische Entwicklung des Pferdes von höchster Bedeutung ist.

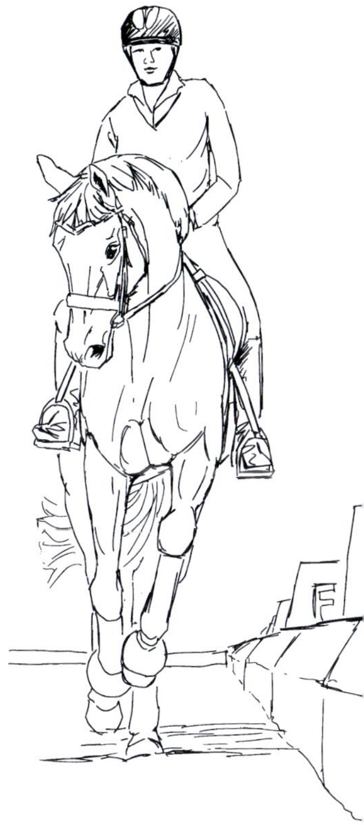

Wenn der Reiter die innere Schulter fallen lässt und in der inneren Hüfte einknickt, verschiebt sich sein Gewicht nach außen und bringt das Pferd genügend aus dem Gleichgewicht, dass der Galopp schief wird.

Lösungen: Der Reiter

- Wir sollten uns den Sitz des Reiters ansehen, bevor wir dem Pferd die Schuld geben! Ein schief im Sattel sitzender Reiter macht auch das Pferd schief.
- Für Einzelheiten siehe Kapitel »Der Sitz«.

Ein schiefes Pferd geraderichten

Wir können ein schiefes Pferd nicht geraderichten, indem wir am starren der beiden Zügel ziehen. Die Schiefe kommt oft von einem Hinterbein (auf der weichen oder hohlen Seite) her, das keine Last aufnimmt, weil es ihm an Kraft fehlt. Also müssen wir dieses Bein dazu veranlassen, sich etwas mehr anzustrengen, und so das Pferd dazu überreden, ans Gebiss heranzutreten und die Anlehnung auf der weichen oder hohlen Seite aufzunehmen. Gelingt uns dies, verbunden mit weichen halben Paraden, um das Pferd auf der steifen oder starken Seite zum Nachgeben zu bringen, kann es geradegerichtet werden.

Nach innen fallen

Ein Pferd fällt nach innen, wenn es die Linie einer Wendung oder eines Zirkels nach innen verkürzt, anstatt mit Körper und Hufen der gekrümmten Linie zu folgen. Es ist das Spiegelbild von »nach außen fallen«, und beides zeigt, dass das Pferd nicht »gerade« ist. Das Nach-innen-Fallen ist ein Zeichen für Steifheit und mangelnde Losgelassenheit, die das Gleichgewicht beeinträchtigen.

LÖSUNGEN: DER REITER

a Wenn ein Pferd nach innen fällt, kann dies an fehlerhafter Hilfengebung des Reiters liegen.

- Überprüfen Sie die Lage des inneren Schenkels. Liegt er zu weit zurück, spürt das Pferd nicht genügend Unterschied zwischen innerem und äußerem Schenkel und versteht nicht, dass es sich biegen soll. Wir können eine Biegung nicht mit einer einseitigen Schenkelhilfe bewerkstelligen und kontrollieren. Das Pferd muss den inneren Schenkel am Gurt und den äußeren ein oder zwei Handbreit dahinter spüren.
- Ist der äußere Schenkel zu aktiv, glaubt das Pferd vielleicht irrtümlich, ihm weichen zu sollen. Falsch eingesetzte Hilfen können daher der Grund dafür sein, dass das Pferd nach innen fällt.
- Normalerweise verhält sich der äußere Schenkel passiv. Er liegt leicht an, in »Hab-acht-Stellung«, damit die Hinterhand der Biegung nicht dadurch ausweicht, dass sie nach außen schwingt. Fühlt der Reiter, dass die Hinterhand ausweichen will, wird der äußere Schenkel aktiv, bis die Hinterhand wieder unter Kontrolle ist. Dann kehrt er zu seiner passiven Rolle zurück.
- Klemmt der Reiter mit dem Knie, kann die Schenkelhilfe unwirksam werden – das Pferd fällt nach innen. Hier muss der Ausbilder dem Reiter mit Dehnübungen helfen, das Knie zu entspannen. Der Schenkel soll ruhig liegen, aber nicht klemmen. Erwünscht ist Körpertonus, nicht Verspannung.
- Heben und strecken Sie den Schenkel vom Sattel weg, sodass Licht darunter durchschimmert, und legen Sie ihn sanft wieder ans Pferd. Einige Male wiederholen. Dies hilft, den Klammergriff abzustellen und mit dem Schenkel das Pferd eher zu »umfassen«, wie es sein soll.

b Macht der Reiter den Fehler, zum Lenken am inneren Zügel zu ziehen, kann dies das Pferd veranlassen, nach innen zu fallen, weil es sich auf den inneren Zügel legt.

- Zur Korrektur werden Sie am inneren Zügel leichter. Stellen Sie sich vor, wie Sie den Zirkel reiten würden, wenn Sie keinen inneren Zügel zur Verfügung hätten. Sie müssten für die Wendung die äußeren Hilfen betonen, plus der Gewichtshilfe zum inneren Gesäßknochen und dem inneren Schenkel für Schwung und Biegung. Das Pferd sollte in Wendungen und auf dem Zirkel aufrecht bleiben und sich nicht in die Kurve legen wie ein Motorrad, und dazu muss es sich nach innen biegen.

- Ein steifes Pferd, das nach innen fällt, benützt die Reiterhand als Stütze. Wird der Zügel weicher, verweigern wir ihm diese Krücke und müssen es deshalb mit unseren Schenkel- und Sitzhilfen unterstützen. Mit Biege- und Lockerungsübungen versuchen wir, dem Pferd zu einem besseren Gleichgewicht zu verhelfen, damit es allmählich zu einer gewissen Selbsthaltung findet.

c Wenn das Pferd nach innen fällt, weil es ihm an Losgelassenheit fehlt, müssen wir mit entsprechenden Übungen für Verbesserung sorgen.
Mancher wird ein Pferd, das nach innen fällt, als »nicht gehorsam auf den inneren Schenkel« betrachten. Wenn es jedoch zu steif ist, dem Schenkel zu weichen, ist es nicht ungehorsam, sondern einfach körperlich nicht in der Lage dazu. Es muss losgelassener werden, bevor es Schenkelgehorsam zeigen kann.

Vorschläge zur Korrektur

1 Zirkel verkleinern ist ein guter Anfang. Wie klein der Zirkel letztendlich wird, hängt vom Grad der Steifheit ab. Beginnen Sie mit einem Zirkel von 20 m Durchmesser und versuchen Sie, diesen allmählich auf 10 m zu verkleinern, ohne dass Gleichgewicht, Takt und Rahmen verloren gehen. Es ist ein gradweiser Vorgang und auf beiden Händen zu reiten. Geben Sie während des Zirkelverkleinerns mit dem inneren Züge immer wieder ganz leicht nach, damit das Pferd sein Gleichgewicht eher dadurch finden kann, dass es sich biegt, als dass es sich auf den Zügel legt.

2 Gebogene Linien wie bei einfachen Schlangenlinien, am Scheitelpunkt 5 bis 10 m vom Hufschlag entfernt, sind sehr nützlich. Das Pferd ist gefordert, einfache Biegungen auszuführen und sich wieder geradezurichten.

3 Reiten Sie Schlangenlinien, üblicherweise drei, vier oder fünf Bögen, jeweils bis zum Hufschlag. Auch hier muss die Biegung immer wieder wechseln, verbunden durch einige Schritte geradeaus. Diese Elemente sind die Bausteine unseres ganzen Trainings – eine Mischung aus geraden und gebogenen Linien. Die

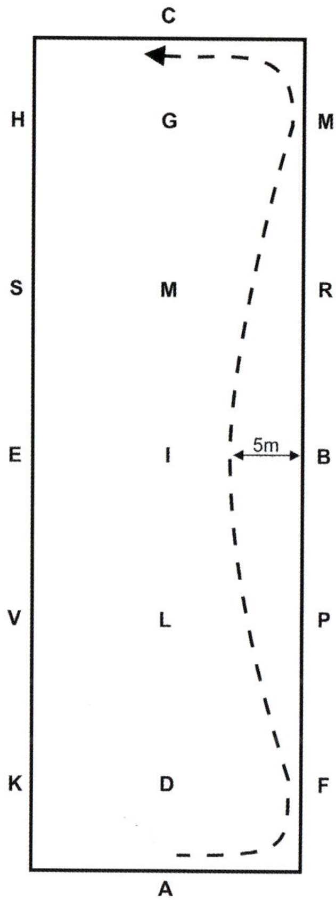

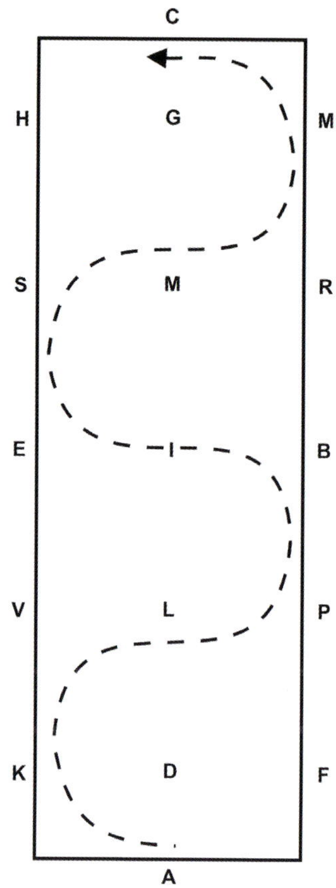

Rechts: In dieser Zeichnung ist der Reiter auf der linken Hand. Er reitet mit Biegung nach links tief durch die Ecke, reitet das Pferd dann geradeaus und stellt es gegenüber von B erneut um. Wieder wird das Pferd gerade gestellt und vor der Ecke nach links gebogen. Auf diese Weise geritten dient die einfache Schlangenlinie der sanften Gymnastizierung des Pferdes.

Rechts außen: Diese Übung ist anspruchsvoller als der flache einfache Bogen, weil dafür eine stärkere Biegung erforderlich ist.
In einer 60 m-Halle müssen alle Bögen 15 m messen und symmetrisch sein. Das Pferd sollte die Mittellinie im 90 Grad-Winkel kreuzen, damit es auch sicher gerade gestellt ist, bevor es für die neue Schlangenlinie umgestellt und gebogen wird.

Hufschlagfiguren müssen immer im Gleichgewicht und mit der richtigen Ausrichtung ausgeführt werden, sonst sind die Übungen zu nichts nütze.

d Das Nach-innen-Fallen wird meist am deutlichsten im Galopp. Durch den Extraimpuls des Galoppsprungs wird das steife Pferd noch mehr auf die Schulter geworfen, was das Problem noch weiter verschärft.

Vorschläge zur Korrektur

1 Eine nützliche Übung ist, von der Mittellinie bei A oder C diagonal zum Eckpunkt zu galoppieren (zum Beispiel von A nach H auf der rechten oder von A nach M auf der linken Hand). Fordern Sie mit dem inneren Schenkel eine Biegung in den Rippen und stellen Sie Hals und Kopf leicht nach innen.

- Achten Sie auf Ihre Sitzhilfen, damit das Pferd nicht schneller wird (gleichbedeutend mit dem Verlust des Gleichgewichts), und bringen Sie mit mehrfachem leichtem Nachgeben der Hand auf der steifen Seite das Pferd dazu, sich zu entspannen und eine weichere Anlehnung zu akzeptieren. Achtung: Diese Übung ist nicht dazu gedacht, das Pferd seitwärts gehen zu lassen. Sie soll viel mehr das Gleichgewicht und den Schenkelgehorsam des Pferdes verbessern.

- Denken Sie an Ihre aufrechte Haltung im Sattel. Sonst können Sie mit dem Sitz nicht einwirken, und das Pferd geht auf der Vorhand. Lassen Sie das Becken in Zeitlupe schwingen, um das Tempo zu regulieren und Ihren Händen die Rolle als »Bremser« zu ersparen.

2 Eine weitere einfache Übung im Galopp besteht darin, einen großen Zirkel allmählich zu verkleinern und dann mit dem inneren Schenkel das Pferd wieder nach außen auf den großen Zirkel zu schieben. Auch hier sind die Sitzhilfen wichtig zur Wahrung des Gleichgewichts, und der Reiter darf nicht vergessen, halbe Paraden nur ganz kurz zu geben. Es ist ein Fehler, sich in den Zügel zu hängen, wenn sich das Pferd schwer anfühlt. Es wird nie leichter werden, wenn der Reiter es mit der Hand zu halten versucht.

- Wenn Sie den Zirkel wieder vergrößern, setzen Sie Ihre Hilfen auf die gleiche Weise ein wie bei der oben beschriebenen Diagonalen durch die Bahn. Beide Übungen dienen demselben Zweck: durch die Biegung im Pferdekörper Losgelassenheit und Gleichgewicht zu verbessern und währenddessen das Tempo mit dem Sitz zu regulieren und das Pferd dazu zu bringen, seine Oberlinie zu entspannen und gleichmäßig ans Gebiss heranzutreten.
- Ein tiefer Sitz zur Wahrung des Tempos in Kombination mit Schenkelhilfen, die für die Biegung des Pferdekörpers sorgen, und einer gefühlvollen Hand, die mit halben Paraden und häufigem Nachgeben arbeitet – das ist der richtige Weg, ein Pferd allmählich ins Gleichgewicht zu bringen und das Nach-innen-Fallen zu korrigieren.

3 Die Durchlässigkeit lässt sich auch mit Seitengängen verbessern. Schenkelweichen kann sehr effektiv sein, um das Pferd »vom Schenkel weg« zu bringen. Mit anderen Worten: Wenn ein steifes Pferd sich gegen den Schenkel lehnt und nach innen fällt, können wir dem mit Schenkelweichen entgegenwirken.

- Angenommen, das Pferd ist links steif und fällt nach innen. Das bedeutet, dass es sich auf dem inneren (linken) Zügel hart und steif anfühlt und auf dem äußeren (rechten) Zügel zu leicht, weil es sich auf dieser Seite nicht streckt und nicht die korrekte Anlehnung sucht.
- Mit dem Einsatz des inneren (linken) Schenkels am Gurt kön-

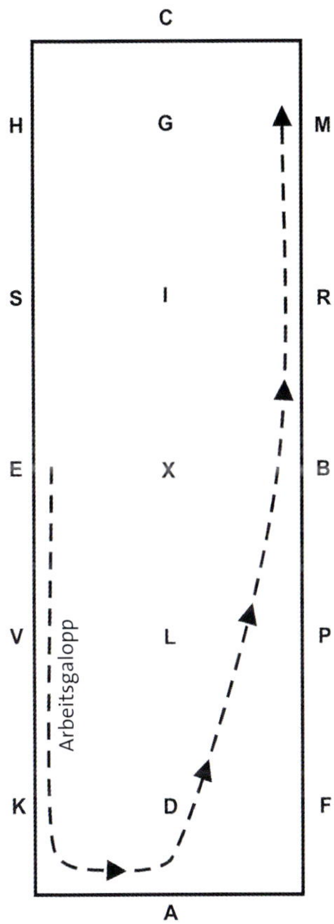

Schenkelweichen im Arbeitsgalopp: Diese Übung, auch als »Plié« bekannt, ist nützlich, um das Pferd in den Rippen geschmeidiger zu machen und so das Gleichgewicht im Galopp zu verbessern. Im Gegensatz zu Schenkelweichen im Schritt oder Trab müssen die Beine nicht überkreuzen.

nen wir das Pferd zum äußeren (rechten) Zügel hin schieben und es so zu einer leichten Biegung um unseren inneren Schenkel veranlassen. Damit reduziert sich das Gewicht auf der inneren Hand, und das Pferd nimmt etwas mehr Kontakt zum äußeren Zügel auf.

- Wichtig ist, das Pferd im Schenkelweichen fast gerade zu halten. Erlaubt ist nur eine leichte Biegung entgegen der Bewegungsrichtung. Andernfalls kann das Pferd ausweichen, indem es auf die Schulter fällt – anstatt sein Gleichgewicht zu verbessern.
- Wir können Schenkelweichen von einer Linie zur anderen reiten (z. B. von der Mittellinie zum Hufschlag oder umgekehrt).
- Oder von einem kleinen zu einem größeren Zirkel (gut für ein Pferd, das sehr steif und unwillig ist – es wird Zirkelvergrößern angenehmer finden).
- Oder den Hufschlag entlang: Die Vorderbeine bewegen sich auf dem äußeren Hufschlag, die Hinterhand ist ein wenig nach innen verschoben, sodass das Pferd sich in einem leichten Winkel zur Bande bewegt. Es ist leicht zur Wand hin gebogen. Diese Methode ist eine Hilfe, wenn das Pferd die Methode »von Linie zu Linie« vorwegnimmt und eilig durch die Übung auf die Bande zuläuft.

4 Bei einem weiter ausgebildeten Pferd ist Schulterherein hilfreich. Da sich das Pferd bei dieser Übung um den inneren Schenkel des Reiters biegen muss, sind die Anforderungen an Gleichgewicht und Durchlässigkeit höher als beim Schenkelweichen.
(Hilfengebung beim Schulterherein siehe Kapitel »Seitengänge« auf S. 97)

- Wie beim Schenkelweichen muss das Pferd sich im Schulterherein ein wenig vom Schenkel des Reiters wegbewegen, es erfordert jedoch eine größere Aktivität der Hinterhand als das Schenkelweichen, bei dem der Reiter das Pferd mit nur geringer Biegung entgegen der Bewegungsrichtung seitwärts treibt.
- Wenn Sie die Übung allmählich entwickeln, hat das Pferd Zeit zu verstehen, was Sie von ihm wollen. Es kann Vertrauen aufbauen und hat keinen Grund, sich ängstlich zu verspannen.
- Geben Sie sich anfangs mit einer mäßigen Abstellung und Biegung zufrieden und reiten Sie nach wenigen Schritten aus dem Schulterherein heraus, entweder auf einen Zirkel oder auf eine Diagonale.
- Wenn ein steifes Pferd sich gegen Ihren Schenkel lehnt und nach innen fällt, kann das Schulterherein dazu beitragen, dass es sich »aufrechter« fühlt, wenn es sich biegt. Wir können es uns so vorstellen, dass wir es mit dem inneren Schenkel vom inneren Zügel weg- und zum äußeren Zügel hinschieben. Dadurch entsteht eine echte Anlehnung, bei der das Pferd Kontakt zum Gebiss aufnimmt, weil der Schenkel des Reiters es dorthin gebracht hat, nicht weil er das Ge-

biss mit der Hand nach hinten gezogen hat. Das ist ein ganz großer Unterschied.

- Mit dem Einsatz des inneren Schenkels schieben Sie das Pferd in Richtung des »leeren« äußeren Zügels, um eine Anlehnung zu schaffen. Fängt das Pferd an, sich um Ihren inneren Schenkel zu biegen, wird die äußere Seite gedehnt, was zum Kontakt mit dem äußeren Zügel führt – das Pferd ist geradegerichtet. Dabei können wir den starren inneren Zügel weicher machen, damit das Pferd den Unterkiefer loslassen und eine gleichmäßige Anlehnung an beide Zügel aufbauen kann. Die Anlehnung sollte sich auf beiden Händen anfühlen wie ein Gummiband. Wichtig ist, dass wir das Pferd mit unseren Sitz- und Schenkelhilfen geraderichten, nicht mit der Hand.

Nach außen fallen

Betrachten wir nun das entgegengesetzte Problem. Solange wir das Pferd auf der weichen oder hohlen Seite reiten, mag es akzeptabel aussehen, weil es sich ohne Schwierigkeiten nach innen biegt. Wir werden jedoch bald bemerken, dass der in-

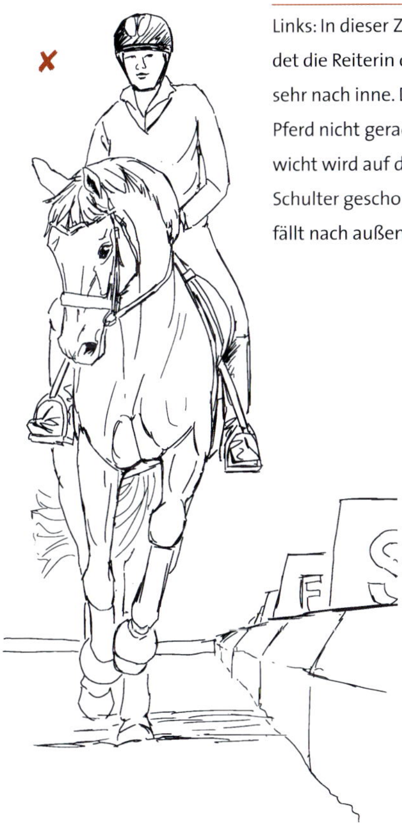

Links: In dieser Zeichnung wendet die Reiterin den Hals zu sehr nach inne. Deshalb ist das Pferd nicht gerade, das Gewicht wird auf die äußere Schulter geschoben – das Pferd fällt nach außen.

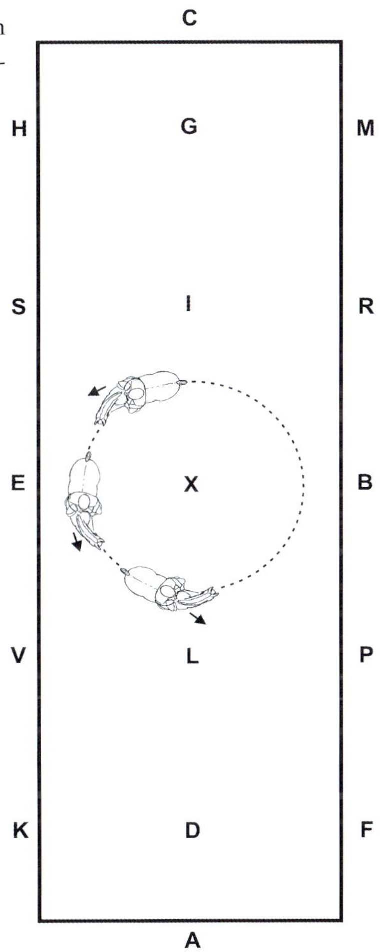

Rechts: Ein Pferd, das nach außen fällt, aus der Vogelperspektive gesehen. Der Hals ist zu sehr nach innen gebogen, und das auf der äußeren Schulter lastende Gewicht führt dazu, dass das Pferd von der Zirkellinie wegdriftet.

nere Zügel mehr gemieden als angenommen wird und die Anlehnung am äußeren Zügel hart und steif ist. Das Pferd driftet nach außen, weil es das Gewicht auf die äußere Schulter verlagert, um es nicht mit dem schwächeren Hinterbein tragen zu müssen.
Der Reiter kann im Sitz spüren, dass das innere Hinterbein weniger weit vortritt als das äußere. Bei einem geradegerichteten Pferd mit gleichmäßig arbeitender Hinterhand werden die Gesäßknochen des Reiters abwechselnd und gleichmäßig nach oben und vorwärts gehoben.

LÖSUNGEN

Stellen Sie sich vor, Sie reiten auf einem 20 m-Zirkel, und das Pferd wölbt sich nach außen, sodass eine Eiform entsteht. Überprüfen Sie den Grad der Halsbiegung vor sich. Mehr als den Augenwinkel des Pferdes sollten Sie nicht sehen können. Sehen Sie mehr, verlagert das Pferd wahrscheinlich das Gewicht auf die äußere Schulter und fällt nach außen.

- Reduzieren Sie die übermäßige Halsbiegung nach innen, bis Sie das innere Pferdeauge gerade noch schimmern sehen, und unterstützen Sie das Pferd besser mit den äußeren Hilfen.
- Bei einer korrekten Hals- und Kopfhaltung ist das Pferdemaul auf einer Linie mit der Brustmitte.
- Richten Sie nun die Vorhand auf die Hinterhand aus und überwachen Sie das Gefühl, damit das Pferd nicht wieder schief wird.
- Es ist wichtig, auf dem Zirkel den korrekten Sitz beizubehalten. Das Pferd darf unseren Sitz nicht vom inneren Hinterfuß wegschieben, was es vielleicht versucht, um den Reiter nicht auf seiner schwächeren Seite tragen zu müssen.
- Überprüfen Sie, ob nicht Sie die Ursache für das Problem sind, weil Sie etwa den inneren Zügel zu stark anstehen lassen.
- Genügt ein Leichterwerden des inneren Zügels nicht, um den Hals gerade zu machen, geben Sie weiche halbe Paraden am äußeren Zügel und treiben dabei vermehrt mit dem inneren Schenkel, damit das innere Hinterbein mehr untertritt und das Gewicht des Pferdes besser stützt.

- Die Hand darf nicht in Richtung Oberkörper zurückziehen, sondern bleibt während der halben Paraden über dem Widerrist stehen, während der Schenkel des Reiters das Pferd zum Gebiss hintreibt. Auf keinen Fall darf das Gebiss mit der Hand in Richtung Reiter gezogen werden!

- Dies ist ein sehr wichtiger Punkt, den der Reiter verinnerlichen sollte. Ein Ausbilder hat die Pflicht, auf Bereiche hinzuweisen, die der Korrektur bedürfen, aber der Reiter ist dafür verantwortlich, die Korrekturen auch auszuführen.

- Versucht der Reiter, den Pferdehals geradezurichten, indem er am äußeren Zügel zieht, wird er nur erreichen, dass das Pferd sich im Hals festmacht und der Zügelkontakt noch starrer wird. Wir dürfen nie vergessen, dass wir ein Pferd nicht geraderichten können, wenn wir uns nur auf Kopf und Hals konzentrieren. Wir müssen uns ans ganze Pferd wenden.
- Denken Sie daran, dass der normalerweise passive äußere Schenkel aktiv wird, weil er das Wegdriften nach außen verhindern muss.

Vorschläge zur Korrektur

Um die Reaktion des Pferdes auf die äußeren Hilfen zu verbessern.

1 Angenommen, das Pferd ist nach rechts schief. Gehen Sie im Schritt oder Trab auf der rechten Hand auf einen 20 m-Zirkel und verkleinern Sie ihn allmählich, wobei das Pferd leicht nach außen gestellt ist.
- Vorübergehend werden Ihr linker Schenkel und der linke Zügel zu inneren Hilfen, weil Sie die Position links einnehmen. Zum Zirkelverkleinern drücken Sie das Pferd mit dem linken Schenkel nach innen, um die Anlehnung an den rechten Zügel zu verbessern und einen gleichmäßigen Kontakt zu erhalten. Haben Sie den Zirkel auf 10 m verkleinert, nehmen Sie wieder die normale Sitzhaltung nach innen ein und vergrößern den Zirkel allmählich auf 20 m. Diese einfache Übung trägt sehr dazu bei, das Pferd geradezurichten, und bringt es dazu, unsere äußeren Hilfen zu beachten.

2 Reiten Sie Schenkelweichen, um das Pferd mit seiner weichen oder hohlen Seite besser zu verbinden. Auch hier gilt wieder: Wenn es sich rechts hohl macht, lässt man es dem linken Schenkel nach rechts weichen und erreicht damit ein besser geradegerichtetes und ausbalanciertes Pferd.
- Geritten werden kann dies von einer Linie zur anderen, durch die Diagonale oder entlang der Wand.

Übungen zum Geraderichten

Seitengänge sind sehr hilfreich, wenn es um die Korrektur von Schiefe und Nach-außen-Fallen geht. Die Idee ist, dass wir das Pferd ein paar Tritte in etwas stärkerer Biegung zu seiner steifen Seite hin reiten und das Pferd es dann angenehmer findet, wenn es wieder in der korrekten Biegung gehen darf.
Ein Beispiel: Unser Pferd macht sich rechts hohl. Kopf und Hals sind viel zu weit innen gebogen, die Hinterhand ist ebenfalls nach innen gestellt. Bei Wendungen und auf dem Zirkel fällt das Pferd nach außen aus.

1 Wir können auf den zweiten Hufschlag gehen und Schulterheraus (das heißt Schulterherein links, wenn Sie auf der rechten Hand sind) reiten. Nach ein paar Tritten richten wir das Pferd gerade, indem wir die Vorhand mit der Hinterhand auf eine Linie bringen. Die Übung kann mehrfach wiederholt werden, um die Beweglichkeit zu verbessern. Da es zwischen den Seitengängen immer wieder geradeaus gehen darf, vermeiden wir, die schwächere Seite zu überanstrengen.

- Geritten werden kann die Übung auf einer geraden Linie oder einem großen Zirkel.

2 Auch Hinterhandherein (Travers) und Hinterhandheraus (Renvers) sind bei der Korrektur eines hohlen Pferdes hilfreich. Bei beiden Übungen muss das Pferd seitwärts in die Richtung der Biegung treten, weshalb sie bezüglich Gleichgewicht und Aktivität anspruchsvoller sind als Schulterherein.

- Reiten Sie auf dem zweiten Hufschlag ein paar Tritte Hinterhandherein, richten Sie das Pferd wieder geradeaus, und nach wenigen Tritten reiten Sie Hinterhandheraus. Takt und Tempo dürfen sich dabei nicht verändern.
  Die Idee ist, bei einem Pferd, das sich hohl macht, ein Gefühl von Gleichheit auf beiden Seiten seines Körpers zu erreichen. Ein Pferd, das sich rechts hohl macht, profitiert von Hinterhandherein auf der linken Hand und umgekehrt (das heißt, wenn das Pferd sich links hohl macht, von Hinterhandheraus auf der rechten Hand).
- Reiten Sie die Übungen auf beiden Händen gleich, damit das Pferd »beidhändig« wird. Wichtig ist, dass das Pferd sowohl beim Hinterhandherein wie beim Hinterhandheraus um den inneren Schenkel gebogen ist. Andernfalls kommt nur so etwas wie ein zufälliges Schenkelweichen dabei heraus statt der Losgelassenheit und des Engagements, die wir erreichen wollen.
  Hilfengebung zu den Seitengängen siehe Kapitel 5.

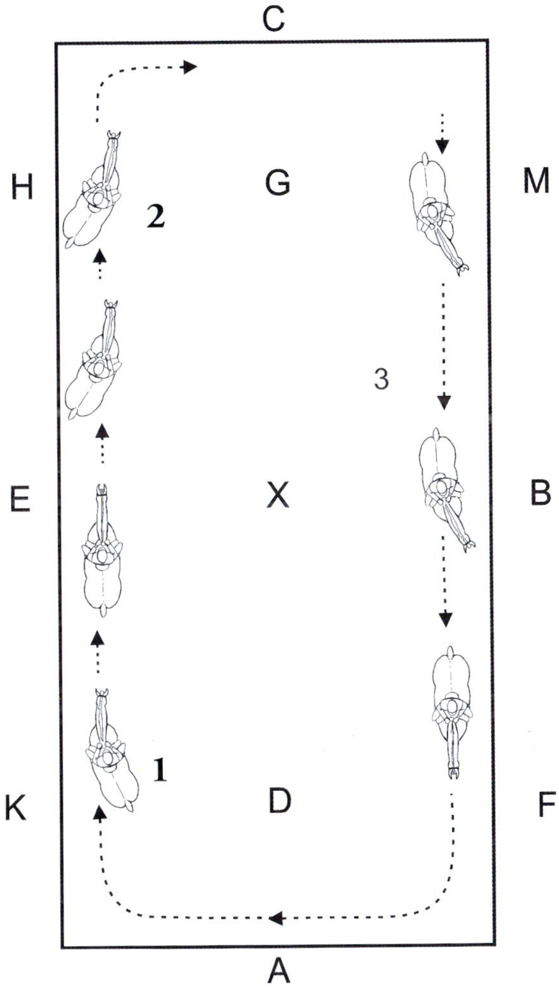

Bei diesen Übungen auf dem zweiten Hufschlag muss der Reiter darauf achten, immer auf einer geraden Linie zu bleiben. Das Pferd darf nicht abdriften.

1 Hinterhandherein (Travers)

2 Hinterhandheraus (Renvers)

3 Schulterheraus

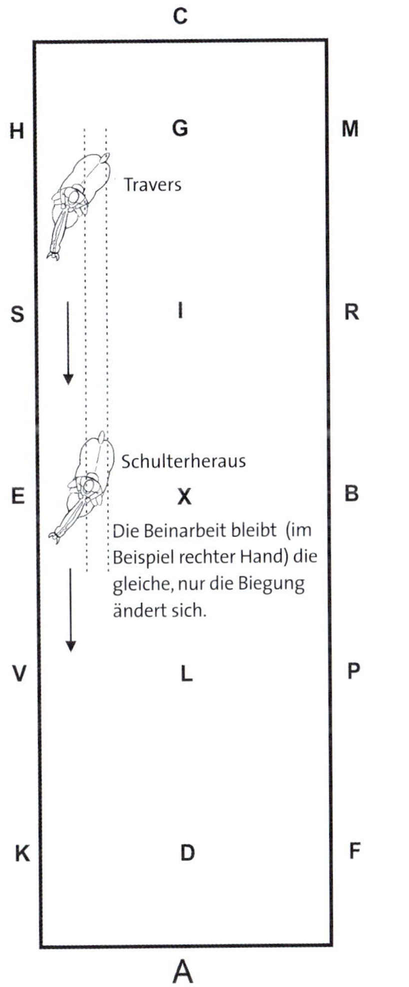

Um vom Travers in den Renvers überzugehen, muss der Reiter Sitz-, Schenkel- und Zügelhilfen umstellen. Die Position des Pferdes bleibt immer gleich, nur seine Biegung ändert sich. Die minimale Gewichtsverlagerung, die dabei entsteht, ist sehr wichtig, weil sie dem Pferd hilft, bei der Übung im Gleichgewicht zu bleiben.

3 Eine nützliche Übung ist Schulterherein, dann das Pferd zur anderen Seite biegen und Hinterhandheraus reiten. Die Position des Pferdes bleibt gleich, ebenso wie das seitlich übertretende Hinterbein. Nur die Biegung ändert sich.

4 Alternativ können wir auch vom Hinterhandherein zum Schulterheraus wechseln. Wieder ändert sich nur die Biegung, das übertretende Hinterbein bleibt dasselbe. Das heißt, dass bei Hinter-

handherein rechts das linke Hinterbein übertritt, ebenso wie beim anschließenden Schulterheraus links.
Beide Übungen dienen nicht nur der Losgelassenheit, sondern erfordern auch Schenkelgehorsam und Balance und sind deshalb eine gute Hilfe, wenn es gilt, ein Pferd geradezurichten.

5 Eine weitere Variante basiert auf einer liegenden Acht. Reiten Sie zum Beispiel auf der rechten Hand einen 20 m-Zirkel im Hinterhandherein und wechseln Sie bei X aus dem Zirkel, wobei die Hinterhand herausgestellt bleibt. Das Pferd geht nun im Hinterhandheraus (Renvers) linker Hand auf dem Zirkel. Wie bei der vorigen Übung tritt immer dasselbe Hinterbein über.

- Beim Erreichen von X wechseln Sie wieder auf den Zirkel nach rechts – das Pferd geht wieder im Hinterhandherein.
- Die Übung wird natürlich auf beiden Händen geritten. Wenn die Übung für Sie neu ist, reiten Sie sie ein paar Mal im Schritt, bevor Sie antraben.

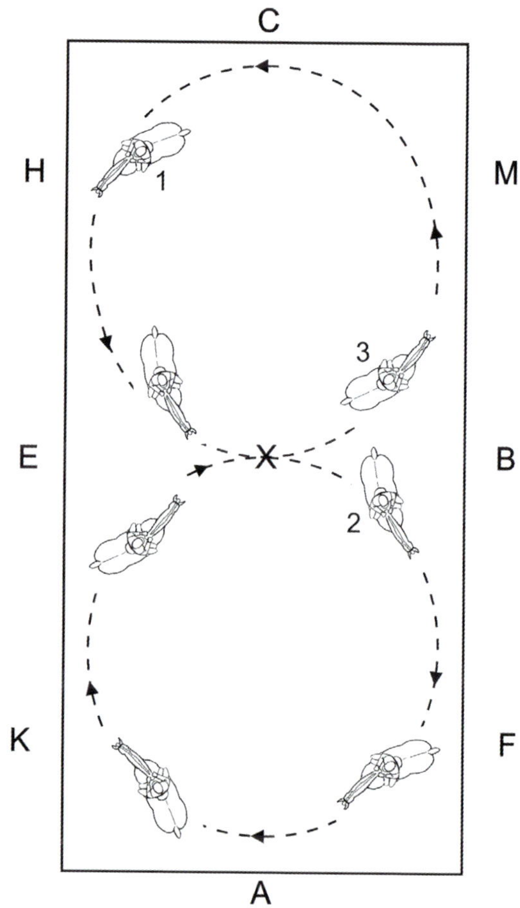

1. Das Pferd geht im Travers links auf einem 20 m-Zirkel.
2. Bei X aus dem Zirkel wechseln. Das Pferd bleibt gebogen wie zuvor, geht also nun im Renvers rechter Hand auf dem Zirkel.
3. Bei X wieder aus dem Zirkel wechseln, ohne die Biegung zu verändern – das Pferd geht nun wieder im Travers links. Sie werden merken, dass nach dem Renvers auf dem Zirkel dem Pferd der Travers viel leichter fällt.

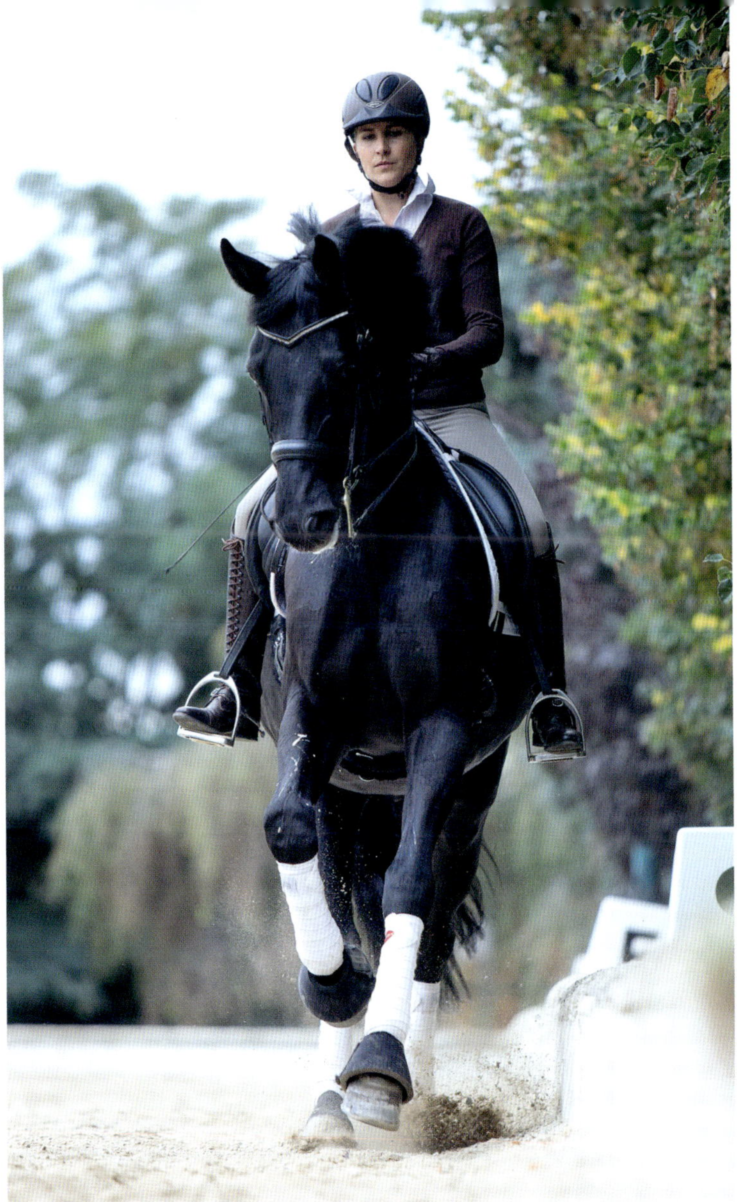

Damit das Pferd im Galopp gerade bleibt, muss man die Vorhand leicht nach innen bringen, sodass die Vorderfüße mit den jeweiligen Hinterfüßen auf einer Linie liegen.

Schief im Galopp

- Mehr als im Trab, wo sich die jeweils diagonalen Beinpaare zusammen bewegen, neigt das Pferd im Galopp dazu, sich schief zu stellen. Die asymmetrische Bewegung im Galopp verstärkt die natürliche Neigung, die Hinterhand abzustellen.
- Damit sich das Pferd auf beiden Händen gleich entwickelt, muss dieser Neigung entgegengewirkt werden, damit das Pferd nicht auf einer Hand sehr steif und auf der anderen hohl wird.
- Bei einem korrekten Galopp ist das Pferd vom Schweifansatz bis zum Genick leicht zum führenden Vorderbein hin gebogen.

- Da Pferde an der Brust schmaler sind als an den Hüften, kann es nötig sein, Schultervor zu reiten, um das Pferd geradezurichten. Das Pferdemaul sollte mit der Brustmitte auf einer Linie liegen, und zwar auf gerader wie auf gebogener Linie. Die Vorhand wird leicht nach innen geführt, der Hals darf jedoch nicht abknicken.
- Dies bedeutet, dass das innere Hinterbein Last aufnehmen muss. Schulterherein dient also sowohl dem Geraderichten wie der Kräftigung des Pferdes.

Schultervor

- Für das Schultervor muss der Reiter die Innenposition einnehmen (zur Erklärung siehe Kapitel »Der Sitz«).
- Dadurch kommt der äußere Zügel in Berührung mit der äußeren Seite von Hals und Widerrist und dient als indirekte Zügelhilfe, um die Schultern leicht nach innen zu führen, ungefähr eine Hufbreite. Dabei handelt es sich mehr um ein nach innen gerichtetes Gefühl des Reiters als um eine rückwärts wirkende Zügelhilfe. Der äußere Zügel kontrolliert, dass der Pferdehals gerade bleibt.
- Der innere Zügel bleibt in leichtem Kontakt. Schultervor entsteht nicht dadurch, dass wir am inneren Zügel ziehen. Damit würde sich die Schiefe nur noch verstärken, weil das Pferd den Hals zu sehr nach innen biegen würde, anstatt die Schultern nach innen zu bewegen.
- Wenn der innere Steigbügel ausgetreten wird, bleibt das Reitergewicht auf dem inneren Gesäßknochen, was dem Pferd erleichtert, die Schultervor-Stellung unter dem Zentrum des Reitergewichts beizubehalten. Wenn der Reiter in der Hüfte einknickt oder im Sattel herumrutscht, verliert das Pferd das Gleichgewicht und wird schief.
- Der innere Schenkel am Gurt hält die Hinterhand auf dem Hufschlag und sorgt dafür, dass das Pferd weitergaloppiert.
- Der äußere Schenkel hinter dem Gurt ist passiv, aber in Bereitschaft zur Korrektur, sollte die Hinterhand nach außen abweichen.

Außengalopp

Darunter versteht man einen Galopp, bei dem das äußere Vorderbein führt, was zur Korrektur von Schiefe sehr nützlich ist, und zwar deshalb, weil das Pferd dazu angeregt wird, sich im Körper zu strecken, um den Galopp »in die falsche Richtung« aufrecht zu erhalten. Der Außengalopp verbessert außerdem Gleichgewicht und

Losgelassenheit des Pferdes, zwei wichtige Faktoren beim Geraderichten des Pferdes. Einzelheiten zum Außengalopp siehe Kapitel 6 »Der Außengalopp«.

Vorschläge zur Korrektur

- Für den Anfang können wir den Außengalopp als flache Schlangenlinie (3–5 m vom Hufschlag) reiten. Sorgen Sie mit weichen halben Paraden dafür, dass das Pferd gut im Gleichgewicht galoppiert, und reiten Sie tief in die Ecken. Das macht es dem Pferd einfacher, mit der Schlangenlinie zu beginnen.
- Verändern Sie auf der Schlangenlinie weder Ihren Sitz noch die Schenkellage oder die Anlehnung. Wenn Sie Ihr Gewicht verlagern oder versuchen, das Pferd durch Ziehen am äußeren Zügel zum Hufschlag zurückzusteuern, kann es schnell in den Trab oder auseinanderfallen. Denken Sie stattdessen daran, das Pferd mit dem inneren Schenkel am Gurt zum Hufschlag zurückzulenken, und achten Sie darauf, dass es sich auf der gebogenen Linie bewegt und nicht auf zwei Hufschlägen wie beim Schenkelweichen.
- Versuchen Sie, locker zu bleiben. Wenn Sie sich verkrampfen, können Sie nicht mehr korrekt einwirken, und das Pferd wird sich ebenfalls verkrampfen.

Versuchen Sie, entspannt zu bleiben. Wenn Sie sich verkrampfen, können Sie nicht mehr korrekt einwirken …

- Genauso wichtig ist es, nicht am Zügel zu ziehen, wenn das Pferd aus dem Gleichgewicht kommt. Es wird wahrscheinlich nur seinerseits ziehen und so das Problem verschlimmern.
- Wenn die Schlangenlinie im Außengalopp gut gelingt, reiten Sie am Ende der langen Seite einen Halbkreis von 15 m Durchmesser und kehren bei der Halbmarke zum Hufschlag zurück. Sie können noch ein paar Galoppsprünge im Außengalopp reiten, bevor Sie vor der Ecke zum Trab durchparieren.
- Verlängern Sie allmählich die Phase im Außengalopp, bis auch die kurze Seite im Außengalopp gelingt. Ergeben sich Probleme, verändern Sie die Übung und reiten bei B oder E einen Halbkreis von 20 m Durchmesser. Manchmal fällt einem Pferd der Außengalopp in der Mitte der Bahn leichter, weil es sich dort weniger eingeengt fühlt als kurz vor der Ecke zur kurzen Seite.

Wenn das Pferd einen Zirkel oder Halbkreis im Außengalopp wie selbstverständlich bewältigt, testen Sie seine Selbsthaltung, indem Sie beim Überkreuzen der Mittellinie jedes Mal die Zügel hingeben und wieder aufnehmen.

- Zur Vorbereitung geben Sie eine halbe Parade und gehen dann mit den Händen vor in Richtung Pferdeohren, bis die Zügel durchhängen. Dann nehmen Sie die Zügel wieder an und lassen die Hände über dem Widerrist stehen. Das dauert ungefähr zwei oder drei Sekunden. Ist der Außengalopp in Ordnung, dürfen sich Takt und Gleichgewicht nicht verändern, bis Sie die Zügel wieder aufnehmen.

- Wichtig ist, dass der Reiter währenddessen tief im Sattel sitzen bleibt. Das Pferd braucht die Unterstützung durch den Sitz, wenn die Zügel hingegeben werden, weil es sonst auf die Vorhand kommen könnte.
- Fühlt sich der Außengalopp nicht ganz ausbalanciert an, beginnen Sie damit, jeweils nur einen Zügel hinzugeben und sich zum beidseitigen Nachgeben und Annehmen vorzuarbeiten, wenn das Pferd sich mehr loslässt.
- Halten Sie im Außengalopp auf dem Hufschlag die innere Schulter des Pferdes (»innen« von der Biegung her gesehen) so dicht an der Wand wie möglich und die Halsbiegung in Richtung führendes Vorderbein so gering wie möglich. So bleibt das Pferd gerade.
- Beenden können wir den Außengalopp, indem wir durch die ganze Bahn wechseln und somit im »richtigen« Galopp weiterreiten oder indem wir zum Schritt oder Trab durchparieren. Den Übergang reitet man besser in einiger Entfernung von der Ecke, damit das Pferd nicht vor jeder Ecke einen Übergang vorwegnimmt.

5. Davonlaufen/auf der Vorhand

Das Davonlaufen ist eine Überreaktion auf die treibenden Hilfen des Reiters. Das Pferd gerät ins Laufen und kommt auf die Vorhand.
Ein Pferd trägt von Natur aus, aufgrund der Größe von Kopf und Hals, etwa 60 % seines Gewichts auf der Vorhand. Belassen wir es in diesem Zustand, läuft es immer auf der Vorhand. Erreichen möchten wir, dass das Pferd mehr Gewicht auf die Hinterhand verlagert, mindestens bis zu einem Anteil von 50 : 50.

Beispiele

a Vielleicht ist das Pferd nervös, hat kein Vertrauen und läuft deshalb vor dem, was ihm Angst macht – in diesem Fall die Schenkelhilfe des Reiters –, davon.
b Es kann auch aus dem Gleichgewicht sein und nicht die volle Kontrolle über seine eigenen Reflexe haben.
c Bei einem aufgeregten Pferd können die Reaktionen derartig übersteigert ausfallen, dass es auf die Hilfen überhaupt nicht mehr achtet.
d Davonlaufen hat oft zur Folge, dass das Pferd auf die Vorhand kommt.

e Das Gebäude kann ein Faktor sein.

f Körperliche Steifheit kann die Ursache dafür sein, dass das Pferd auf der Vorhand läuft.

Lösungen

a Eine starke Schenkelhilfe kann bei einem sehr empfindlichen Pferd einen derartigen Schrecken auslösen, dass es davonläuft.

- Reduzieren Sie die Schenkelhilfe zu einer viel leichteren Berührung und stellen Sie sie sofort ganz ein, sobald das Pferd reagiert. Es wird vermutlich einige Zeit dauern, bis das Pferd Zutrauen in die Hilfen fasst, und bis dahin müssen Sie Geduld und Konsequenz aufbieten, um sein Vertrauen zu gewinnen.
- Auch scharfe Sporen können die Ursache sein. Reiten Sie entweder ohne Sporen oder tragen Sie, wenn das Reglement einer Prüfung dies verlangt, Sporen mit stumpfen Enden. Sporen sind dazu da, die Schenkelhilfe zu verfeinern, nicht um das Pferd vorwärts zu scheuchen. Sie sollen, von einem ruhigen Bein aus, die Pferdeflanken nur leicht und präzise berühren. Ein flatternder Unterschenkel, bewaffnet mit einem Sporn, ist ein gefährlich' Ding!

b Mangelndes Gleichwicht kann dazu führen, dass das Pferd vor dem Schenkel davonläuft.

- Stellen Sie sich vor, Sie rennen bergab. Sie werden immer schneller, und der zusätzliche Schwung macht es schwierig, langsamer zu werden oder anzuhalten. Ein Pferd, das nicht im Gleichgewicht ist, hat vielleicht ein ähnliches Gefühl: dass es auf die Vorhand fällt, je schneller es wird. Zum Glück hat ein Pferd vier Beine und fällt deshalb selten hin.
- Wenn ein nicht ausbalanciertes Pferd die Schenkelhilfe spürt, kann ihm dies das Gefühl des freien Falls auf die Schulter vermitteln, mit wenig Kontrolle über die eigene Geschwindigkeit. Der Reiter muss das Tempo verlangsamen, bis das Pferd sein Gleichgewicht gefunden hat und die Last gleichmäßiger auf Vor- und Hinterhand aufnehmen kann. Hat man dies durch korrekte, weiche halbe Paraden erreicht, können die Reaktionen auf die treibenden Hilfen weniger extrem ausfallen, und das Pferd kann »an den Hilfen« geritten werden.

c Ist das Pferd übernervös, müssen wir nach dem Warum fragen. Wird es richtig gefüttert, d. h. entsprechend dem Ausmaß der zu leistender Arbeit, seiner Größe, seines Alters und seines Temperaments?

- So sind manche Pferde von Natur aus »heiß« und brauchen,

um bei der Arbeit ruhig zu bleiben, ein Futter, das Energie nur langsam freisetzt.

- Andere Pferde müssen zwei Mal am Tag arbeiten, um aufmerksam auf die Hilfen zu achten.
- Sind die Temperamentsausbrüche darauf zurückzuführen, dass das Pferd kurze Zeit nicht gearbeitet wurde, longiert man es vor dem Reiten am besten etwas ab.
- In all diesen Fällen kann ein gelassener Reiter mit genügend Selbstvertrauen für ein leicht erregbares Pferd beruhigend wirken, sodass es schließlich dazu gebracht wird, aufmerksam den Hilfen zu folgen.

Ist ein Pferd übernervös oder verspannt, müssen wir an seinem Körper arbeiten, damit es sich seelisch entspannt. Es gibt verschiedene Übungen, um seinen Körper allmählich zu lockern, sodass es imstande ist, uns zuzuhören. Das heißt nicht, dass wir es bis zur körperlichen Erschöpfung arbeiten sollen. Unser Training sollte im Gegenteil dafür sorgen, dass dem Pferd genug Energie bleibt, um seine Lektionen mit Ausdruck zu absolvieren.

- Reiten Sie viele Übergänge, innerhalb einer Gangart und von einer Gangart zur anderen. Das Ziel ist, das Tempo so weit zu reduzieren, dass das Pferd auf unsere verhaltenden Sitz- und Zügelhilfen eingeht, während wir es mit dem Schenkel auffordern, energisch, aber geregelt nach vorne zu gehen. Setzen Sie den Schenkel behutsam ein, um das Pferd nicht aus Versehen auf die Vorhand zu bringen.
- Häufige Übergänge machen das Pferd aufmerksam, bis es bereit ist, mit mehr Ruhe auf unsere Forderungen einzugehen.
- Reiten Sie zum Beispiel abwechselnd sechs bis acht Mal Schritt und sechs bis acht Tritte im Trab. Auf dem Zirkel geritten trägt die Biegung dazu bei, dass das Pferd mit dem inneren Hinterbein Last aufnimmt und sich ausbalanciert.
- Reiten Sie die Übergänge auf beiden Händen und schließlich auch auf geraden Linien, sodass Sie das Pferd an den Sitzhilfen haben. Damit können Sie verhindern, dass es auf die Vorhand kommt.

d Wenn ein Pferd in der Längsachse nicht ausbalanciert ist, neigt es dazu, auf der Vorhand zu laufen. Treibt man es dann stark nach vorn, wird es nur noch schlimmer. Es legt sich aufs Gebiss, und der Reiter hat Schwierigkeiten in Wendungen oder bei der Regulierung des Tempos.

- Ein Pferd mit schwacher Hinterhand wird naturgemäß auf die Vorhand fallen. Es hat nicht die Kraft, sich im Gleichgewicht zu halten, also setzt es die Hinterbeine lieber dazu ein, sich nach vorn zu katapultieren, als Last aufzunehmen.

- Um die Hinterhand zu kräftigen und das Problem zu lösen, muss der Reiter ein Programm haben. Dazu gehören Seitengänge, Übergänge und möglicherweise kleine Gymnstiksprünge.
- Dabei müssen wir darauf achten, das Pferd immer gut im Gleichgewicht zu reiten und allmählich seine Fähigkeit zu verbessern, mit der Hinterhand und schwingendem Rücken Last aufzunehmen.
- e Das Gebäude kann dabei eine Rolle spielen. Ein Pferd mit einem großen Kopf und kurzem, tief angesetztem Hals wird von Natur aus auf der Vorhand gehen. Ebenso zeigt ein Pferd, das von Natur aus die Hinterbeine herausstellt, meist eine Neigung, auf der Schulter zu gehen.
- Beobachten Sie die Aktion des Hinterbeins. Es sollte nicht nach hinten heraus schieben oder nach oben schnellen. Der Hinterfuß sollte nach vorne/oben treten und dann weit unter dem Körper abgesetzt werden, wo er Last aufnehmen kann.
- Ein überbautes Pferd wird eine Neigung zu »Bergab-Gängen« haben, und ein Pferd mit schwerer Vorhand wird sich mehr anstrengen müssen als eines, das mit einem idealen Exterieur gesegnet ist. Deshalb müssen wir vorsichtig vorgehen, wenn wir diese Nachteile durch das Training ausgleichen und das Pferd besser ins Gleichgewicht bringen wollen.
- Reiten Sie viel Schritt, damit das Pferd lernt, auf Ihre verhaltenden Hilfen einzugehen. Der Schritt ist leichter zu regulieren als die anderen Gangarten, und das Pferd kann sich weniger gut entziehen, indem es eiliger wird und auf die Schulter fällt. Unser Ziel ist eine gute Verbindung von der Hinterhand bis zum Gebiss, wobei das Pferd über den Rücken geht. Das ist wichtig, wenn das Pferd in der Lage sein soll, Gewicht von der Vorhand nach hinten zur Hinterhand zu übertragen.

Reiten Sie viel Schritt, damit das Pferd lernt, auf Ihre verhaltenden Hilfen einzugehen.

- Korrekt geritten sind halbe Paraden wichtig, um das Pferd besser ins Gleichgewicht zu bringen. Am besten beginnt man mit dieser Arbeit nicht auf geraden Linien, sondern auf dem Zirkel.
- Ignoriert das Pferd die halbe Parade, geben Sie stattdessen eine ganze Parade zum Halten. Das Pferd muss wirklich stehen, bevor Sie es wieder zum Antreten auffordern, es darf nicht davondriften. Wir müssen erreichen, dass das Pferd auf unsere verhaltenden Sitzhilfen hört, damit wir nicht in Versuchung

geraten, zu sehr die Hände einzusetzen, wenn das Pferd sich auf den Zügel legen will.

f Auf die Vorhand kommen kann auch ein Pferd, das im Rücken steif oder verspannt ist. Reiten Sie viele Übergänge, innerhalb einer Gangart und von einer Gangart zur anderen, um es lockerer zu machen.

- Versuchen Sie es mit Galopp-Trab-Galopp-Übergängen auf einem 20 m-Zirkel. Eine Hälfte reiten Sie im Trab, die andere im Galopp, und wenn das Pferd besser im Gleichgewicht ist, reiten Sie nur einige wenige Galoppsprünge, bevor Sie wieder in den Trab übergehen. Der häufige Wechsel vom Zweischlag-Trab zum Dreischlag-Galopp kann dazu beitragen, den Pferderücken weicher zu machen.
- Auch Cavaletti und Bodenstangen sind nützlich, wenn es gilt, einen steifen Rücken zu verbessern. Die zusätzliche Anstrengung, die es das Pferd kostet, über die Stangen oder Cavaletti zu treten, können Hüften und Hinterhandgelenke flexibler machen.

Arbeit über Stangen

Für diese Arbeit ist es gut, einen Helfer zu haben, der die Stangen auslegt und wenn nötig neu ausrichtet. Aus Sicherheitsgründen sollten die Cavaletti auf die niedrigste Stufe gestellt und Stangen in Blöcken gesichert werden, damit sie nicht wegrollen und das Pferd zum Stolpern bringen können.

Übungen

- Ein Pferd, das nicht mit der Stangenarbeit vertraut ist, lässt man zuerst auf beiden Händen im Schritt über eine einzelne Stange treten. Reiten Sie die Stange in der Mitte und auf gerader Linie an.
- Tritt das Pferd ruhig darüber, lassen Sie es, wieder auf beiden Händen, im Trab darübergehen.
- Durchschnittlich beträgt der Abstand zwischen Stangen im Schritt 0,90 m.
- Für den Trab legt man die Stangen durchschnittlich in einem Abstand von 1,30 m aus.
- Gehen Sie zu drei Bodenstangen über, aber wenn das Pferd Anstalten macht, sie zu springen, gehen Sie entweder wieder auf eine einzelne Stange zurück, bis es sich beruhigt hat, oder

Sie verdoppeln den Abstand zwischen den Stangen und stärken damit sein Vertrauen, wenn es eine Reihe von Stangen vor sich sieht.

- Wenn das Pferd ruhig über diese drei Stangen tritt, erweitern Sie die Reihe auf fünf oder sechs Stangen.
- Die Übung lässt sich dadurch variieren, dass man die Stangen fächerartig auslegt, wobei jeweils die Stangenmitte im Standardabstand zur nächsten liegt. Nun können Sie entweder die Tritte verlängern, indem Sie das Pferd etwas weiter außen übertreten lassen, oder die Tritte verkürzen, indem Sie weiter innen reiten.
- Stellt man die Stangen etwas höher ein, muss das Pferd seine Gelenke mehr beugen, um »runder« zu gehen. Achten Sie darauf, dass das Pferd ruhig bleibt und sich nicht übereilt.
- Ein Helfer kann die entsprechenden Korrekturen vornehmen, sollten die Größe des Pferdes und seine Schrittlänge eine leichte Abweichung vom Standardabstand erfordern.
- Absolviert das Pferd die Stangen ruhig und im Takt, können Sie die Cavaletti auf mittlere Höhe stellen, sodass das Pferd die Beine höher heben muss.

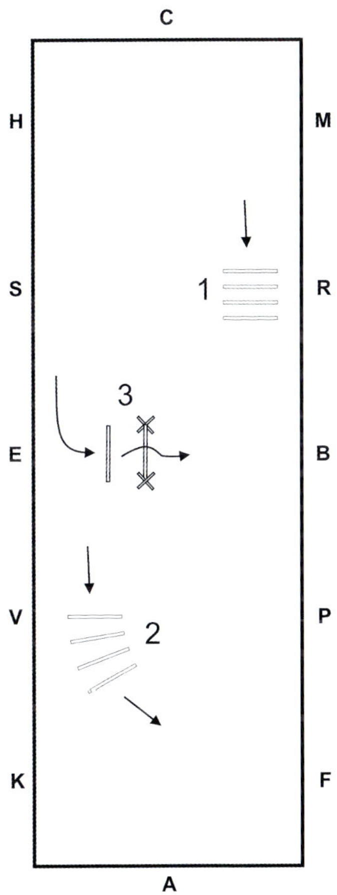

Ein kleines Beispiel für mögliche Übungen über Bodenstangen oder Cavaletti.

1. Die Stangen liegen neben dem Hufschlag, damit Sie den gesamten Platz nutzen und auch um die Stangen herumreiten können. Für die Arbeit im Schritt beträgt der Abstand etwa 0,90 m für den Trab 1,30 m.
2. Mit dem Fächermuster lässt sich die Schritt- oder Trittlänge verändern, je nachdem, an welcher Stelle die Stangen überquert werden. Die Übung ist außerdem ein guter Test auf Genauigkeit und die Fähigkeit, auch in der Wendung eine einmal gewählte Linie einzuhalten. In den beiden Übungen – 1 und 2 – können die Stangen auch an einem Ende oder an beiden Enden erhöht werden. Das Pferd muss dann seine Gelenke vermehrt beugen, was Geschmeidigkeit und Losgelassenheit verbessert.
3. Diese Übung beinhaltet einen kleinen Sprung (0,60–0,80 m hoch) mit einer Stange als Absprunghilfe davor. Wollen Sie im Galopp anreiten, sollte der Abstand 5–6 m betragen, im Trab 2–3 m.

Möchten Sie eine Cavaletti-Reihe im Galopp reiten, beträgt der normale Abstand für einen Galoppsprung 6 m, für zwei 10 m und für einen In-Out (ohne Zwischensprung) 3,5 m. Die Abstände müssen dem jeweiligen Pferd angepasst werden. Es soll nicht hereingelegt werden, sondern seine Gelenkigkeit verbessern und Spaß haben.

6. Schwierigkeiten in der Wendung

- Wenn ein steifes Pferd sich auf die Vorhand legt, ist es schwierig zu lenken. Es ist eine Grundvoraussetzung, dass sich das Pferd nach links oder rechts wenden lässt, ohne nach außen zu driften oder nach innen zu fallen.
- Es ist allerdings möglich, dass ihm das Wenden schwerfällt, weil das Gebiss nicht passt oder ein Zahnhaken schmerzhaft gegen die Maulschleimhaut drückt. Das ist mehr eine Frage der Haltung als des Trainings, sollte aber bei der nächsten Gelegenheit überprüft werden.
- Arbeiten Sie auf eine Mischung aus großen (20 m) Zirkeln und geraden Linien. Das Pferd soll auf unsere Schenkelhilfen achten und sich allmählich so loslassen, dass es sich in Hals und Körper passend zum Bogen des Zirkels einstellen kann. Einen Fortschritt in der Ausbildung können wir nur mit einem geradegerichteten Pferd erzielen.
- Schlangenlinien in drei oder vier Bögen verbessern ebenfalls die Reaktionen des Pferdes auf die Hilfen beim Wenden.
- Bei einem sehr steifen Pferd hat ein offener innerer Zügel in der Wendung den Vorteil, dass das Pferd gelenkt wird, ohne dass der innere Zügel nach hinten zieht.
- Achten Sie darauf, in der Wendung immer wieder kurzzeitig nachzugeben, damit das Pferd den Unterkiefer entspannt. Bei einem einseitigen Reiter mit starker Handeinwirkung wird sich das Pferd immer weiter auf den Zügel legen.
- Denken Sie daran, das Pferd mit den äußeren Hilfen in die Wendung zu schieben, anstatt es mit dem inneren Zügel herumzuziehen.
- Grundlegend wichtig ist in Wendungen die Koordination von Sitz-, Schenkel- und Zügelhilfen. Ein Reiter, der seine Gewichts- und Schenkelhilfen vernachlässigt, wird weiterhin Schwierigkeiten haben.

7. Offenes Maul

Das Pferd soll sich wohlfühlen und mit entspanntem Unterkiefer und geschlossenem Maul »an den Hilfen stehend« arbeiten.

Warum ist das wichtig?

Ein offenes Maul wirkt sich schädlich aus auf den Zügelkontakt, wir haben nicht das richtige Gefühl in den Händen. Die Ursache mag sein, dass das Pferd die Biegung im Genick vermeiden oder dem unangenehmen Gefühl, verursacht durch eine starke Handeinwirkung, ausweichen möchte.

Es gibt jedoch auch noch andere Faktoren, die dazu beitragen können.

a Die Zähne müssen regelmäßig nachgesehen werden, denn scharfe Zacken oder Zahnhaken können sich unangenehm bemerkbar machen oder sogar Verletzungen im Maul hervorrufen. Ihr Tierarzt oder ein Spezialist für Pferdezähne kann Sie in dieser Angelegenheit beraten.

b Das Gebiss muss dem Pferd passen. Ist es zu schmal, kneift es womöglich in die Lippen, und ist es zu breit, rutscht es von einer Seite auf die andere und verursacht Prellungen.
Auch die Dicke des Mundstücks ist von Bedeutung. Normalerweise gilt: Je dicker das Mundstück, desto milder die Einwirkung. Ein Pferd mit kleinem Maul kann jedoch Schwierigkeiten haben, das Maul um ein dickeres Gebiss herum zu schließen, und es als unangenehm empfinden. In diesem Fall ist ein Gebiss mit dünnerem Mundstück besser geeignet.

c Wichtig ist auch die korrekte Verschnallung. Hängt es zu tief, kann es unangenehm gegen die Zähne schlagen. Es kann das Pferd auch dazu verführen, mit der Zunge daran herumzuspielen oder sie übers Gebiss zu nehmen.
Ist das Gebiss zu hoch verschnallt, kann das Pferd das Maul nicht bequem schließen.
Das Gebiss muss so verschnallt sein, dass sich die Maulwinkel leicht kräuseln, aber nicht so hoch, dass das Pferd die Lippen nicht mehr schließen kann. Außerdem muss es auf beiden Seiten gleich hoch sitzen, damit es gleichmäßig auf den Laden im Unterkiefer aufliegt.

d Eine starre oder rückwärts wirkende Reiterhand kann dazu führen, dass das Pferd im Bestreben, dem unangenehmen Gefühl zu entgehen, das Maul aufsperrt.

- Manchmal mangelt es dem Reiter an Gefühl und er merkt garnicht, dass er dem Pferd mit den Händen Schmerzen zufügt. Dann muss der Ausbilder ihm sagen, dass er dem Pferd im Maul wehtut und kein Pferd ruhig und losgelassen arbeiten kann, wenn es Schmerzen im Maul hat. (Einzelheiten zur korrekten Zügelhilfe siehe Kapitel »Der Sitz«.)
- Ohne unabhängigen Sitz ist der Reiter vielleicht in Versuchung, sich am Zügel festzuhalten. In diesem Fall muss der Lehrer den Reiter in gleichmäßigem Tempo arbeiten lassen, damit er dessen Sitz und Gleichgewicht im Sattel korrigieren kann. (Auch hier sei auf das Kapitel »Der Sitz« verwiesen.)

e Ein Pferd, das auf der Vorhand geht, kann das Maul öffnen, wenn der Reiter den Fehler macht, es mit den Zügeln zurückhalten zu wollen.

- Wir müssen die Ursache des Problems beseitigen, den Mangel an Gleichgewicht und Durchlässigkeit. Wir müssen das Pferd an den Sitzhilfen haben, damit es losgelassen, geradegerichtet und ausbalanciert gehen und Gewicht von der Vorhand auf die Hinterhand übertragen kann. Bei einem Reiter, der seine Hände gefühlvoll und mit gutem Timing einzusetzen weiß, werden sich Gleichgewicht und Selbstvertrauen des Pferdes allmählich verbessern. (Siehe Absatz »Auf der Vorhand«, Seite 78.)
- Der Reiter muss seine Hände erziehen – zu Zügelhilfen, als drücke er einen Schwamm aus, oder zu leichtem Vibrieren am Zügel, damit das Pferd den Unterkiefer entspannt. Die Hände bleiben über dem Widerrist und dürfen nicht in Richtung Oberkörper des Reiters nach hinten ziehen.
- Mit starren Handgelenken oder Händen, die nie zur Belohnung nachgeben, wird man kaum ein Pferd ausbilden können, das mit einem weichen, geschlossenen Maul geht.

Die Hände bleiben über dem Widerrist und dürfen nicht in Richtung Oberkörper des Reiters nach hinten gezogen werden.

8. Schiefe Kopfhaltung/Verkanten (Verwerfen)

Das Pferd muss in der Arbeit den Kopf gerade halten, die Ohren auf gleicher Höhe – nicht ein Ohr höher als das andere, was bedeuten würde, dass es das Maul verkantet (sich verwirft). Anders gesagt: Wenn das linke Ohr tiefer steht, verkantet (verwirft) es sich nach rechts, und wenn das rechte Ohr tiefer steht, nach links.

Warum ist das wichtig?

Wenn das Pferd sich verkantet, besteht kein gleichmäßiger Kontakt mehr zu beiden Enden des Gebisses. Schenken wir diesem Problem keine Beachtung, kann eine Korrektur sehr schwierig werden, weil das Pferd gelernt hat, dass es die Wirkung des Gebisses außer Kraft setzen kann, wenn es sich im Genick fest macht und sich verkantet. Das Gebiss wird nicht mehr willig angenommen, wie es für eine richtige Ausbildung notwendig ist. Der Grund für diese schlechte Angewohnheit liegt jedoch beim Reiter, nicht beim Pferd.

Lösungen

a Der häufigste Grund für das Verkanten ist, dass ein Zügel stärker einwirkt als der andere. Ist die rechte Zügelhand zu stark, verkantet sich das Pferd also nach rechts, und das linke Ohr steht tiefer.
- Die Antwort ist, dass die rechte Hand weicher werden muss, damit das Pferd sich im Maul wohlfühlt und sich traut loszulassen.

b Gelegentlich ist die schiefe Kopfhaltung auch auf ein medizinisches

Problem zurückzuführen, etwa auf einen Zahnabszess oder Schmerzen im Genick, die von den 1. und 2. Halswirbeln ausgehen. Auch ein Sturz oder ein Festliegen in der Box kann dazu führen, dass das Pferd den Kopf schief hält. Besteht in dieser Hinsicht irgendein Verdacht, konsultieren Sie Ihren Tierarzt, was Sie zur Behandlung tun können.

9. Zähneknirschen

Unser Pferd soll mit entspanntem Unterkiefer arbeiten, sodass eine gleichmäßige, elastische Anlehnung möglich ist. Zähneknirschen ist ein Zeichen, dass es insgesamt verspannt ist oder sich im Maul nicht wohlfühlt.
Auch in Wettbewerben bringt Zähneknirschen einen Punkteabzug, weil es als Problem der Anlehnung – dass das Gebiss nicht willig angenommen wird – und als Zeichen von Verspannung gewertet wird.

Lösungen

a Die Ursache kann ein zu starker Zügelkontakt sein, sodass das Pferd sein Unbehagen durch das Zähneknirschen zum Ausdruck bringt. Hier muss der Lehrer dem Reiter helfen, in der Anlehnung leichter zu werden. Möglicherweise hat dieser Probleme mit dem Sitz, die behoben werden müssen.

- Bei einem starken Pferd muss der Reiter seine Sitzhilfen effektiver einsetzen, anstatt stärker am Zügel zu ziehen. Vielleicht muss er an einem ausbalancierten Sitz arbeiten, der ihn unabhängig vom Zügel macht. (Weitere Erklärungen siehe Kapitel »Der Sitz«.)

b Es kann auch davon kommen, dass der Reiter vom Pferd etwas fordert, was zu schwierig ist und es deshalb unter nervöse Anspannung versetzt, zum Beispiel einen größeren Grad der Versammlung, bevor das Pferd genug Kraft dafür besitzt. Die Antwort wäre hier, die Versammlung nur für kürzere Zeit zu verlangen und es sich dann zur seelischen und körperlichen Entspannung strecken zu lassen, bevor es erneut versammelt wird.
Wir müssen zwar schwierigere Lektionen vom Pferd verlangen, wenn wir Fortschritte in der Ausbildung machen wollen, aber dies muss mit viel Taktgefühl und Verständnis geschehen.

c Nervöse Pferde knirschen manchmal mit den Zähnen, wenn eine neue Lektion eingeführt wird. Sobald sie diese jedoch verstanden haben und damit vertraut sind, entspannen sie sich wieder, und das Zähneknirschen hört auf.

Ein guter Reiter ist immer bereitet, zur Korrektur auch einmal eine Stufe »zurück-zuschrauben«, damit das Pferd seine Arbeit verstehen und vertrauensvoll erfüllen kann.

Wieder kommt es beim Reiter auf Takt und Einfühlungsvermögen an. Die Hilfengebung muss klar sein, gefühlvoll und zum richtigen Zeitpunkt. Ein guter Reiter ist immer bereit, zur Korrektur auch einmal eine Stufe »zurückzuschrauben«, damit das Pferd seine Arbeit verstehen und vertrauensvoll erfüllen kann. Nehmen wir einmal an, Ihr Pferd macht sich fest, wenn es die fliegenden Wechsel lernen soll. Es knirscht mit den Zähnen und stürmt davon. Vielleicht versteht es Ihre Hilfen nicht, besonders wenn Sie selbst nicht sehr viel Erfahrung haben. Es wäre vernünftig, zu einfachen Galoppwechseln zurückzukehren, bis Reiter und Pferd sich wieder harmonisch zusammengefunden haben. Dann kann man es mit den fliegenden Wechseln erneut versuchen.

d Zähneknirschen kann auch davon kommen, dass sich scharfe Zähne schmerzhaft in die Backeninnenseite bohren oder dort ein Geschwür verursachen. Ihr Tierarzt oder ein Spezialist für Pferdezähne kann Sie in diesem Fall beraten, was zu tun ist.

e Ein Pferd kann auch mit den Zähnen knirschen, wenn Sattel oder Nasenriemen nicht passen. Ein englisches oder hannoversches Reithalfter sollte nur so eng verschnallt sein, dass das Pferd nicht das Maul aufsperren oder den Unterkiefer verschieben kann, eine schlechte Angewohnheit besonders von jungen Pferden. Es verhindert auch, dass das Pferd das Maul öffnet, um sich nicht im Genick biegen zu müssen. Es darf allerdings nicht so eng sein, dass das Pferd nicht bequem und mit entspanntem Unterkiefer arbeiten kann. Ein Sattel kann Schmerzen verursachen, wenn er auf den Widerrist drückt, wenn die Kammer nicht genügend Freiraum über dem Rückgrat lässt, wenn er auf die Schultern drückt oder insgesamt zu eng ist und kneift.

Ein gebrochener oder beschädigter Sattelbaum kann ebenfalls Probleme verursachen und muss auf jeden Fall gerichtet werden, bevor der Sattel wieder benutzt werden darf. Schlecht oder ungleichmäßig gepolsterte Sattelkissen können zu Druckstellen führen, und jeder der oben ausgeführten Punkte kann der Grund dafür sein, dass das Pferd mit den Zähnen knirscht. Lassen Sie sich von einem kompetenten Sattler beraten, was die Reparatur oder ggf. einen kompletten Austausch des Sattels betrifft.

Wie man sieht, kann Zähneknirschen viele, u. U. nicht gleich ersichtliche Gründe haben. In diesem Fall fragen Sie am besten einen erfahrenen Ausbilder um Rat, wie Sie im besten vorgehen.

Kapitel 5

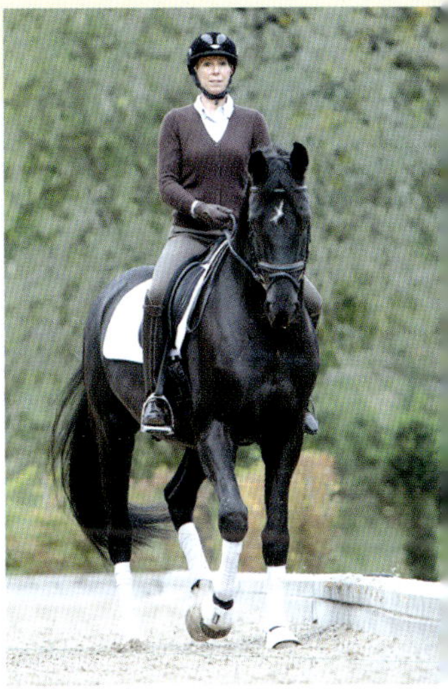

PROBLEME IN DEN SEITENGÄNGEN

VORHANDWENDUNG

Zweck

- Eine Vorhandwendung ist eine Grundlektion, bei der das junge Pferd lernt, dem Schenkel zu weichen.
- Außerdem dient sie dazu, einen Neuling in das Konzept der Seitengänge einzuführen.
- Da die Übung im Halten ausgeführt wird, hat sie wenig gymnastischen Wert. Ist die Bewegung erst einmal verstanden, sollte sie nicht zu oft geübt werden. Wir gehen dann weiter zu anspruchsvolleren Lektionen.

Hilfen zur Vorhandwendung

- Das Pferd steht geschlossen und bleibt aufmerksam an den Hilfen.
- Nehmen Sie den inneren Zügel an, um das Pferd leicht von der Richtung der Wendung weg zu stellen.
- Der innere Schenkel am Gurt (oder, wenn das Pferd nicht gleich versteht, etwas hinter dem Gurt) drückt die Hinterhand Schritt für Schritt ruhig herum, sodass das innere Hinterbein vor dem äußeren übertritt. Das Pferd darf nicht eilen.
- Der Reiter bleibt aufrecht m Sattel sitzen, und der äußere Zügel hält weichen Kontakt, damit das Pferd während der Wendung nicht vortritt. Es soll sich um das innere Vorderbein drehen.

- Der äußere Schenkel bleibt am Gurt und verhindert ein Zurücktreten.
- Gewöhnlich wird eine Vorhandwendung zu einem Viertel (90 Grad) oder zu einer Hälfte (180 Grad) ausgeführt.

Probleme in der Vorhandwendung

1. Tritt in der Wendung nach vorn

Anstatt sich um das innere Vorderbein zu drehen, tritt das Pferd vor.

Lösungen

a Das junge Pferd versteht vielleicht nicht, dass es sich vom Schenkel wegbewegen soll.

- Die Vorhandwendung dient gewöhnlich als Einführung in die Seitengänge. Bis jetzt war der Schenkeldruck für das junge Pferd nur das Zeichen zum Vorwärtsgehen, es versucht mit diesem Fehler also vielleicht nur, dem Reiter gefällig zu sein.
- Haben Sie Geduld und lassen Sie dem Pferd Zeit zu verstehen, damit es sich nicht verspannt. Geben Sie ruhig die Hilfen erneut und seien Sie fürs Erste mit einem oder zwei Schritten zufrieden. Loben Sie das Pferd und wiederholen Sie die Übung an einer anderen Stelle.
- Versuchen Sie, das Pferd so dicht wie möglich mit dem Kopf zur Wand anzuhalten, um es vom Vorwärtsgehen abzuhalten.

Haben Sie Geduld und lassen Sie dem Pferd Zeit zu verstehen, damit es sich nicht verspannt.

b Es kann aber vielleicht auch vortreten, weil der äußere Zügel nicht verhaltend genug angenommen ist. Das heißt nicht, dass Sie ziehen sollen, sondern dass Sie für eine Anlehnung wie im Halten sorgen sollen.

- Sobald der innere Schenkel seitwärts treibend eingesetzt wird, besteht die erste Reaktion des Pferdes darin, dass es vortritt. Wenn es merkt, dass der äußere Zügel dies nicht zulässt, nimmt es die zweite Option und weicht dem Schenkeldruck zur Seite aus.

c Fällt der Reiter im Sattel nach vorn, kann die Gewichtsverschiebung das Pferd aus dem Gleichgewicht bringen und es zum Vortreten veranlassen. Es ist wichtig, still sitzen zu bleiben und das Pferd nicht zu stören.

d Um mit dem inneren Hinterbein nicht übertreten zu müssen, kann das Pferd vorzutreten versuchen.

- In diesem Fall kann es hilfreich sein, das Pferd so dicht wie möglich mit dem Kopf zur Wand anzuhalten. Die Nähe der

Wand kann es vom Vortreten abhalten und erlaubt es dem Reiter, die Wendung auch ohne stärkeren Zügeleinsatz auszuführen.

- Das Vortreten kann auch dazu führen, dass das Pferd über die äußere Schulter ausfällt. Um dies zu verhindern, begrenzt der äußere Zügel den Grad der Halsstellung. Je mehr Halsstellung wir zulassen, desto wahrscheinlicher entzieht sich das Pferd über die äußere Schulter. Denken Sie daran, dass nur eine geringe Stellung entgegen der Bewegungsrichtung zulässig ist.

2. Tritt in der Wendung zurück

Das Pferd soll nicht zurücktreten, sondern sich um den inneren Vorderfuß drehen.

LÖSUNGEN

a Wenn das Pferd zurücktritt, ist vielleicht der Zügelkontakt zu streng. Der Ausbilder muss den Reiter daran erinnern, eine stetige, aber leichte Anlehnung aufrechtzuerhalten, um das Vertrauen des Pferdes zu stärken.

Eine stetige, aber leichte Anlehnung aufrecht erhalten, um das Vertrauen des Pferdes zu stärken.

b Vielleicht unterstützt der äußere Schenkel das Pferd in der Wendung nicht ausreichend. Er sollte das Pferd am Platz halten, während es sich um den inneren Vorderfuß dreht. Zwischen den seitwärts treibenden und den »am Platz haltenden« Hilfen muss ein Gleichgewicht bestehen.

3. Innerer Hinterfuß tritt nicht über

Bei der Vorhandwendung tritt das innere Hinterbein wie beim Schenkelweichen vor dem äußeren Hinterbein über.

LÖSUNGEN

a Ein faules oder lethargisches Pferd kann das innere Hinterbein neben dem äußeren Hinterbein absetzen, anstatt überzutreten. Versuchen Sie, die innere Schenkelhilfe durch ein Antippen mit der Gerte zu verstärken.

- Sie können auch einen energischen Trab oder Galopp reiten, zum Halten durchparieren und die Hilfen zur Vorhandwendung geben. Dadurch erhöht sich die Aufmerksamkeit des Pferdes auf die Hilfen, und es tritt wie gewünscht über.

b Einem steifen oder kraftlosen Pferd kann das Übertreten schwerfallen. Wir können ihm dadurch helfen, dass wir die Übung zu einer Wendung um die Vorhand herum abwandeln.

- Anstatt anzuhalten und dann die Hinterhand herumzuschieben, kommen wir nur fast zum Stehen und geben dann die üblichen Hilfen. Dem Pferd fällt es so leichter, die Hinterhand zu mobilisieren und mit dem inneren Hinterfuß vor dem äußeren überzutreten.
- Der Preis, den wir bei dieser Art Wendung um die Vorhand in Kauf nehmen müssen, besteht darin, dass das Pferd sich ein wenig nach vorn bewegt, anstatt sich um den inneren Vorderfuß zu drehen. Dies ist als Kompromiss zu betrachten, bis das Pferd so locker geworden ist, dass es eine normale Vorhandwendung ausführen kann.

Vorschläge zur Korrektur

- Reiten Sie die Mittellinie entlang. Kommen Sie bei G fast zum Halten und treiben Sie die Hinterhand mit dem inneren Schenkel herum. Versuchen Sie mit weichen halben Paraden am äußeren Zügel die Vorwärtsschritte auf ein Minimum zu begrenzen, damit die Wendung nicht so groß gerät, dass das innere Hinterbein nicht mehr übertritt. Reiten Sie bei D eine weitere Wendung um die Vorhand. Wiederholen Sie die Übungen auf beiden Händen, bis das Pferd anfängt, sich loszulassen.
- Alternativ können Sie auf einen 20 m-Zirkel um X gehen. Beim Erreichen der Mittellinie reiten Sie jeweils eine Wendung um die Vorhand, und zwar schieben Sie mit dem inneren Schenkel die Hinterhand nach außen, bis Sie sich um 180 Grad gedreht haben und auf der anderen Hand zurück auf den Zirkel gehen können. Sobald Sie nun wieder die Mittellinie erreichen, reiten Sie erneut eine Wendung um die Vorhand und wechseln dabei die Hand.

Diese Übung ist auch für die Vorhandwendung geeignet.

c Es kann vorkommen, dass das innere Hinterbein zwar übertritt, aber hinter dem äußeren Hinterbein. Der äußere Zügel darf nicht zu stark anstehen und der äußere Schenkel muss als treibende Hilfe so spürbar am Pferd liegen, dass dieses mehr nach vorn als nach hinten denkt.

d Zur Vorbereitung auf die Vorhandwendung gehört ein geschlossenes Halten an den Hilfen, sodass das Pferd geistig und körperlich bereit ist, jeder Aufforderung Folge zu leisten.

- Überprüfen Sie die Vorbereitung. Ist das Halten nicht geschlossen, kann kein Pferd die Übung korrekt ausführen. Hat etwa das Pferd so angehalten, dass das innere Hinterbein hinter dem äußeren Hinterbein steht – wie soll es dann noch korrekt übertreten können?
- Wenn das Pferd auf einem Hinterbein ruht, muss der Reiter es mit dem entgegengesetzten Schenkel erst wieder dazu bringen, sich gleichmäßig auf alle vier Beine zu stellen. Am Anfang der Übung muss ein geschlossenes Halten stehen, bei dem das Gewicht gleichmäßig auf alle vier Beine verteilt ist.

4. Pferd wirft in der Wendung den Kopf hoch

Das Pferd muss während der Vorhandwendung an den Hilfen bleiben.

Lösung
Wenn wir annehmen, dass das Pferd am Gebiss stand, bevor die Wendung eingeleitet wurde, dann liegt es wahrscheinlich daran, dass der Reiter den Zügel zu stark angenommen und am Gebiss gezogen hat. Er muss eine weichere Anlehnung anstreben und den Zügel leicht vibrierend einsetzen, anstatt zu ziehen. Die Hände dürfen sich nicht in Richtung Oberkörper des Reiters bewegen, sondern bleiben über dem Widerrist stehen

Schenkelweichen

Allgemein

- Da für das Schenkelweichen keine Versammlung erforderlich ist, eignet es sich besonders für junge oder unerfahrene Pferde und ist üblicherweise die erste Seitwärtslektion mit einer Vorwärtsbewegung.
- Das Pferd bewegt sich vorwärts-seitwärts, die inneren Gliedmaßen kreuzen vor den äußeren.
- Während des Schenkelweichens bleibt das Pferd praktisch gerade, mit einer ganz leichten Stellung entgegen der Bewegungsrichtung.

Zweck

- Das Pferd lernt, sich seitwärts zu bewegen, ohne dabei Takt und Gleichgewicht zu verlieren.
- Hinterhand und Brustkorb werden geschmeidiger.

Hilfen zum Schenkelweichen

- Im Schenkelweichen nach links von der Mittellinie zum äußeren Hufschlag ist das Pferd leicht zur Mittellinie hin gestellt, rechter Zügel und rechter Schenkel des Reiters sind die inneren Hilfen.
- Das Pferd soll sich nahezu parallel zur Wand vorwärts-seitwärts in Richtung Hufschlag bewegen.
- Zur Vorbereitung geben Sie eine halbe Parade, nehmen die innere Schulter leicht zurück und belasten so den inneren Gesäßknochen. Der innere Schenkel, am oder ganz leicht hinter dem Gurt, treibt das Pferd seitwärts, sodass die inneren Vorder- und Hinterbeine vor den äußeren kreuzen.
- Der äußere Zügel reguliert mittels halber Paraden die Halsstellung und das Tempo.
- Der äußere Schenkel am Gurt gibt dem Pferd Halt und sorgt dafür, dass der Takt erhalten bleibt. Bei jedem Seitengang kommt es darauf an, dass Tempo und Takt unverändert wie beim Geradeausreiten erhalten bleiben.
- Mit dem inneren Zügel wird das Pferd so weich wie möglich leicht entgegen der Bewegungsrichtung gestellt.
- Schenkelweichen kann im Schritt, im Trab und im Galopp (wobei die Beine nicht kreuzen) geritten werden, entweder an der langen Seite, von Linie zu Linie oder im Zirkelvergrößern.

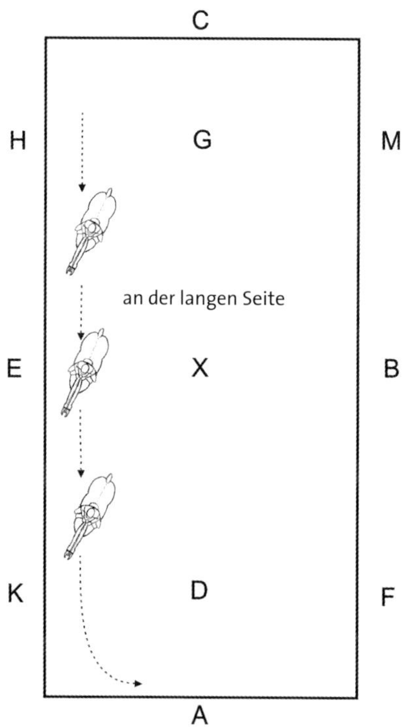

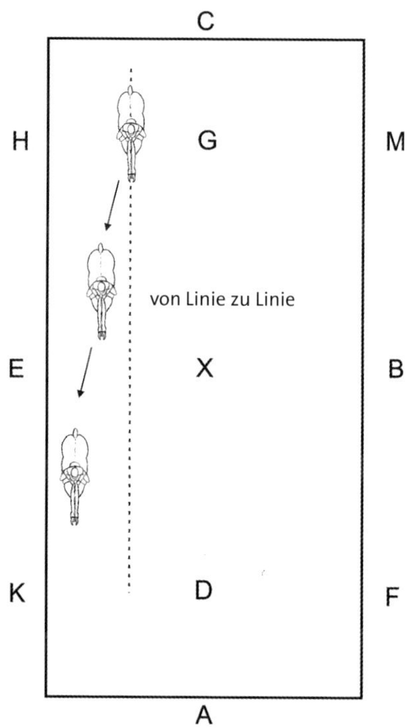

Probleme beim Schenkelweichen

1. Weicht dem Schenkel nicht

Lösungen

Eine verzögerte Reaktion auf die seitwärts treibende Hilfe kann auf ein Timing-Problem des Reiters zurückgehen. Am wirkungsvollsten ist die Schenkelhilfe, wenn sie beim Abfußen des gleichseitigen Hinterfußes gegeben wird

- Wenn Sie damit Schwierigkeiten haben, versuchen Sie zu spüren, wann Ihr rechter Gesäßknochen vom rechten Hinterfuß des Pferdes hoch- und nach vorn gehoben wird.
- Das bedeutet, dass der rechte Vorderfuß in der Luft und kurz vor dem Aufsetzen ist, während der linke Hinterfuß gerade abfußen will. Dies ist der richtige Moment, den linken Schenkel einzusetzen und damit Einfluss darauf zu nehmen, wo der linke Vorderfuß abgesetzt wird.
- Mit anderen Worten: Das Pferd kann auf Ihre Schenkelhilfe nur reagieren, wenn der entsprechende Hinterfuß gerade abfußt, nicht wenn er noch am Boden ist!

  Reagiert ein Pferd nur minimal auf die seitwärts treibende Hilfe, kann dies daran liegen, dass es seitlich steif ist.

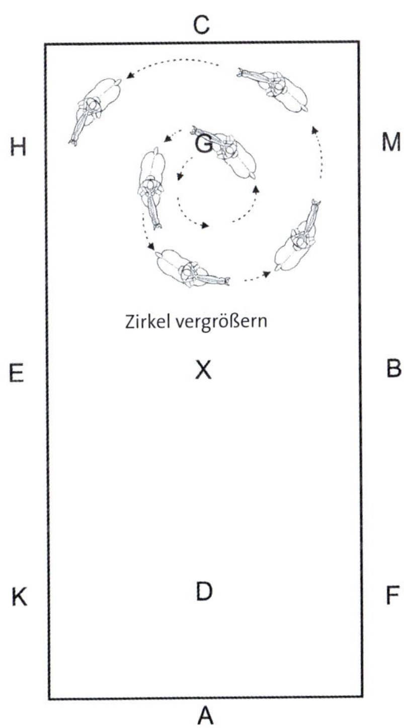

Die Zeichnungen auf dieser und der gegenüberliegenden Seite illustrieren die drei Arten von Schenkelweichen:
Am Hufschlag an der langen Seite, von Linie zu Linie oder Zirkel vergrößern.

Vorschläge zur Korrektur

- Versuchen Sie dem Pferd die Übung leichter zu machen, indem Sie nur wenige Tritte verlangen oder im Schenkelweichen von einem 10 m- zu einem 20 m-Zirkel reiten. Den Zirkel zu vergrößern fällt dem Pferd leichter, es ist dann eher bereit, dem Schenkel zu weichen.
- Soll das Pferd am Hufschlag dem Schenkel weichen, stellen Sie es ganz leicht ab und erleichtern ihm damit die Ausführung.
- Eine Hilfe kann es auch sein, das Pferd im Schritt auf der Diagonalen dem Schenkel weichen zu lassen und bei Erreichen der zweiten Dreiviertellinie eine halbe Wendung um die Vorhand (siehe diese) zu reiten, um das Überkreuzen zu verstärken. Dann im Schenkelweichen zurück bis fast zum Anfang, dann erneut eine Wendung um die Vorhand und so weiter. Wird diese Übung auf beiden Händen einige Male wiederholt, sollten die Pferdebeine verstärkt überkreuzen, und die Hinterhand sollte lockerer werden.
- Ist das Pferd überhaupt träge, reitet man eine Reihe von auf- und absteigenden Übergängen, um es besser an die Hilfen zu bringen.

2. Fällt über die äußere Schulter

Lässt der Reiter zuviel Halsbiegung nach innen zu, fällt das Pferd über die äußere Schulter und tritt so gut wie gar nicht über.

Lösungen

a Wiederholte kurze halbe Paraden am äußeren Zügel sorgen dafür, dass das Pferd in Hals und Körper gerade bleibt. Dann tragen die Seitwärtstritte auch dazu bei, das Pferd insgesamt durchlässiger zu machen.

- Behalten Sie den Vorwärtsimpuls bei, sodass die Übung sowohl vorwärts als auch seitwärts wirkt. Geht die Aktivität verloren, kann das Pferd seitwärts auf die Schulter fallen, und dann ist das Schenkelweichen zu nichts mehr nütze.

b Ein schief sitzender Reiter, der in der Hüfte nach innen einknickt, kann ebenfalls der Grund sein, weshalb ein Pferd auf die äußere Schulter fällt.

- Versuchen Sie, im Schenkelweichen die innere Schulter nach hinten-oben zu bringen, und denken Sie auch daran, den inneren Schenkel nach unten zu dehnen. Der Reiter darf nicht im Sattel herum- und nach außen rutschen, denn dies würde das Pferd aus dem Gleichgewicht bringen.

Schulterherein

Allgemein

- Als nächster Seitengang wird üblicherweise das Schulterherein gelehrt, eine Bewegung auf zwei Hufschlägen. Im Gegensatz zum Schenkelweichen ist das Pferd vom Schweif bis zum Genick gleichmäßig um den inneren Schenkel des Reiters gebogen.
- Die Vorhand wird etwas vom Hufschlag abgestellt, die Hinterbeine bleiben auf dem Hufschlag.
- Daraus entsteht eine Bewegung auf drei Hufspuren: Das innere Vorderbein bewegt sich auf der ersten, inneres Hinterbein zusammen mit dem äußeren Vorderbein auf der zweiten und das äußere Hinterbein auf der dritten Hufspur.
- Ein sehr durchlässiges Pferd kann sich auch auf vier Hufspuren bewegen, aber für Dressurprüfungen ist dies nicht erforderlich.
- Die Pferdenase bleibt auf einer Linie mit der Mitte der Pferdebrust.
- Im Training kann Schulterherein auf einer Geraden oder auf dem Zirkel geritten werden, was nützlich sein kann, wenn das Pferd die Übung an der langen Seite vorwegnimmt und durchzuhasten versucht.

Zweck

- Aktivierung des inneren Hinterbeins
- Freimachen der Vorhand
- Kontrolle über die Pferdeschultern zu gewinnen und dem Reiter damit ein Hilfsmittel gegen die Schiefe an die Hand zu geben.
- Schultervor ist mit dem Schulterherein verwandt, das Pferd ist jedoch nicht gebogen und nur leicht vom Hufschlag abgestellt.
- Kann im Schritt, Trab oder Galopp geritten werden.

Hilfen zum Schulterherein

- Sitz, Schenkellage und Zügelhaltung sind dieselben wie beim Reiten eines 10 m-Zirkels. Bleiben Sie aufrecht und drehen Sie, um das Pferd nach innen zu biegen, den Oberkörper so, dass Ihre Schultern parallel zu denen des Pferdes stehen. Dadurch nähert sich der äußere Zügel am Widerrist der äußeren Halsseite des Pferdes.
- Der innere Schenkel am Gurt sorgt für Schwung und treibt des Pferd seitwärts den Hufschlag entlang.
- Der äußere Schenkel liegt passiv etwas hinter dem Gurt und verhindert, dass das Pferd sich der Biegung entzieht, indem es mit

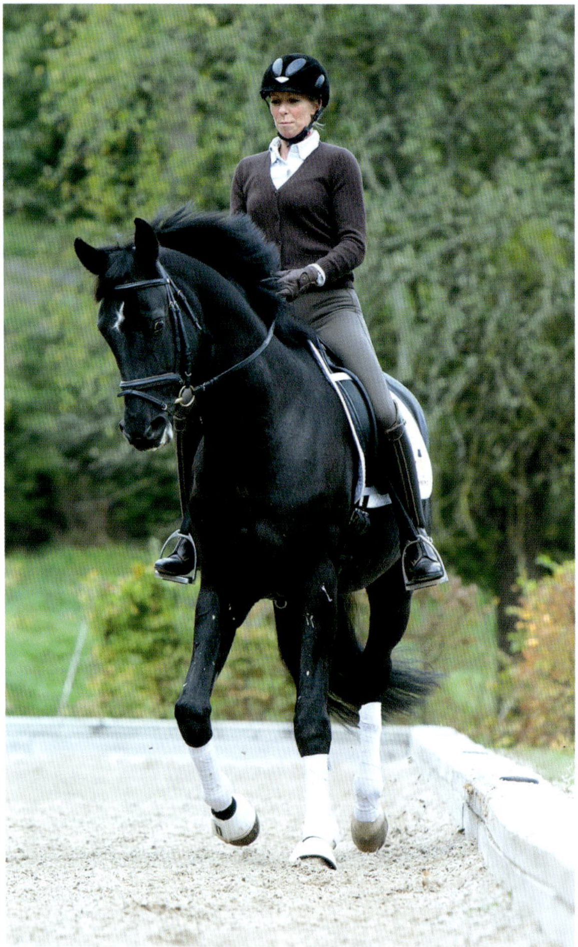

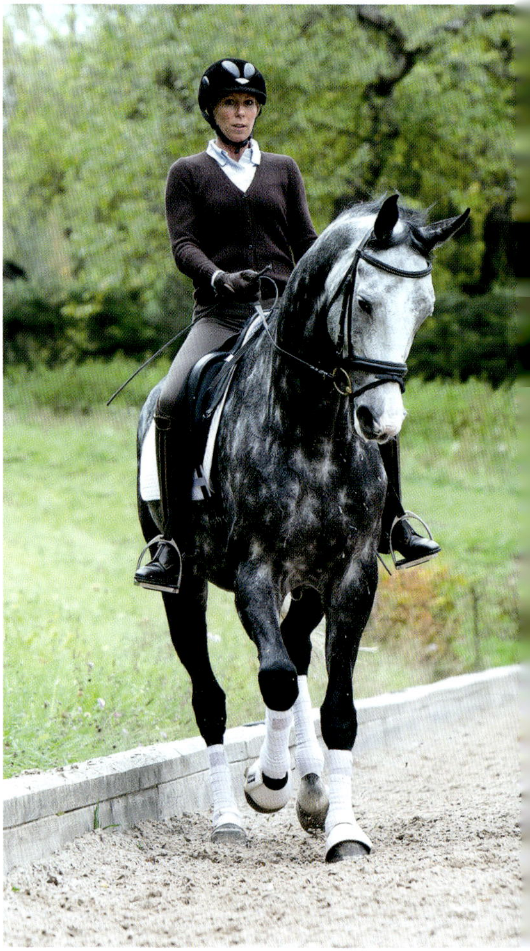

Oben und gegenüberliegende Seite: Alle Bilder zeigen ein korrektes Schulterherein, sowohl auf Trense wie auf Kandare geritten. In den Ansichten von vorn ist zu sehen, dass die Pferdenase jeweils mit der Mitte der Pferdebrust auf einer Linie liegt, während die Ansicht von hinten zeigt, dass sich inneres Hinter- und äußeres Vorderbein auf ein und derselben Hufspur bewegen.

der Hinterhand nach außen ausweicht. Sobald der Reiter merkt, dass das Pferd mit der Hinterhand auszuweichen versucht, wird der äußere Schenkel aktiv zur Korrektur eingesetzt.

- Der äußere Zügel reguliert Tempo und Halsbiegung und bringt die Vorhand vom Hufschlag nach innen.
- Der innere Zügel zeigt die Halsbiegung nach innen an.

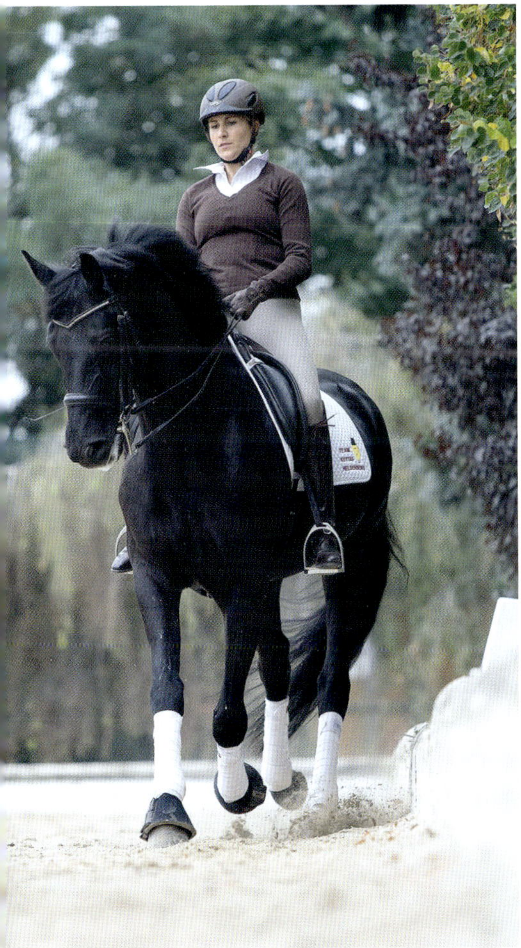

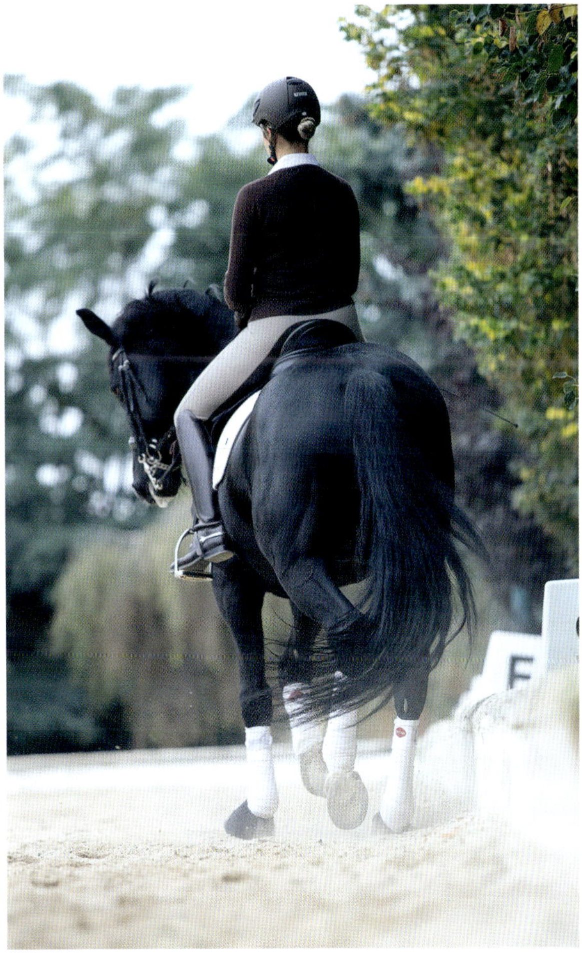

Probleme beim Schulterherein

1. Nur der Hals ist nach innen gebogen, die Vorhand bleibt auf dem Hufschlag.

Lösungen

a Das Problem liegt vielleicht beim inneren Zügel. Die Vorhand kann nicht vom inneren Zügel allein nach innen gebracht werden, sondern von einer Kombination von Sitz, Gewicht, Schenkeln und beiden Zügeln, genau wie bei einem korrekt gerittenen Zirkel.

b Lässt der Reiter den äußeren Zügel los, wenn das Pferd das Schulterherein noch nicht beherrscht, kann es sein, dass die Hufe auf dem Hufschlag bleiben und nur Hals und Kopf sich

Das Schulterherein auf vier Hufspuren beweist die Durchlässigkeit und Geschmeidigkeit des Pferdes, wäre ohne die Längsbiegung jedoch nicht mehr als ein ungewolltes Schenkelweichen.

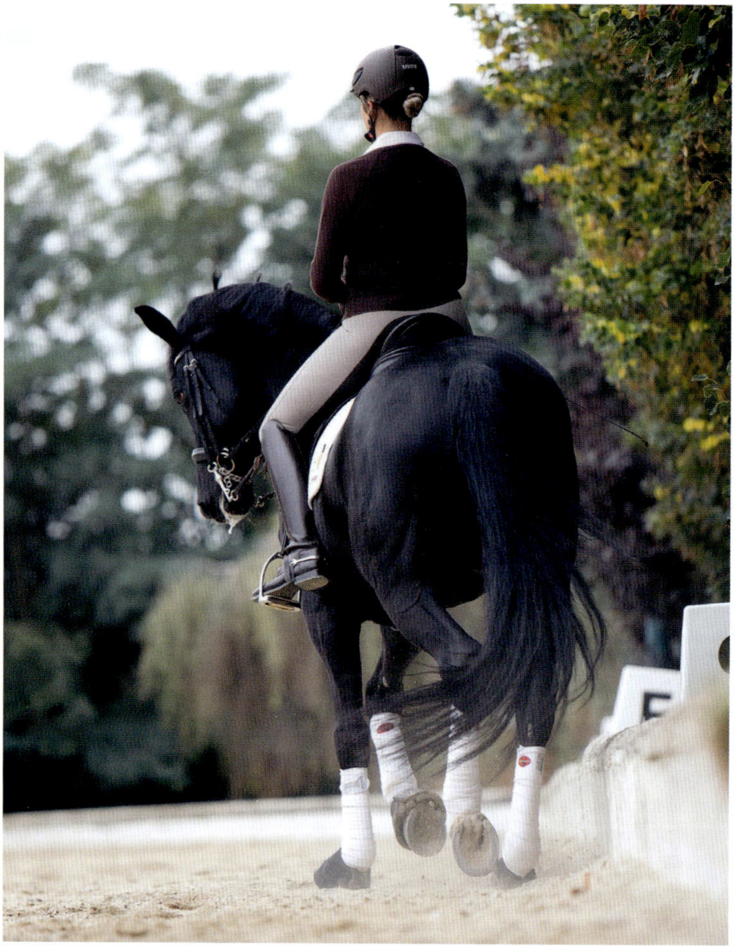

nach innen wenden. (Beherrscht das Pferd die Übung sicher, muss es möglich sein, sowohl den äußeren wie den inneren Zügel für ein paar Schritte hinzugeben und wieder aufzunehmen, um die Selbsthaltung des Pferdes zu demonstrieren.) Bis dahin braucht das Pferd die Unterstützung durch den äußeren Zügel, der die Halsbiegung begrenzt und gleichzeitig dazu beiträgt, die Vorhand vom Hufschlag weg nach innen zu bringen.

c Manchmal fängt das Schulterherein gut an, aber der Reiter verliert nach wenigen Tritten die Kontrolle über die äußere Schulter, und die Vorhand wandert zurück auf den Hufschlag. Dies trifft umso mehr zu, wenn das Pferd auf seiner weichen oder schiefen Seite gearbeitet wird, weil es dann zu vermeiden versucht, mit dem schwächeren Hinterbein Last aufzunehmen.

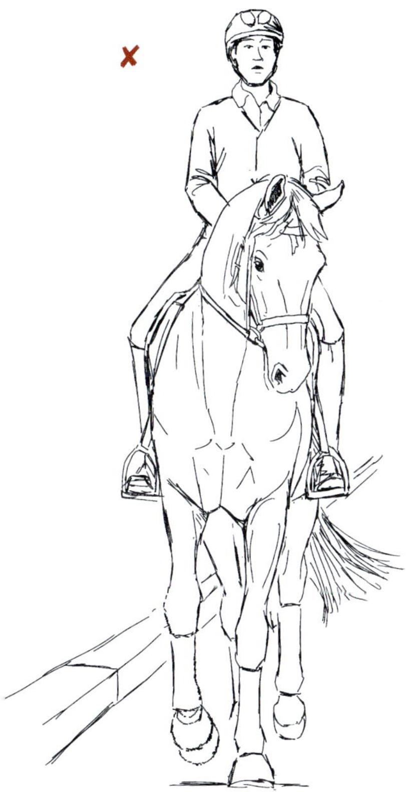

Links: Nur der Hals ist nach innen gebogen, die Vorhand bleibt auf dem Hufschlag.

Rechts: Wird ein Pferd auf seiner schiefen Seite gearbeitet, versucht es vielleicht, den Reiter nach außen zu setzen und dadurch die Lastaufnahme auf die schwächere Hinterhand zu vermeiden. Der Reiter muss jedoch in der Mitte des Sattels bleiben und den inneren Bügel austreten, damit das Pferd sich unter dem Mittelpunkt des Reiters ausbalanciert.

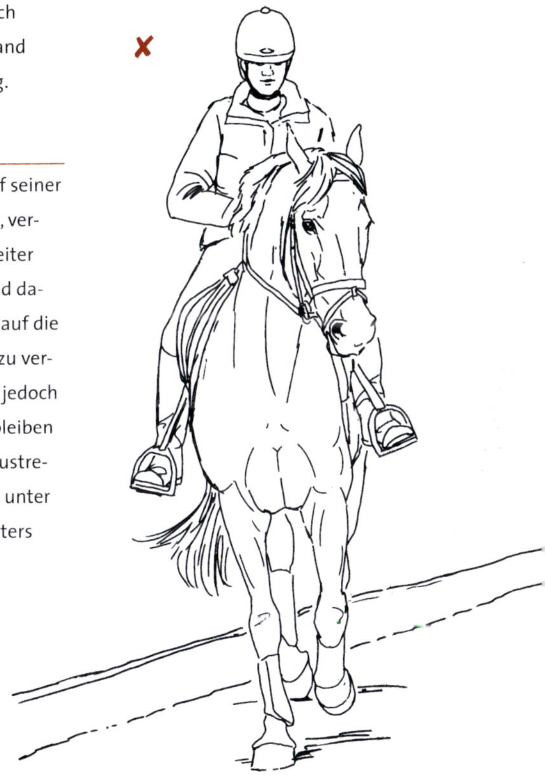

2. Reiter wird nach außen gesetzt, Winkel variiert

Vorschläge zur Korrektur

- Reiten Sie Schultervor – d. h. bringen Sie die Vorhand etwa eine Hufbreite vom Hufschlag weg nach innen, halten Sie das Pferd aber gerade. So können Sie das Pferd besser im Gleichgewicht und die Vorhand unter Kontrolle halten.
- Eine Lektion für Fortgeschrittene besteht in einigen Tritten im Renvers, dann halbe Parade und Wechsel zum Schulterherein. Bei Schwierigkeiten mit der Kontrolle der Vorhand wechseln Sie wieder zum Renvers und so weiter.
- Durch das Renvers verbessert sich der Einfluss des Reiters auf die Position der Vorhand und der inneren Schulter. Wenn wir zum Schulterherein wechseln, wird die früher innere zur neuen äußeren Schulter, und dies gibt dem Reiter Gelegenheit, die Übung korrekt und mit einem besser ausbalancierten Pferd auszuführen.

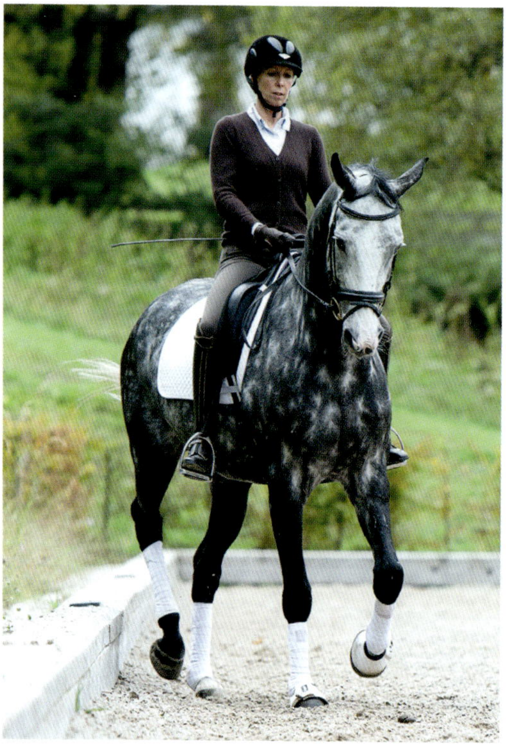
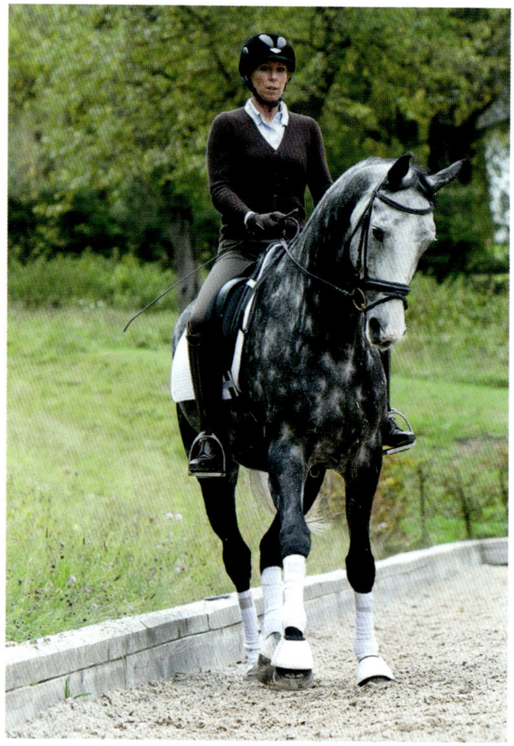

Vom Renvers zum Schulterherein: Die beiden Fotos illustrieren eine gute Übung zur Kontrolle der Vorhand im Schulterherein. Damit lässt sich auch der Gehorsam auf die Hilfen verbessern und die Durchlässigkeit demonstrieren.

3. Zu viel Abstellung

Lösungen

a Schuld daran kann sein, dass die vorbereitende halbe Parade zu spät gegeben wurde. Soll die Übung aus einem 10 m-Zirkel heraus geritten werden, muss die halbe Parade kurz vor Vollendung des Zirkels gegeben werden, damit der Reiter Zeit hat, das Pferd mit dem inneren Schenkel mit leichter Abstellung die lange Seite entlang zu treiben. Erfolgt die halbe Parade, nachdem das Pferd den 10 m-Zirkel vollendet hat, bleibt ihm keine Zeit mehr zu reagieren, und es denkt vermutlich, dass es erneut auf den Zirkel gehen soll. Wenn dann die Hilfen zum Schulterherein gegeben werden, hat es bereits zu viel Abstellung, ist der Winkel zu groß.

b Ein in den Seitengängen noch unerfahrener Reiter kann sich im Winkel der Abstellung verschätzen und zu viel verlangen. Das Pferd kommt aus dem Gleichgewicht, und das Resultat ist ein fehlerhaftes Schenkelweichen.

c Bei einem korrekten Schulterherein tritt das innere Hinterbein gut unter den Schwerpunkt des Pferdes und nimmt vermehrt Last auf. Wird der Winkel der Abstellung zu groß, kann der innere Hinterfuß am Schwerpunkt vorbeitreten und außerhalb des Pferdekörpers auffußen – die Hinterhand verliert ihre Unterstützung. Ergebnis: Mit zufällig herausgestellter Hinterhand »fällt« das Pferd mehr seitwärts, als dass die Schultern planvoll und ausbalanciert nach innen geführt werden.

- Beherzigen Sie in solchen Fällen das Motto »Weniger ist mehr« und reiten Sie mit wenig Abstellung. Überprüfen Sie im Spiegel (falls vorhanden), ob der äußere Vorderfuß mit dem inneren Hinterfuß auf einer Linie liegt. Stehen keine Spiegel zur Verfügung, bitten Sie jemanden mit einem guten Auge, Ihnen vom Boden aus dabei behilflich zu sein, das richtige Gefühl dafür zu entwickeln.

d Manchmal beginnt die Übung gut, wird aber nach ein paar Tritten schlechter. Entweder ist das Pferd zu viel abgestellt, oder die Schultern wandern zurück auf den Hufschlag.

- Dies steht oft in Verbindung mit einem schlecht ausbalancierten Reiter, der nicht tief und ruhig, mit geschmeidigem Kreuz im Sattel sitzt. Er kann das Pferd stören, und das kann dazu führen, dass sich der Winkel der Abstellung im Schulterherein immer wieder verändert.
- Es kann von Nutzen sein, wenn der Reiter die Übung im Schritt zu Fuß abgeht, um sein Timing und die Hilfengebung koordinieren zu lernen, damit das Pferd versteht, was von ihm verlangt wird.
- Sieht der Ausbilder dagegen, dass es das Pferd ist, das mit seinem Gleichgewicht zu kämpfen hat, kann dies davon herrühren, dass der Reiter in diesem Moment zu stark treibt. Hier kann es hilfreich sein, den Trab zeitweilig zurückzuführen, bis Gleichgewicht, Takt und Losgelassenheit wieder hergestellt sind. Auch hier empfiehlt es sich, das Pferd vorerst nur mäßig abzustellen.

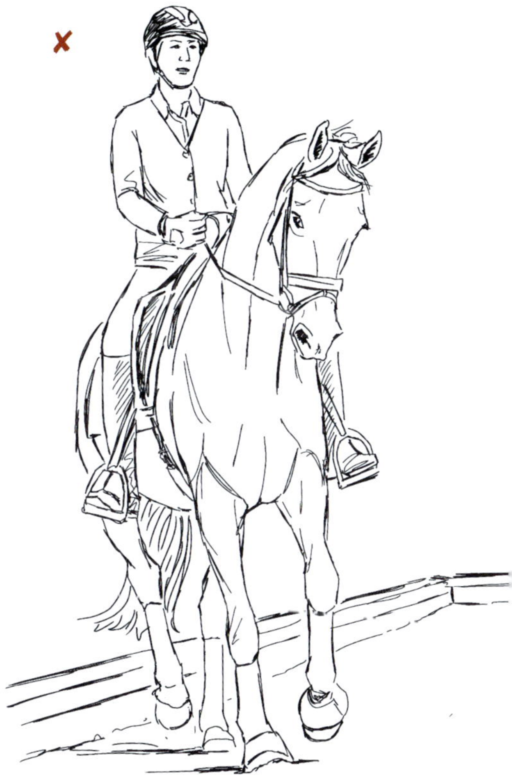

In welchem Winkel das Pferd im Schulterherein abgestellt wird, hängt vom Grad seiner Geschmeidigkeit ab. Fehlt es dem Pferd an Geschmeidigkeit, sollte es nur mäßig abgestellt werden.

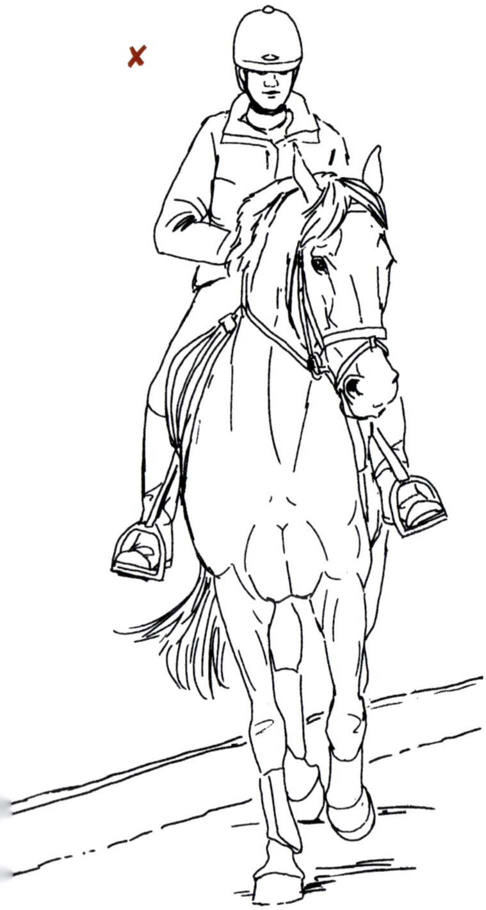

Hier geht das Pferd im Schulterherein über dem Zügel.

4. Das Pferd geht über dem Zügel

Lösungen

a Eine häufige Ursache ist zu starker Zügelkontakt, entweder an einem Zügel oder an beiden.

- Versuchen Sie es mit halben Paraden und damit, den stärker anstehenden Zügel loszulassen und wieder aufzunehmen. Wenn sich das Pferd daraufhin entspannt und weich den korrekten Rahmen einnimmt, sagt es uns damit, dass der Zügel zu stark angenommen war.

b Ist das Problem damit nicht gelöst, verlangen wir vielleicht zu viel Abstellung oder zu viele Tritte, besonders wenn das Pferd steif oder schwach ist.

- Reiten Sie in diesem Fall einige Schritte im Schulterherein mit geringerer Abstellung und gehen Sie daraus auf einen 10 m-Zirkel, um Gleichgewicht, Losgelassenheit und Biegung wiederherzustellen, bevor Sie das Schulterherein wieder aufnehmen. Alternativ können Sie auch nach einigen wenigen Schritten auf die Diagonale gehen und die Hand wechseln. Damit hat das Pferd eine bessere Chance, Kraft und Geschmeidigkeit zu entwickeln, ohne dass Sie ihm den falschen Weg zum Schulterherein weisen.

c Ein steifer Reiter, der schwer in den Sattel fällt, kann dazu führen, dass das Pferd den Rücken wegdrückt und sich verspannt, um das Unbehagen zu mildern.

- Traben Sie einmal leicht, um dies zu überprüfen. Entspannt sich das Pferd und arbeitet am Zügel, dann ist der Reiter im Aussitzen steif und schwingt nicht mit.
- Die Antwort heißt: Zurück zu den Grundlagen, Sitzkorrektur. Wir müssen im Kreuz, in der Lendenpartie beweglich sein, um richtig sitzen und harmonisch in der Bewegung des Pferdes mitschwingen zu können. Nur dann können wir erwarten, dass das Pferd über den Rücken geht und am Zügel bleibt.

Travers/Hinterhandherein

Allgemein

- Dieser Seitengang unterscheidet sich grundsätzlich vom Schulterherein und dem Schenkelweichen, weil sich das Pferd nun in die Bewegungsrichtung biegen soll. Dies erfordert mehr Durchlässigkeit, Biegung und Kraft in der Hinterhand.
- Zwar kreuzt das äußere Hinterbein über, aber es ist das innere, das mehr Last aufnehmen muss, weil das Gewicht von Reiter und Pferd zusammen sich seitwärts darüber bewegt.
- Wichtig ist, dass alle Gelenke der Hinterhand gebeugt werden und das Pferd gut untertritt, sodass es quasi »Gewicht hebt« und so Kraft aufbaut. Ist dies nicht der Fall, gleitet es nur zur Seite weg, ohne gymnastizierenden Effekt.
- Im Travers bewegt sich das äußere Hinterbein leicht nach innen von der Hufspur des inneren Vorderbeins weg. Äußeres Vorder- und äußeres Hinterbein kreuzen über inneres Vorder- und Hinterbein.
- Dadurch entsteht eine Bewegung auf vier Hufspuren.
- Wie bei allen Seitengängen wird das Pferd vor Erreichen der nächsten Ecke geradegerichtet.

Zwei Beispiele für Travers, einmal auf Trense, einmal auf Kandare geritten. Sie zeigen, dass die Vorhand auf dem Hufschlag und das Gesicht des Pferdes parallel zur Bande bleibt. Der äußere Schenkel schiebt die Hinterhand nach innen, sodass sich das Pferd mit einer Biegung nach innen auf vier Hufspuren bewegt. Beide Reiterinnen sitzen mit Position innen, die Schultern bleiben auf gleicher Höhe.

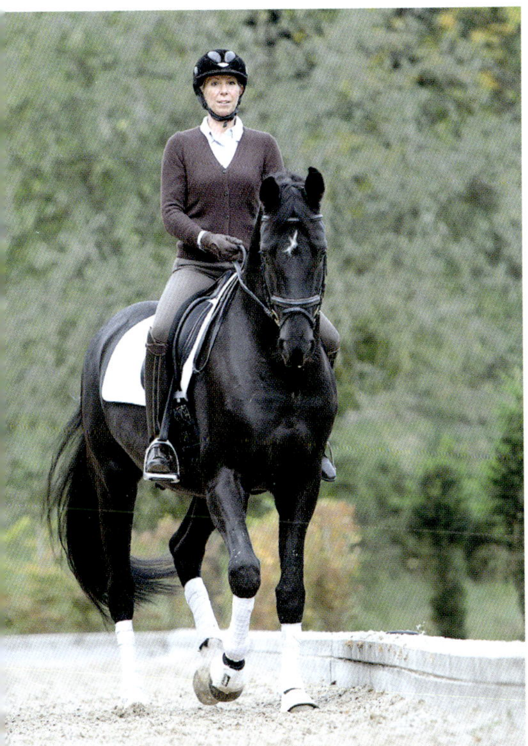

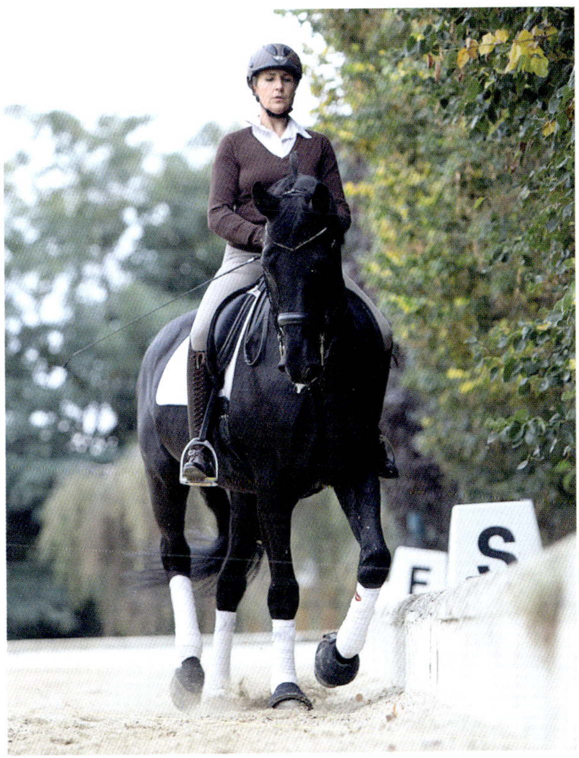

Hilfen zum Travers

- Zur Einführung bei Pferd und Reiter wird die Übung am besten zuerst im Schritt geritten, wenn auch der gymnastizierende Wert sich hauptsächlich im versammelten Trab einstellt.
- Die Position von Sitz, Schenkel und Zügel entspricht der auf einem 10 m-Zirkel.
- Beginnen Sie mit dem Travers entweder aus einem 10 m-Zirkel heraus oder sofort nach Durchreiten der Ecke vor der langen Seite.
- Das Pferd muss gelöst und rund sein und korrekt an den Hilfen stehen.
- Mit einer halben Parade bereiten Sie das Pferd mental und körperlich auf den Travers vor.
- Kopf und Hals des Pferdes sind geradegestellt, es blickt nach vorn, die Außenkante des Gesichts parallel zur Bande. Sie selbst sehen zwischen den Ohren hindurch nach vorne, in die Bewegungsrichtung.
- Der innere Schenkel bleibt am Gurt und sorgt dafür, dass Tempo und Takt erhalten bleiben.
- Der äußere Schenkel liegt etwas hinter dem Gurt und schiebt die Hinterhand vom Hufschlag nach innen, sodass das Pferd um Ihren inneren Schenkel gebogen ist.
- Halten Sie Ihre Schultern parallel zu denen des Pferdes und belasten Sie leicht vermehrt den inneren Gesäßknochen.

Mit anderen Worten: Wenn wir das Pferd biegen, sitzen wir entweder für eine Biegung nach rechts in Position rechts oder, für eine Biegung nach links, in Position links. Dies betrifft das Durchreiten von Ecken, das Reiten auf dem Zirkel oder beim Reiten von Seitengängen die geraden oder gebogenen Linien.
Ebenso trifft dies auf den Sitz im Galopp zu, denn im Galopp ist der Pferdekörper leicht in Richtung führendes Vorderbein gebogen.

- Weiche Paraden am äußeren Zügel helfen dabei, das Tempo zu regulieren und die äußere Schulter unter Kontrolle zu behalten.
- Richten Sie das Pferd nach ein paar Tritten wieder gerade und reiten Sie aus der Übung heraus.

Probleme mit dem Travers/Hinterhand-herein

1. Das Pferd weicht dem Schenkel nicht

Natürlich beschränkt sich dieses Problem nicht nur auf den Travers, sondern betrifft die Grundlagen der Ausbildung. Wenn ein neuer Seitengang eingeführt wird, kann es trotzdem vorkommen, dass das Pferd anfangs Widerstand leistet gegen die Schenkelhilfe.

LÖSUNGEN

a Haben Sie den Eindruck, dass das Pferd unaufmerksam ist, setzen Sie den Schenkel in einer Art »Hin-und-weg-Bewegung« ein. Durch die Wiederholung der Hilfe kann das Pferd besser verstehen, was Sie wollen.

- Auch leichtes Antippen mit der Dressurgerte an der Stelle, wo der äußere Schenkel das Pferd berührt, verstärkt die Schenkelhilfe.

b Zur Einführung in den Travers ist es für das Pferd eine Erleichterung, wenn Sie von einem 10 m-Zirkel aus starten, da dieser bereits für die erforderliche Biegung sorgt.

- Zwei Schritte, bevor Sie den 10 m-Zirkel vollenden, geben Sie zwei halbe Paraden, und wenn die Vorderbeine den Hufschlag erreichen, die Hinterhand aber noch einen Schritt davon entfernt ist, fordern Sie mit dem äußeren Schenkel den Travers. Da sich das Pferd bereits in der Travers-Stellung befindet, fällt es ihm leichter, die Aufgabe zu verstehen.
- Später sollte es gehorsam genug sein, um mit dem Travers von der Geraden aus zu beginnen.

2. Zu viel Halsbiegung

Im Travers sind Kopf und Hals des Pferdes auf die Gerade ausgerichtet, mit der Nase parallel zur Bande. Ein häufiger Fehler besteht darin, den inneren Zügel zu stark einzusetzen und den Pferdekopf nach innen zu ziehen, sodass das Pferd stattdessen zur Mittellinie schaut. Dies ist nicht nur unbequem für das Pferd, es kann auch zur Blockade des inneren Vorderbeins führen, sodass der Takt verloren geht.

LÖSUNG

Die Anlehnung muss leichter werden, sodass das Pferd sich sowohl vorwärts als auch seitwärts bewegen kann. Die Gänge des Pferdes sollen ja ausdrucksvoller werden, nicht kürzer und gebunden.

3. Zu viel Abstellung

Ist die Abstellung zu stark, der Winkel zu weit, können die Hinterbeine zu weit seitwärts treten, über den Schwerpunkt hinaus. Damit verliert die Bewegung die Funktion, die Hinterhand zu aktivieren.

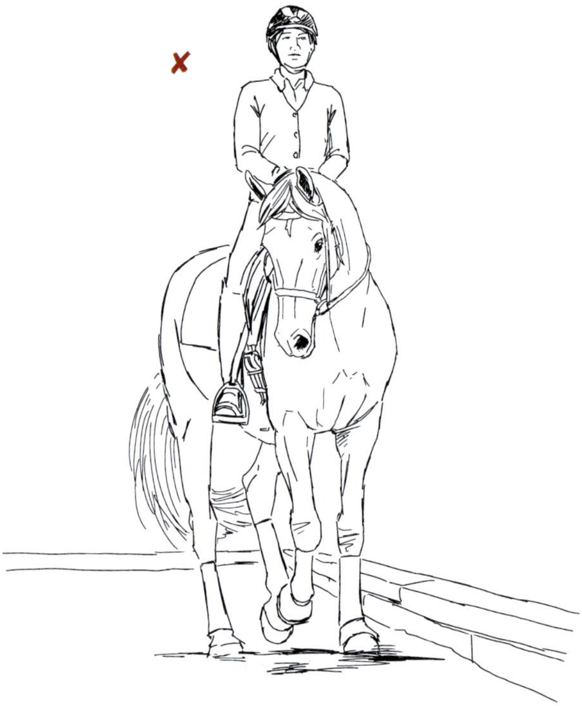

Travers, zu viel Halsbiegung.

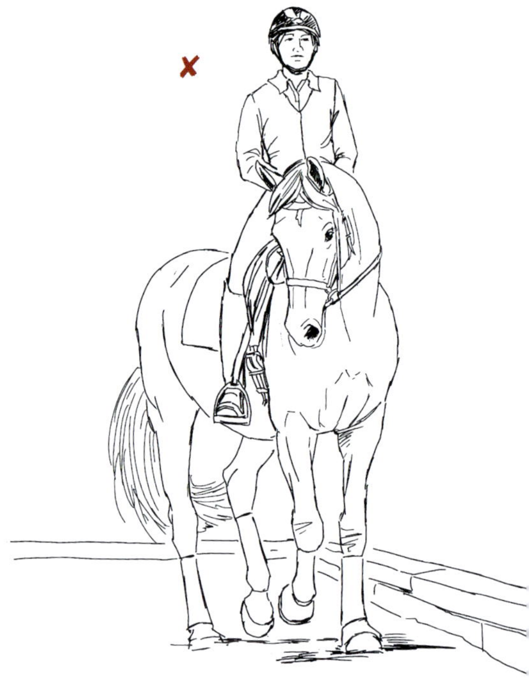

Travers, Reiterin knickt in der inneren Hüfte ein.

LÖSUNGEN

a Schuld daran kann ein Verlust an Energie sein (eher nicht genügend Vorwärtsaktivität als mehr Tempo). Der Reiter muss dafür sorgen, dass sein innerer Schenkel aktiv am Gurt einwirkt, damit die Balance zwischen Vorwärts- und Seitwärtsbewegung erhalten bleibt.

b Der äußere Zügel hält eine elastische Anlehnung, da es zu seinen Aufgaben gehört, den Grad der Halsbiegung zu kontrollieren. Ist der Hals gerader und das Pferd genügend aktiviert, sollte sich der Winkel der Abstellung verringern, und der Travers kann in korrekter Stellung ausgeführt werden.

4. Reiter knickt in der Hüfte ein/Abstellung nicht konstant

Wenn das Hinterbein des Pferdes übertritt, hebt sich die äußere Hüfte des Reiters mehr als üblich, und der Reiter muss darauf achten, nicht nach außen zu rutschen, besonders wenn er dazu neigt, den äußeren Schenkel hochzuziehen und in der inneren Hüfte einzuknicken.

Lösungen

a Stellen Sie sich im Geiste vor, den inneren Gesäßknochen vermehrt zu belasten, um einem möglichen Nach-außen-Rutschen zu begegnen. Das heißt nicht, dass Sie wirklich die Sitzbeinhöcker auf dem Sattel verschieben – stellen Sie es sich einfach nur vor.

b Der Reiter muss immer wieder daran erinnert werden, sich im Sattel groß zu machen, das innere Schlüsselbein anzuheben und den inneren Absatz weich durchzudrücken.

- Das äußere Bein liegt hinter dem Gurt, als ob es von der Hüfte aus einen kleinen Schritt nach hinten gemacht hätte, wobei der Absatz der tiefste Punkt bleibt. Innerer Gesäßknochen und Steigbügel sind vermehrt belastet.
- Fehlerhaft ist es, das äußere Bein aus dem Kniegelenk heraus nach hinten zu nehmen, weil sich dadurch der äußere Absatz nach oben zieht und man den Steigbügel verlieren kann, was den Sitz unsicher macht.
- Die Arbeit ohne Steigbügel würde helfen, den Sitz zu verbessern.

Renvers/Hinterhandheraus

Allgemein

Beim Renvers oder Hinterhandheraus handelt es sich um einen spiegelbildlichen Travers.

- Stellen Sie sich ein Schulterherein rechts vor: Die Hinterbeine sind auf dem Hufschlag, die Vorhand ein wenig auf dem zweiten Hufschlag. Das Pferd ist um den rechten Schenkel des Reiters gebogen. Im Renvers bleibt die Stellung des Pferdes dieselbe, nur dass das Pferd um den linken Schenkel des Reiters gebogen ist, der nun zum inneren Schenkel wird.
- Reitet man die Lektion Schulterherein zu Renvers, bleibt die Position von Körper und Beinen des Pferdes dieselbe, nur die Biegung wird umgekehrt.

Zweck

- Renvers ist eine ausgezeichnete Übung, um die Hanken des Pferdes biegsamer zu machen und zu stärken. An der langen Seite ausgeführt, erhält die Hinterhand Unterstützung durch die Bande.
- Renvers ist sehr gut geeignet zur Bestärkung der seitlichen Biegung.
- Es kann im Schritt, Trab oder Galopp geritten werden.

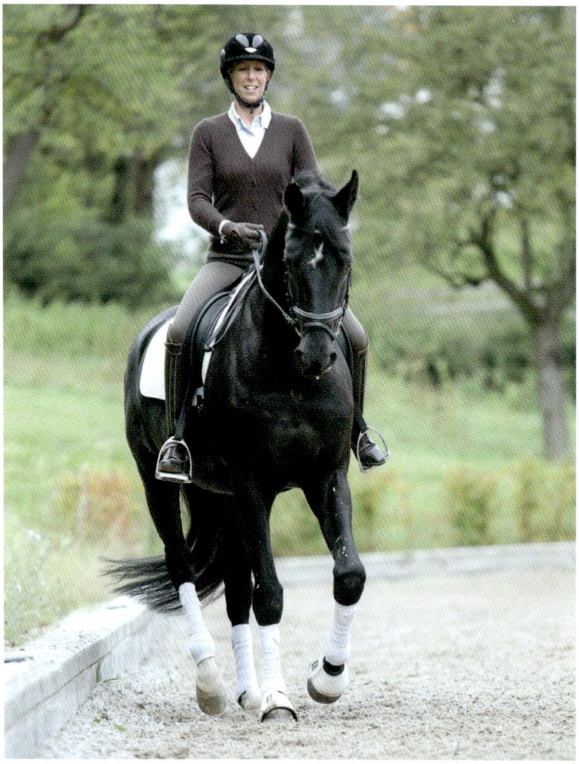

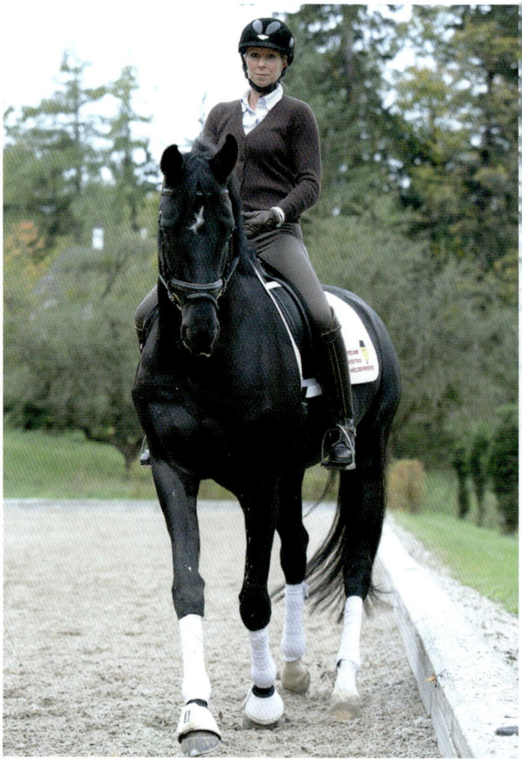

Links, rechts und gegenüberliegende Seite: Renvers, gezeigt auf Trense und auf Kandare sowie von vorne und von hinten zur Illustrierung der korrekten Position.

Hilfen zum Renvers/Hinterhandheraus

- Stellen Sie sich vor, Sie reiten auf der rechten Hand aus der zweiten Ecke der kurzen Seite heraus.
- Gehen Sie auf der langen Seite auf den zweiten Hufschlag.
- Für das Renvers biegen Sie das Pferd um Ihr linkes Bein, das nun zum inneren wird. Geben Sie eine halbe Parade und setzen Sie den inneren Schenkel am Gurt ein, um den Takt zu erhalten und Ihr Pferd auf dem zweiten Hufschlag geradezuhalten.
- Legen Sie Ihren neuen äußeren (rechten) Schenkel hinter den Gurt, um die Hinterhand auf den äußeren Hufschlag hinauszuschieben.
- Der innere (linke) Zügel sorgt dafür, dass der Pferdehals gerade auf den zweiten Hufschlag ausgerichtet ist.
- Weiche halbe Paraden am äußeren Zügel halten die Schulter unter Kontrolle und erlauben dem Pferd, sich vorwärts-seitwärts zu bewegen.
- Wie beim Travers entsteht dadurch eine Seitwärtsbewegung auf vier Hufspuren.

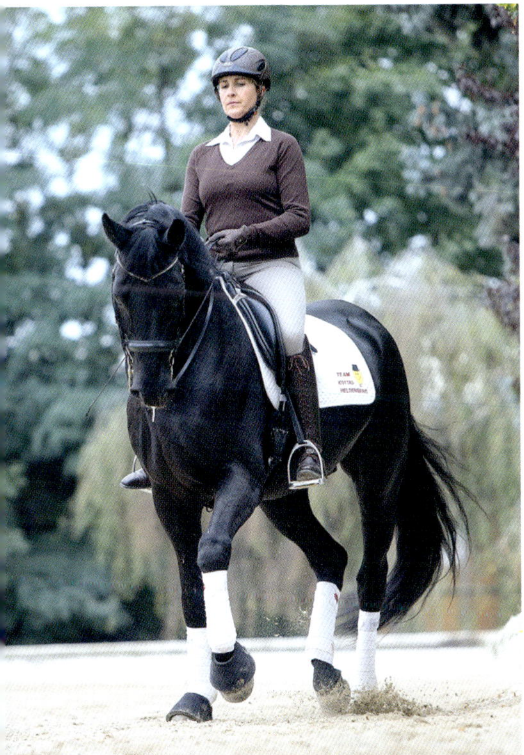

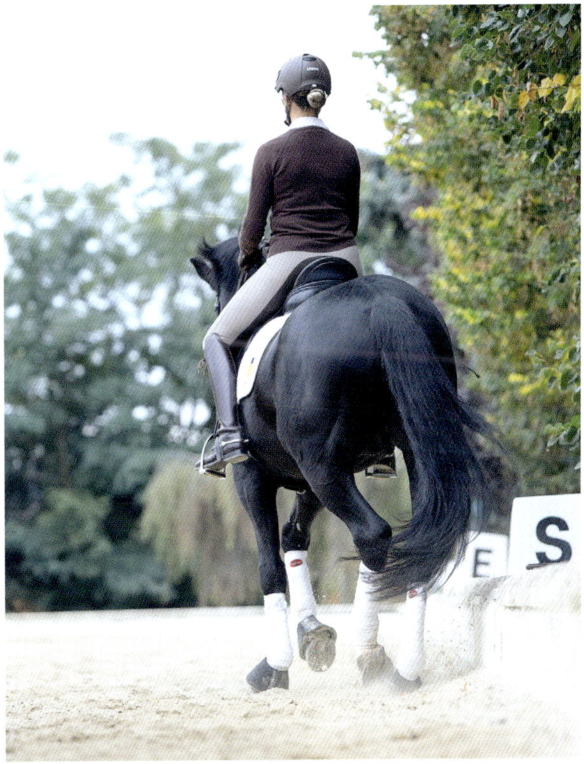
E
S

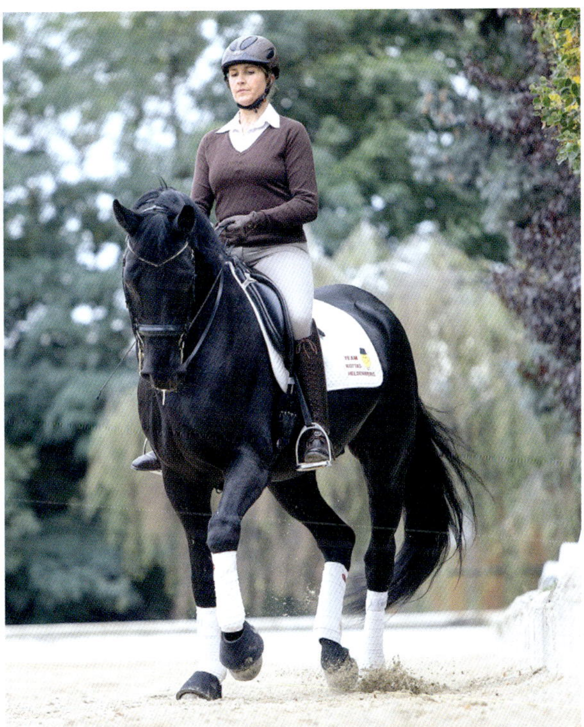

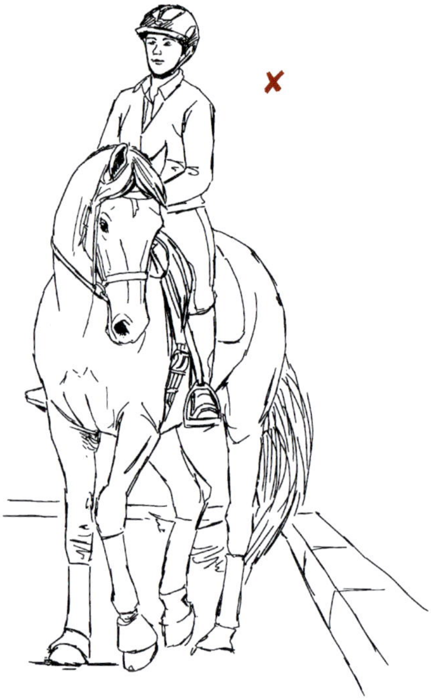

Renvers. Zu viel Halsbiegung und nicht genug durch den Körper.

Probleme beim Renvers/Hinterhandheraus

1. Zu viel Biegung im Hals und nicht im Körper

Dies führt dazu, dass ein Großteil der Vorwärtsbewegung verloren geht und das Pferd zu sehr seitwärts tritt, anstatt mit der Hinterhand unter den Schwerpunkt zu treten.

Lösungen

a Reiten Sie in einem flacheren Winkel zur Bande und halten Sie leichte Anlehnung am inneren Zügel, um den Kopf nicht nach innen zu ziehen. Womöglich müssen Sie mit weichen halben Paraden am äußeren Zügel den Hals gerader stellen.

- Denken Sie daran, dass der innere Schenkel für das energische Vorwärts verantwortlich ist, so dass die Hinterbeine gut nach vorne unter das Körpergewicht des Pferdes treten.

2. Schwungverlust

Stimmt zwar die Stellung im Renvers, das Pferd tritt aber noch nicht energisch genug, kann es sein, dass es in den Hanken noch nicht stark genug ist.

Vorschlag zur Korrektur

- Anstatt eine ganze lange Seite mittelmäßige Tritte zu reiten, reiten Sie lieber weniger Tritte, diese aber von höherer Qualität, richten das Pferd dann wieder gerade und reiten Mitteltrab, bevor Sie zum Renvers zurückkehren.
- Ziel ist es, Können und Selbstvertrauen des Pferdes stufenweise aufzubauen. Wir müssen spüren, wenn das Pferd unseren Forderungen nachzukommen versucht, aber zu schwach dazu ist, etwas zu produzieren, das uns gefallen würde. Dann müssen wir uns die Zeit nehmen, seine Fähigkeiten zu entwickeln.

3. Schwierigkeiten, Renvers vom zweiten Hufschlag aus zu entwickeln

Wenn das Renvers neu eingeführt wird, haben manche Pferde etwas dagegen, die Hinterhand herumzubewegen, entweder weil es mehr Arbeit bedeutet oder weil sie die Aufgabe nicht verstehen.

Lösungen

Finden Sie einen anderen Zugang zum Renvers.

Vorschlag zur Korrektur

- Reiten Sie im Schritt Schulterherein bis kurz vor Ende der langen Seite.
- Dann halbe Parade und halbe Schritt-Pirouette.
- Hat die Vorhand die Renvers-Position erreicht, reiten Sie auf dem Hufschlag den Weg zurück, den Sie gekommen sind. Die Biegung bleibt während der gesamten Abfolge dieselbe, und die meisten Pferde finden es so leichter, ins Renvers zu kommen.

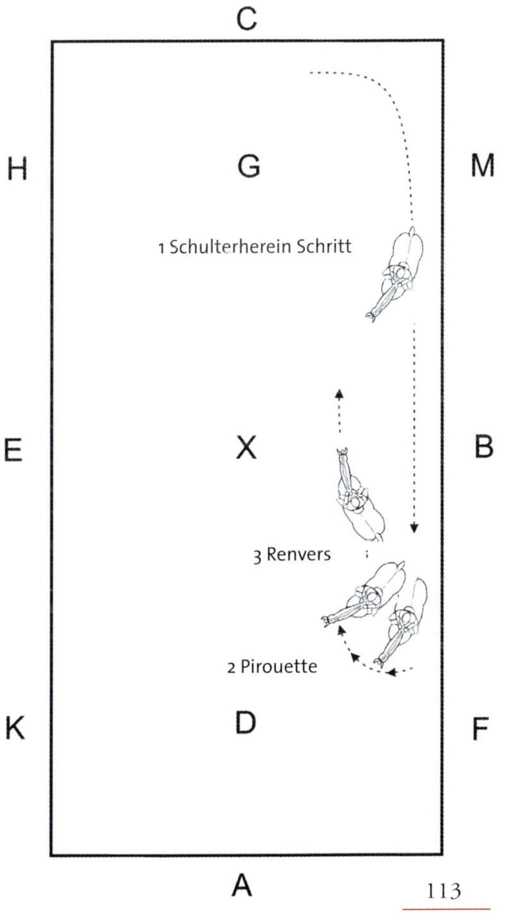

Es ist logisch, dem Renvers das weniger anspruchsvolle Schulterherein voranzustellen. Dann kann es zur Vorbereitung des Renvers eingesetzt werden. Die Biegung bleibt während der gesamten Abfolge unverändert, und mit der Schritt-Pirouette ist gewährleistet, dass das Pferd die äußeren Hilfen annimmt, bevor es mit dem Renvers beginnt.

Traversale

Hilfen zur Traversale

- Ein einfacher Weg, sich die Hilfen zur Traversale einzuprägen, ist, einen Travers auf der Diagonalen zu reiten.
- Dadurch geht die Vorhand der Hinterhand voraus, das Pferd ist korrekt gebogen, und die äußeren Pferdebeine kreuzen vor den inneren – wichtige Elemente der Traversale.
- Diese Stellung gilt für die Traversale bis zur höheren Klasse, in der das Pferd mehr parallel zum Hufschlag gehen muss, was ein größeres Maß an Biegung, Losgelassenheit und Gleichgewicht erfordert.

Die Weite des Übertretens zeigt die Energie und Geschmeidigkeit dieser Traversale nach links.

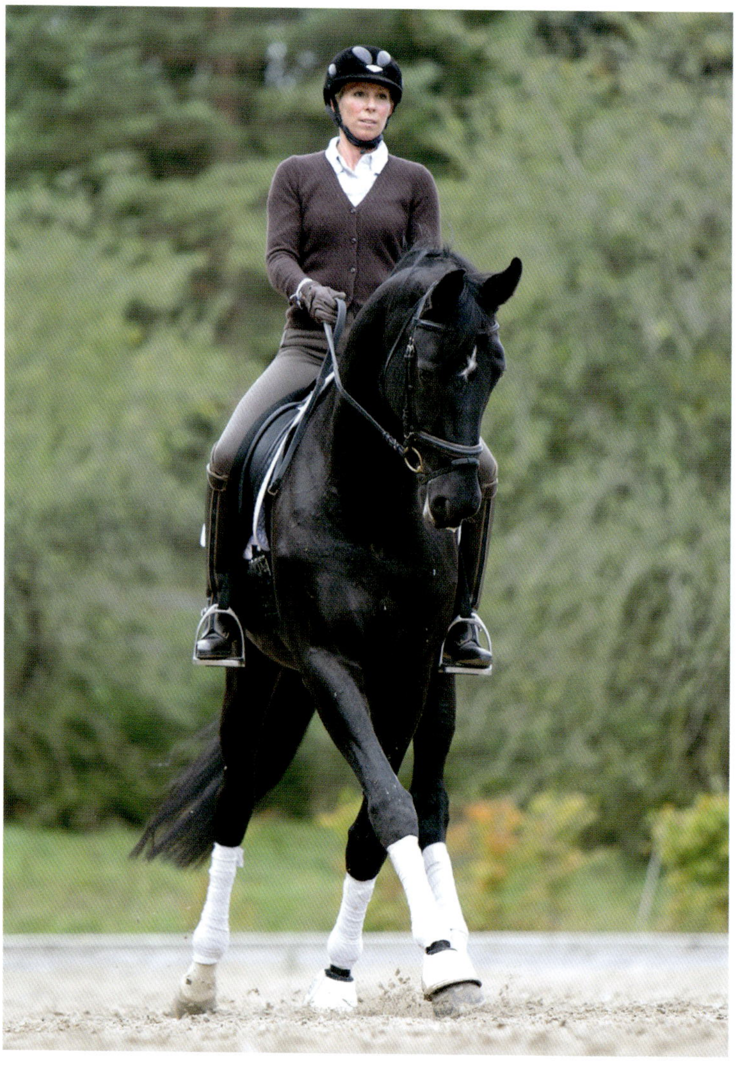

Traversale – das junge Pferd

- Ein junges Pferd sollte schon mit Schulterherein und Travers vertraut sein, bevor man mit der Traversale beginnt.

Vorschlag

a Beginnen Sie mit etwas Schulterherein und Travers, um zu überprüfen, ob das Pferd aufmerksam und an den Hilfen ist.

- Am Ende der langen Seite reiten Sie eine Demi-Volte (siehe Glossar) und kehren auf einer diagonalen Linie mit einigen Travers-Tritten zum Hufschlag zurück.
- Die Einführung in die Traversale sollte dem jungen Pferd auf

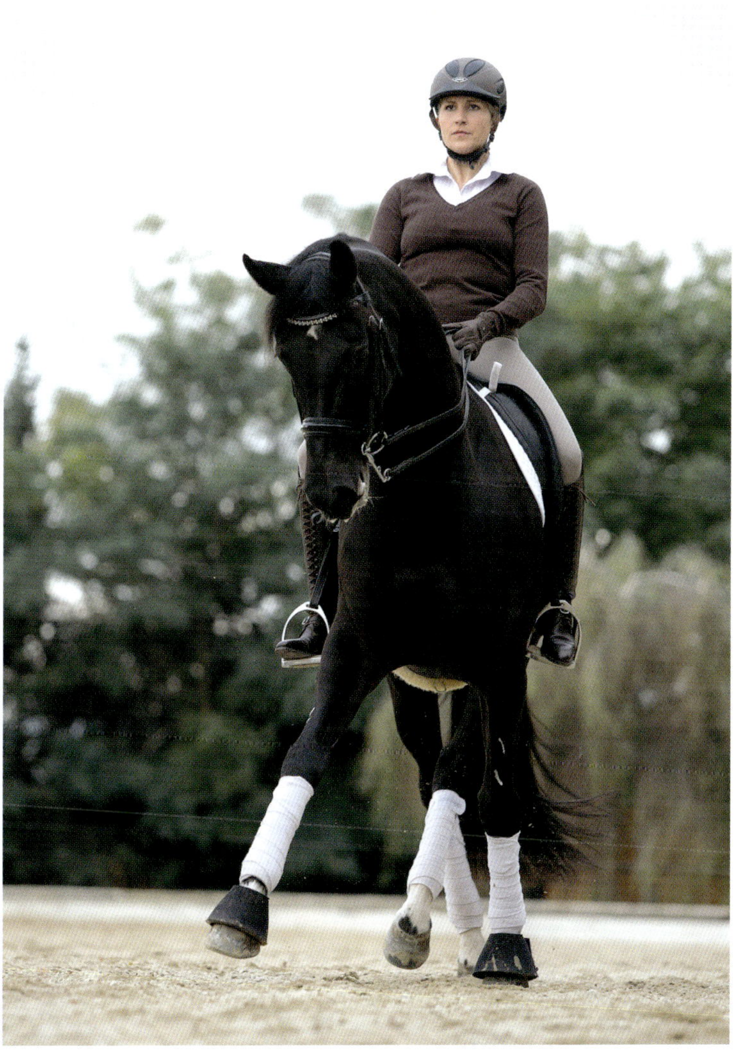

In dieser Aufnahme tritt das Hinterbein weit über, das Pferd ist deutlich nach rechts gebogen.

diese Weise leichter fallen, da nur ein neues Element, nämlich der Travers auf einer Diagonalen statt auf einer geraden Linie dazukommt. Halten Sie anfangs den Winkel flach, damit Schwung, Biegung und Gleichgewicht nicht verloren gehen.

- Bauen Sie die Übung weiter aus, indem Sie mehr Tritte reiten, etwa von der Mittellinie zum äußeren Hufschlag, dann allmählich eine ganze Diagonale.
- Auf eine mehr parallele Position wird erst allmählich Wert gelegt, wenn sich Kraft und Geschmeidigkeit verbessert haben.

b Seien Sie bereit, bei Schwierigkeiten eine Stufe zurückzuschalten, das heißt, an einen Punkt in der Ausbildung zurückzukehren, den das Pferd kennt und beherrscht. Vielleicht müssen Sie das Schulterherein oder den Travers auffrischen oder einfach mit etwas Mitteltrab wieder für mehr Schwung sorgen.

Probleme mit der Traversale

1. Pferd geht gegen den Schenkel

Ursache

Vielleicht ist die Schenkelhilfe des Reiters zu stark, das Pferd fühlt sich unwohl und geht deshalb gegen den Schenkel oder schlägt sogar aus. Wenn wir bedenken, dass ein Pferd empfindlich genug ist zu spüren, wenn eine Fliege auf seinem Fell landet, kann es sicher auch unseren Schenkel spüren.

Lösungen

a Versuchen Sie, den äußeren Schenkel weicher und in einer Art Hin-und-weg-Bewegung einzusetzen. Manchmal reagiert das Pferd besser auf solche freundlichen Aufforderungen.

b Achten Sie darauf, das äußere Bein nicht zu weit nach hinten zu legen und den Absatz nicht hochzuziehen, sodass er an der Flanke scheuert, was manchen Pferden sehr zuwider ist. Ihr Schenkel soll nur ein bis zwei Handbreit hinter dem Gurt liegen, bei tiefem Absatz.

c Bei schlechter Vorbereitung kann das Pferd natürlich gegen den Schenkel gehen, weil es nicht versteht, was von ihm verlangt wird. Bevor Sie mit den Traversalen beginnen, muss es Schulterherein und Travers sicher beherrschen.

Vorschläge

- Kombinieren Sie zwei Übungen, die das Pferd bereits kennt, und reiten Sie Zirkelverkleinern mit leichter Travers-Stellung.

- Reiten Sie aus dem kleineren Zirkel mit einigen Traversal-Tritten heraus. Das Pferd sollte nun den äußeren Schenkel besser annehmen.

2. Keine Biegung – stattdessen Schenkelweichen

Ursachen

- Oft sind Steifheit und Verlust des Gleichgewichts der Grund.
- Eine Traversale ist schwieriger als ein Schenkelweichen, weil das Pferd sich in die Richtung der Biegung bewegen muss, wofür mehr Kraft und Engagement der Hinterhand erforderlich sind. Deshalb sind die Ansprüche an das Gleichgewicht höher.

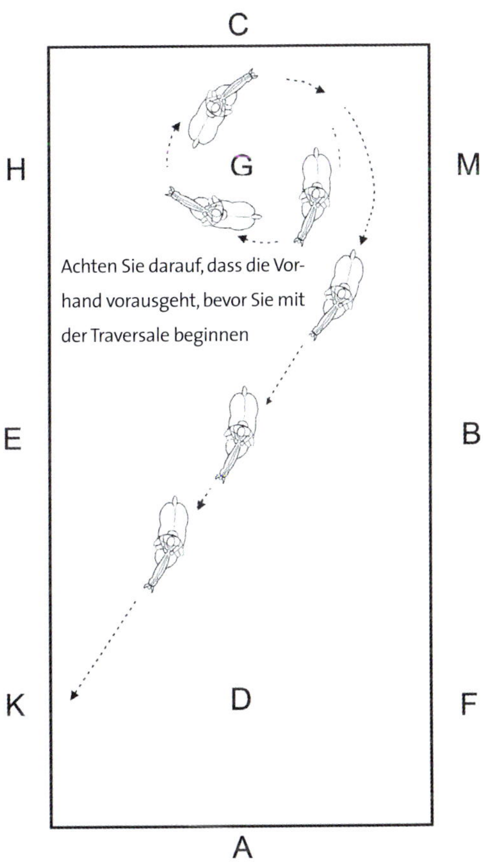

Reiten Sie Hinterhandherein auf einem 10 m-Zirkel. Nimmt das Pferd den äußeren Schenkel an und weicht ihm, statt dagegen zu gehen, reiten Sie aus dem Zirkel heraus und verlangen mit der Vorhand voraus die Traversale.

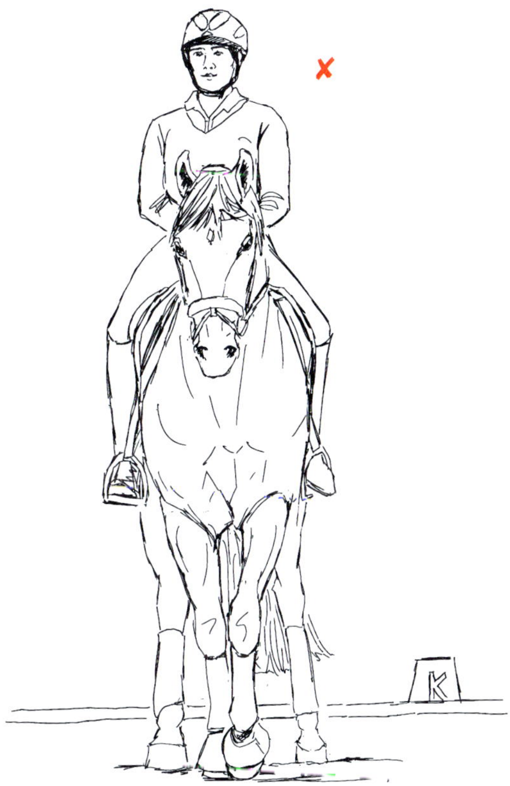

Vergleichen Sie die Zeichnung mit den vorhergehenden Fotos von Traversalen. In beiden Fotos ist das Pferd jeweils deutlich um den inneren Schenkel am Gurt gebogen. In der Zeichnung weist der Pferdekörper keine Biegung auf.

- Beim Schenkelweichen bewegt sich das Pferd vorwärts-seitwärts mit wenig oder gar keiner Biegung. Eigentlich schiebt der Reiter das Gewicht des Pferdes seitwärts, was dem Pferd leichter fällt und der Grund dafür ist, dass es in der Ausbildung vor der Traversale gelehrt wird.

LÖSUNGEN: VORSCHLÄGE

a Reiten Sie abwechselnd Schulterherein und Traversale.

- Reiten Sie ein paar Tritte Schulterherein auf dem Hufschlag, dann halbe Parade, treten Sie den inneren Bügel gut aus und verlangen Sie ein paar Traversaltritte; dann wieder halbe Parade, weiteres Schulterherein parallel zum Hufschlag, halbe Parade und wieder Traversale. Wechseln Sie mit den zwei Bewegungen ab, bis Sie die kurze Seite erreichen.
- Durch den Zusatz des Schulterhereins kommt das Pferd leichter in die Biegung und kann diese in der Traversale halten.
- Die sich abwechselnden Übungen sorgen dafür, dass das Pferd fokussiert bleibt, und verbessern die Kontrolle, falls das Pferd dazu neigt, sich zu übereilen.

b Reiten Sie Travers entlang der Bande. Diese erleichtert dem Pferd das Einhalten der Bewegungsrichtung, wobei das äußere Hinterbein trotzdem übertreten muss und das Pferd nach innen gebogen ist.

- Entwickeln Sie die Übung weiter, indem Sie im mittleren Drittel der Halle oder des Platzes jeweils im Travers bzw. im Schulterherein das Viereck verkleinern und vergrößern.
- Dies dient als Test sowohl für den Gehorsam des Pferdes als auch für die Koordination des Reiters.
- Geschmeidigkeit von Hanken und Lendenpartie wird gefördert, die Biegung erleichtert.

c Fällt es dem Pferd schwer, auf der gesamten Diagonalen die Biegung zu halten, machen Sie es ihm leichter, indem Sie bei X einen 10 m-Zirkel einfügen.

- Traversieren Sie zur Mittellinie bei X. Dort reiten Sie zur Konsolidierung der Biegung einen kleinen Zirkel und den Rest der langen Diagonalen in der Traversale. Gelingt dem Pferd dies ohne besondere Mühe, versuchen Sie eine ganze Diagonale durch die Bahn zu traversieren.

3. Zu viel Halsbiegung – schief

SIEHE ZEICHNUNG SEITE 122.

URSACHEN

Die meisten Pferde gehen nicht auf beiden Händen gleich, sondern zeigen einen gewissen Grad von Einseitigkeit. Es kommt daher häufig vor, dass bei Traversalen nach der hohlen oder schiefen Seite der Pferdehals mehr Biegung aufweist als der Körper.

LÖSUNGEN

a Überprüfen Sie zunächst, ob Sie selbst etwa den Pferdehals in eine falsche Stellung ziehen. Werden Sie leichter mit der inneren Hand, und als Orientierungspunkt sollten Sie das innere Pferdeauge schimmern sehen.

- Hängt der äußere Zügel komplett durch, kann das Pferd den Hals nach innen verbiegen. Der äußere Zügel soll durch einen beständigen elastischen Kontakt das Pferd stützen. Beide Zügelhände gehen leicht in die Bewegungsrichtung vor, die äußere an der Außenseite des Widerrists, sodass das Pferd den Zügel am Hals spürt.

b Ein Pferd, das sich nach innen verbiegt, vermeidet die Lastaufnahme durch das innere Hinterbein. Als Heilmittel wird das innere Hinterbein zum Untertreten angeregt, damit es das Gewicht stützt. Dies kommt auch der richtigen Anlehnung an beide Zügel zugute. Werden Sie nicht schneller, nur aktiver!

Eine korrekte Anlehnung an beide Zügel setzt ein geradegerichtetes Pferd voraus, das beide Hinterbeine kraftvoll einsetzt; so erreichen wir ein gleichmäßiges Gefühl in den Zügeln.

VORSCHLÄGE ZU KORREKTUR

Eine nützliche Übung für eine Traversale mit einem schiefen Pferd besteht darin, auf der Diagonalen etwas Schenkelweichen zu reiten, das Pferd dann in aller Ruhe nach innen zu biegen für die Traversale, und dann, wenn es wieder anfängt, den Hals zusammenzuziehen, wieder zum Schenkelweichen überzugehen. Das Pferd geht dabei gerade und fast parallel zur Bande, mit nicht mehr als einer Andeutung von Außenstellung. So bleibt das Gleichgewicht besser erhalten, und die Biegung nach innen für die Traversale fällt leichter.

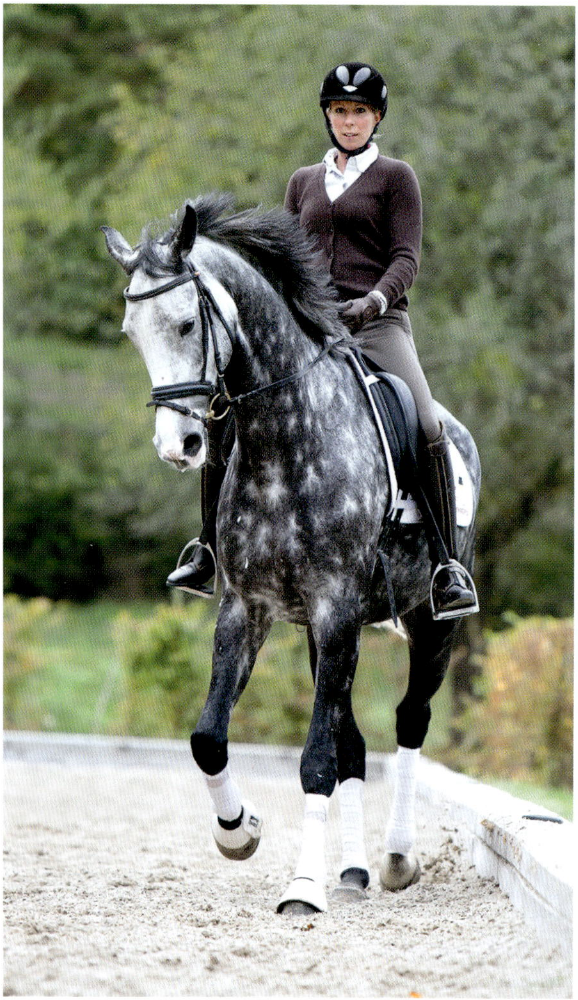

Durch die Abwechslung zwischen dem einfacheren Schulterherein und der schwierigeren Traversale wird die Biegung in der Traversale verbessert . Das Schulterherein bereitet das Pferd auf die Biegung in der Traversale vor.

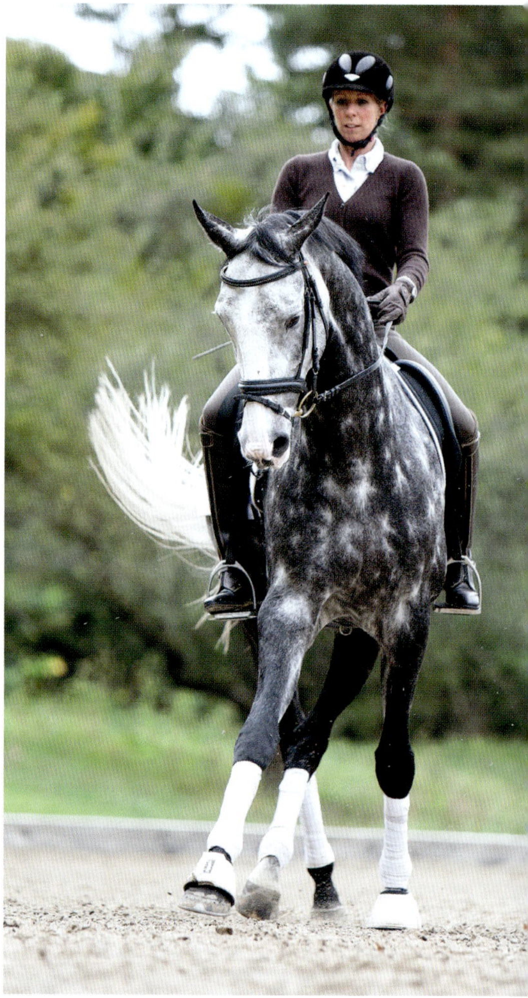

- Denken Sie an das Prinzip, dass zur Korrektur eines schiefen Pferdes Übungen mit der Biegung zur anderen Seite eingesetzt werden.
- Mein Pferd ist zum Beispiel schief nach rechts. Auf der rechten Hand reite ich Renvers (mit Biegung nach links) von K nach H und traversiere bei C zurück zu F.

4. Ungenügendes Überkreuzen (gilt nicht für Galopp-Traversalen)

Ursachen

Wird eine Schritt- oder Trabtraversale als »zu gerade« oder »mit schleppender Hinterhand« beschrieben, handelt es sich meist um ein ungenügendes Überkreuzen der Beine.
Verursacht wird dies im Allgemeinen durch mangelnde Biegsamkeit im Körper oder in den Hinterhandgelenken oder in beidem. Natürlich kann auch eine zu starke Zügeleinwirkung das freie weite Überkreuzen behindern.

Lösungen

Sorgen Sie dafür, dass Ihr Pferd gründlich aufgewärmt und seelisch wie körperlich locker und entspannt ist, bevor Sie mit den Übungen beginnen. Mit kalter Muskulatur und schlechter Durchblutung können Sie von ihm nicht erwarten, dass es die Lektionen korrekt und mühelos ausführt.
Ein junges Pferd versteht vielleicht Ihre Hilfen nicht oder hat nicht genügend Kraft für einen weiten Übertritt. Verlangen Sie kurzfristig weniger und loben Sie das Pferd, wenn es in der Traversale einige flachere Tritte zuwegebringt. Diese Bewegungen werden erst mit der Zeit flüssiger, und wir sollten Geduld haben, um keinen Widerstand heraufzufordern.

Vorschläge zur Korrektur

a Versuchen Sie mit Traversale, halbe Pirouette, Traversale, alles auf einer Hand, ein weiteres Übertreten zu erreichen.

- Reiten Sie im Schritt Traversale nach links, F-X-H.
- Auf der Dreiviertellinie vor H halbe Parade und halbe Pirouette links, dann zurück nach F traversieren.
- Auf der Dreiviertellinie vor F halbe Parade und erneut halbe Pirouette links, nach H zurück traversieren.
- Mehrfaches Wiederholen der Übung auf beiden Händen trägt dazu bei, die Hinterhand heranzuschließen und einen freieren Übertritt zu fördern.
- Im Trab ersetzen Sie die halbe Pirouette durch einen kleinen Halbkreis im Hinterhandherein. So wird die Hinterhand aktiviert und das Pferd nach vorn ins Gebiss geschlossen.

Achtung – in der Traversale müssen die Schultern immer der Hinterhand vorausgehen.

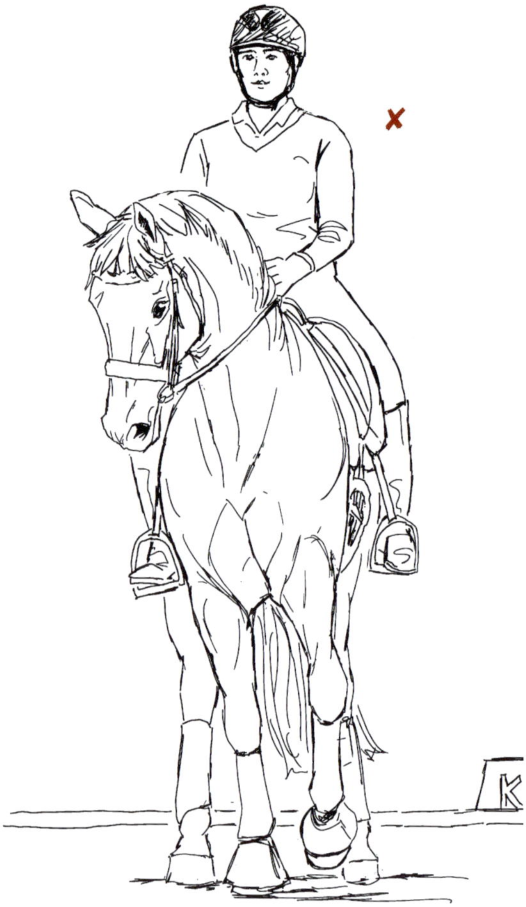

Trabtraversale mit zu viel Biegung.

Unten: Die Zeichnung zeigt eine Übung zur Verbesserung der Traversale bei einem Pferd, das nach rechts schief ist.
Das Renvers verlangt eine Biegung nach seiner steiferen Seite und verhindert dadurch, dass es sich nach rechts zusammenzieht. Es bleibt eher gerade, sodass wir das Pferd bei H auf einen Hufschlag zurückführen und diese gerade Stellung auch beibehalten, wenn wir bei C auf die Mittellinie abwenden, was eine gute Grundlage schafft für den Beginn der Traversale nach rechts.

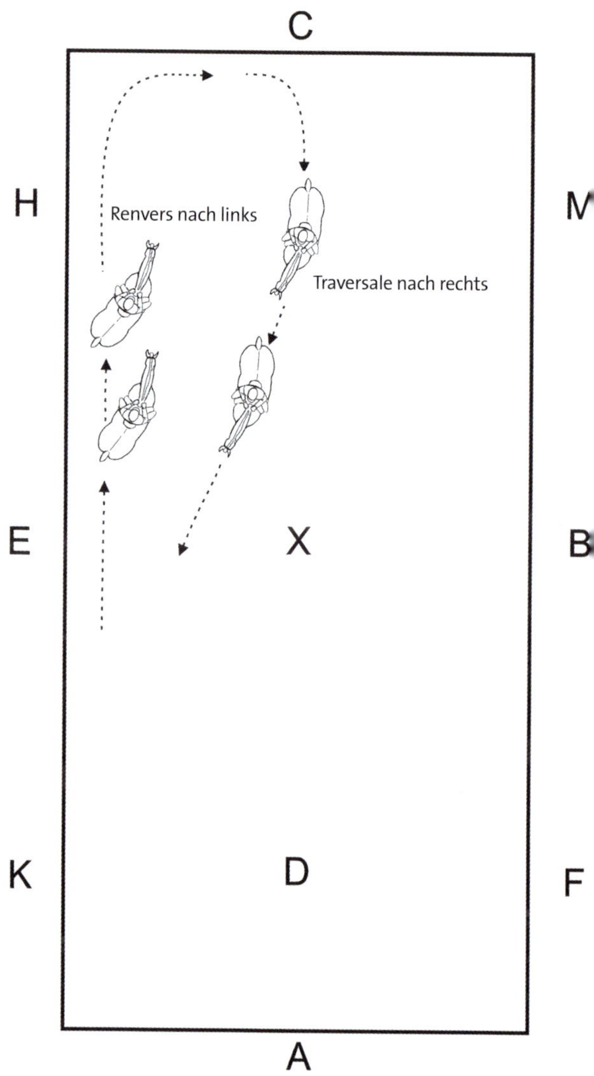

b Versuchen Sie es als Trainingsoption einmal im Schritt mit einer so genannte Volltraversale, auch Volltravers genannt Aus dem Halten wird das Pferd seitwärts verschoben, mit Biegung nach innen, aber ohne oder mit minimaler Vorwärtsbewegung. Die Übung wurde ursprünglich von der Kavallerie genutzt, um die seitlichen Ab stände zwischen den Reitern zu verringern. Unsere Absicht ist allerdings, der Hilfe zum Seit wärtstreten mehr »Zug« zu verleihen.

- Beginnen Sie beispielsweise bei B und versuchen Sie eine volle Traversale nach X zu reiten. Halt bei X. Anfangs ist ein leichtes Vortreten gestattet, da es aber nicht wirklich zur Übung gehört, sollte es sparsam eingesetzt werden. Empfohlen wird, nach Beendigung der Volltraversale frisch vorwärtszureiten, um den Vorwärtsimpuls des Pferdes aufzufrischen.
- In der Volltraversale muss die Anlehnung weich bleiben und das Gewicht des Reiters darf nicht nach außen rutschen, da dies das Pferd aus dem Gleichgewicht bringen würde. Nachdem Sie dies auf beiden Händen geübt haben, reiten Sie wieder Traversalen und beobachten, ob die Seitwärtstritte sich verbessert haben. Ziel ist es, dass die Beine des Pferdes beim Überkreuzen ein klares X bilden.

c Haben Sie einen erfahrenen Ausbilder zur Seite, kann er Ihnen vielleicht vom Boden aus helfen. Kennt er sich mit Handarbeit aus, kann er das Pferd mit einer Piaffegerte sacht am äußeren Hinterbein antippen, damit es in der Traversale weiter übertritt. Dies erfolgt im Rhythmus mit den Reiterhilfen und so, dass das Pferd sich nicht bedroht fühlt.

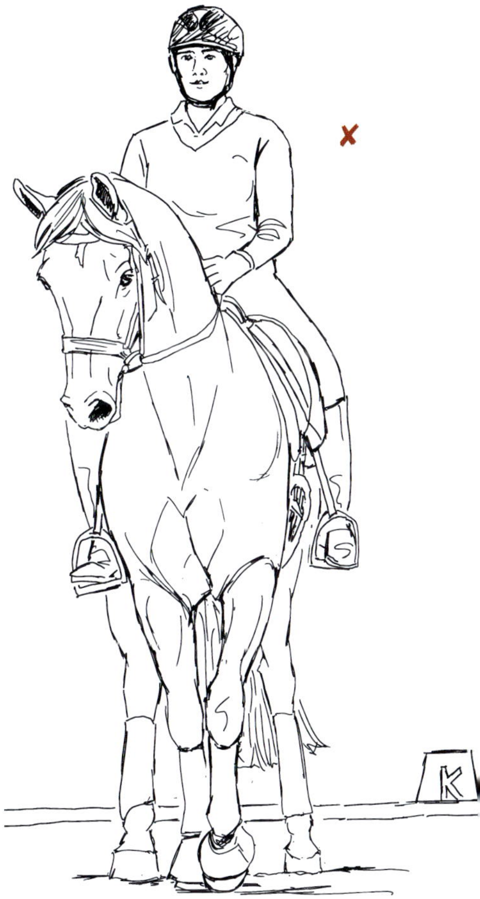

Traversale: ungenügendes Überkreuzen der Beine.

Sicherheit ist immer oberstes Gebot. Man darf nie vergessen, dass das Pferd ausschlagen könnte, diese Arbeit darf also nur von einer Person mit Erfahrung ausgeführt werden, die das Pferd mit der Handarbeit vertraut gemacht hat, sodass es keine Angst vor der Gerte hat. Sie darf nicht sorglos oder roh eingesetzt werden, sondern immer weich und rücksichtsvoll. Der Ausbilder muss immer das ganze Pferd im Auge haben, wenn er dicht am Pferd arbeitet, er muss auf Gefahrenzeichen achten und bereit sein, den Gerteneinsatz abzubrechen und ruhig wegzugehen.

Im Zweifelsfall lassen Sie es lieber!

5. Hinterhand geht voraus

Ursachen

Ist oft auf ungenügenden Schwung oder falsche Stellung zurückzuführen. Es kann auch an einem zu starken Einsatz des äußeren Schenkels liegen.

Lösungen

a Sorgen Sie vor und während der Traversale mit dem inneren Schenkel dafür, dass die Hinterhand aktiv bleibt.
Die Vorwärtsbewegung muss mit dem Seitwärtselement ausbalanciert werden. Reiter, die gerade erst mit der Arbeit auf zwei Hufschlägen beginnen, begehen oft den Fehler, sich zu sehr auf die Seitwärtsbewegungen zu konzentrieren. Wir dürfen nicht vergessen, dass der Zweck der Seitengänge darin besteht, die gymnastischen Qualitäten des Pferdes zu verbessern, und das schließt Vorwärts- sowohl wie Seitwärtstritte ein.

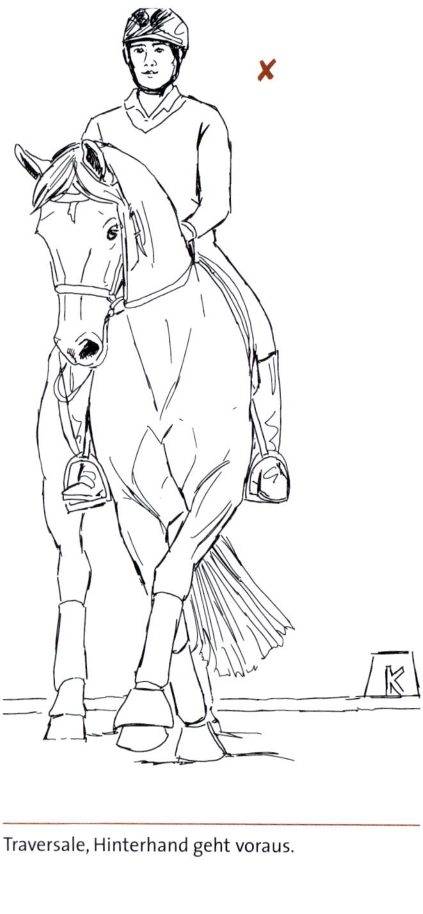

Traversale, Hinterhand geht voraus.

Vorschläge

- Zur Verbesserung des Schwungs reiten Sie die erste Hälfte der Diagonalen bis X im Mitteltrab, versammeln das Pferd und reiten von X aus die zweite Hälfte der Diagonalen in der Traversale.
- Bei dieser Übung kann es sich als hilfreich erweisen, sich die Traversale nach X als einen Travers auf der Diagonalen vorzustellen, wobei der Reiter die Vorhand genau auf der Diagonallinie und die Hinterhand nach innen, um den inneren Schenkel gebogen, verschiebt.
- Der Reiter schaut zwischen den Pferdeohren durch zum Ziel der Bewegung und gestattet keine Abweichung von diesem Punkt. Dies verbessert die Genauigkeit und hilft bei der korrekten Stellung.

b Dass die Hinterhand vorausgeht, kann auch daran liegen, dass der Reiter zu stark mit dem äußeren Schenkel hinter dem Gurt einwirkt. Klemmen Sie nicht krampfhaft mit dem Schenkel, sondern versuchen Sie es mit intermittierenden Berührungen, besonders bei einem sehr empfindlichen Pferd.

- Wenn Menschen miteinander kommunizieren, bedienen sie sich eines gewissen Tonbereichs, und wenn wir reiten, sollten wir ebenfalls über einen

Kommunikationsbereich verfügen. Manchmal hört das Pferd besser auf eine »geflüsterte« Hilfe.

- Unser Trainingsziel ist, dass das Pferd auf leise, fast unsichtbare Hilfen reagiert, was für Pferd wie Reiter besser ist und eleganter aussieht. Der Reiter sollte nicht mehr arbeiten als das Pferd!

c Die Anlehnung am äußeren Zügel kann zu stark sein. Dadurch wird die Vorhand in der Traversale langsamer, und die Hinterhand überholt. Die Antwort besteht darin, die Anlehnung am äußeren Zügel zu verringern und beide Zügel in Bewegungsrichtung einzusetzen, damit sich die Schultern leicht vor die Hinterhand einstellen lassen.

6. Pferd läuft seitwärts/nimmt Traversale vorweg

Ursachen

Das Pferd kann im Eiltempo seitwärts ausweichen, es kann aber auch vorwegnehmen, was Sie als Nächstes verlangen wollten.

Lösungen: Vorschläge

Beginnen Sie am Anfang der langen Seite zu traversieren, geben Sie nach einigen Tritten eine halbe Parade und reiten Sie einige Meter geradeaus, parallel zur Bande. Dann nehmen Sie die Traversale wieder auf, entweder in dieselbe Richtung oder auf der anderen Hand.

- Alternativ können Sie auch die Traversale durch Übergänge oder Zirkel unterbrechen. Der Punkt ist, dass wir das Pferd davon abhalten zu erraten, was wir wollen, und es dazu anregen, auf unsere Hilfen zu achten.

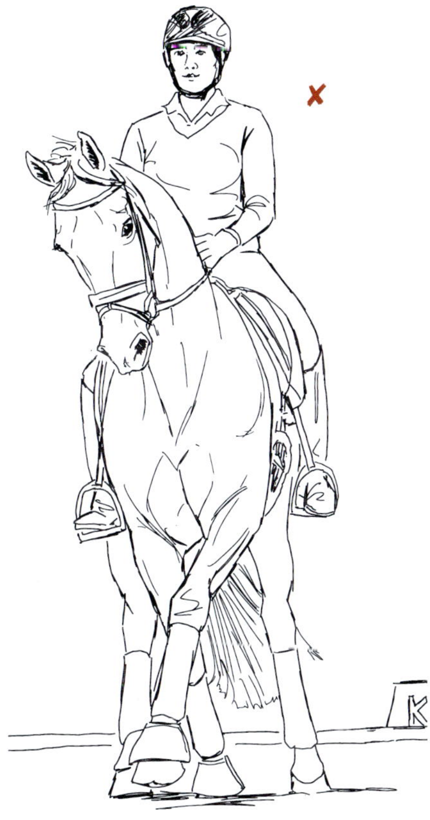

Trabtraversale, Pferd verwirft sich.

7. Schiefe Kopfhaltung/Verkanten (Verwerfen)

Ursachen

Wenn sich die Pferdenase verkantet, ist dies ein Fehler, weil die Anlehnung ungleich wird und dies zum Problem werden kann, wenn das Pferd lernt auszuweichen, indem es sich im Genick fest macht. Oft liegt es daran, dass der Zügel auf einer Seite zu stark angenommen wird. Es ist wichtig, diesem Vorgang so früh wie möglich entgegenzuwirken.

Verkantet sich zum Beispiel das rechte Ohr nach unten und das Maul hebt sich auf der linken Seite, ist dies ein Zeichen für ein zu starkes Einwirken der linken Hand.

LÖSUNGEN

- Es kann vorkommen, dass der Reiter das Pferd in der Traversale zu stark allein mit den Zügeln zu biegen versucht. Das Pferd fühlt sich unwohl und verwirft sich.
- Die Antwort besteht darin, mit beiden Schenkeln eine gleichförmige Biegung durch den ganzen Körper zu erzielen, wobei der innere Schenkel am Gurt gleichzeitig für den Schwung sorgt und der äußere hinter dem Gurt die Hinterhand daran hindert, der Biegung nach außen auszuweichen.
- Außerdem sollte der Zügelkontakt auf der Seite, auf welcher das Maul sich hebt, leichter werden (Maul hebt sich links – linker Zügel leichter, Maul hebt sich rechts – rechter Zügel leichter).

GALOPP-TRAVERSALE

Viele Probleme treten sowohl in der Schritt- wie in der Trab- oder Galopp-Traversale auf, es gibt jedoch gewisse Unterschiede, auf die man achten muss.

Ein offensichtlicher Unterschied besteht darin, dass die Pferdebeine in der Galopp-Traversale nicht kreuzen. Stattdessen springt das Pferd in der Schwebephase seitwärts, ohne dass Biegung, Balance und Durchlässigkeit verloren gehen. Siehe Foto nächste Seite.

PROBLEME MIT DER GALOPP-TRAVERSALE

1. Zu wenig Seitwärtsbewegung

LÖSUNGEN

a Der Galopp muss im Gleichgewicht sein. Eine Galopp-Traversale wird sehr schwierig, wenn der Galoppsprung lang, flach und eilig ist. Eine große Rolle spielt bei der Galopp-Traversale die Qualität des versammelten Galopps.
Je größer das Engagement der Hinterhand, das heißt, je mehr das Pferd das Becken einziehen und untertreten kann, um mit den Hinterbeinen Last aufzunehmen, desto besser ausbalanciert wird es sein und damit in der Lage, eine bessere Traversale zu zeigen.

Sind die Hanken schwach, wird ihm eine gute Traversale schwer fallen. Wir müssen an der Kraftentwicklung arbeiten, weil es sich sonst auf die Schultern lehnt und schwer am Zügel abstützt. Die Selbsthaltung lässt sich dadurch überprüfen, dass wir erst einen, dann beide Zügel hingeben. Das Pferd muss im Gleichgewicht bleiben und darf nicht auf die Schulter fallen. Tut es dies trotzdem, müssen wir den Galopp verbessern, bevor wir uns an die Traversale wagen.
Der Galoppsprung sollte im Hinterbein viel »Gummi« haben, ohne deshalb schneller zu werden. Aktiver heißt nicht schneller!

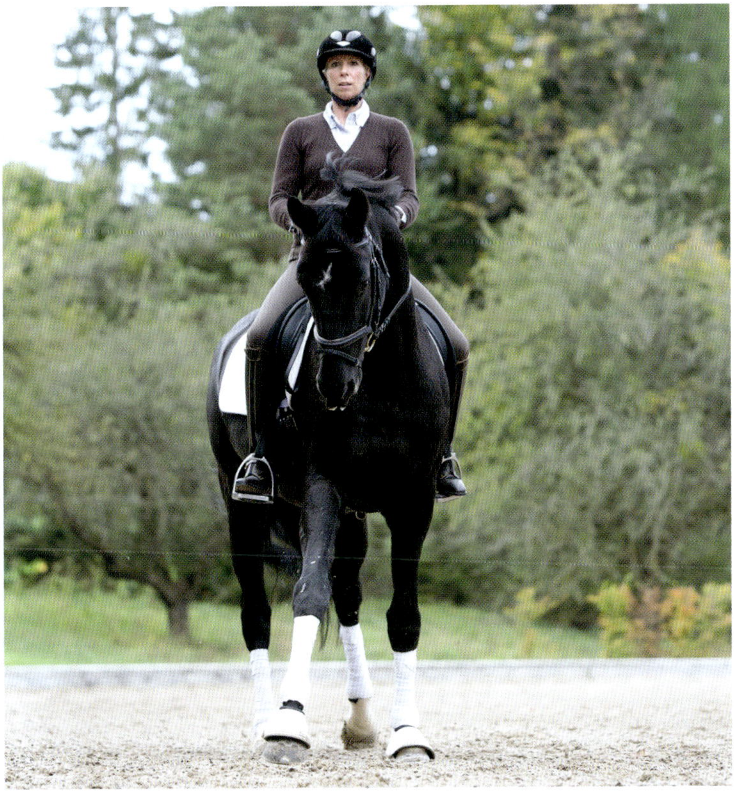

Im Gegensatz zur Schritt- oder Trabtraversale kreuzen die Beine in der Galopp-Traversale nicht.

Vorschläge

- Zur Verbesserung der Reaktion auf die Schenkelhilfen in der Galopp-Traversale reiten Sie im mittleren Drittel der Bahn ein Rechteck, bei dem Sie abwechselnd eine Seite im Schultervor und eine im Travers reiten.
  Dies ist auch für sich genommen eine ausgezeichnete Übung, um das Pferd im Bereich hinter dem Sattel geschmeidig zu machen. Sie sollte jedoch nur geritten werden, wenn Ihr Ausbil-

der sicher ist, dass Sie nach dem Travers Ihr Pferd wieder geraderichten können. Sonst könnte sie sich kontraproduktiv auswirken.

- Die Tragfähigkeit der Hinterhand lässt sich durch viele Übergänge innerhalb des Galopps verbessern. Reiten Sie zum Beispiel auf einem großen Zirkel eine Hälfte im Arbeits- und die zweite im versammelten Galopp oder vom versammelten Galopp zum Mittelgalopp und wieder zurück.
- Alternativ können Sie eine Diamanten-Figur anlegen. Auf der rechten Hand reiten Sie von B im versammelten Galopp eine Diagonale nach A, wenden bei A ab und reiten nach E im Arbeits- oder Mittelgalopp, wenden bei E ab und reiten im versammelten Galopp nach C und so weiter.

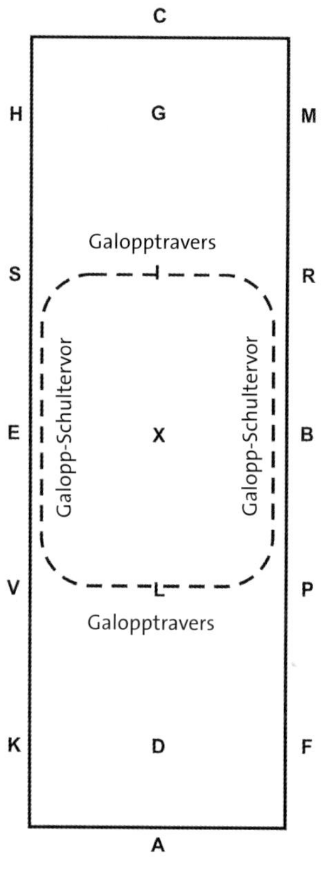

Rechteck im Galopp. Diese Übung ist sehr gut zur Verbesserung des Gehorsams auf unsere Hilfen und dient außerdem der Durchlässigkeit und der Aktivierung der Hinterhand. Achten Sie darauf, die Seiten des Rechtecks gerade zu reiten.

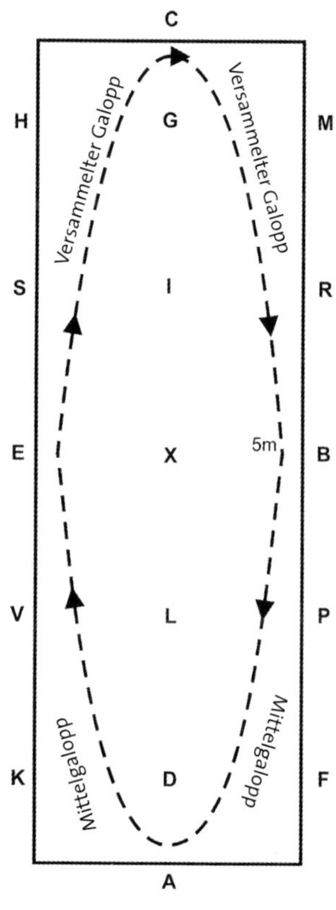

Diamant-Figur im Galopp. Zu diesem Muster gehören verschiedene Linien in der Bahn. Der Reiter muss das Pferd mit halben Paraden gut ausbalancieren, bevor er abwendet und den Übergang reitet. Kann die Qualität des Galopps verbessern.

b Wichtig ist das Timing der seitwärts treibenden Hilfen. Der äußere Schenkel wird tätig, wenn sich in der Galoppfolge der Widerrist hebt. In diesem Augenblick der Schwebe sind alle vier Beine kurz in der Luft und das Pferd kann seitwärts springen. Mit den Hufen am Boden ist dies unmöglich.

c Nimmt das Pferd die Traversalhilfen nicht an, legen Sie zur Verbesserung seiner Reaktion die Schulgerte neben dem äußeren Schenkel an, wenn Sie die Hilfe geben. Achtung: Die Gerte wird nur angedrückt!

e Versucht das Pferd den korrekt gegebenen Traversalhilfen zu entsprechen, allerdings mit ungenügendem Ergebnis, ist es wahrscheinlich noch nicht geschmeidig genug und braucht weitere Arbeit zur Entwicklung des Raumgriffs bei den Seitwärtssprüngen.

Vorschlag

Vom Hufschlag aus reiten Sie zwei oder drei Galoppsprünge in der Traversale und balancieren das Pferd mit einigen Sprüngen im Schultervor parallel zum Hufschlag wieder aus. Dann weitere Traversalen und Schultervor. Die Bewegung in kleinere und leichter zu beherrschende Abschnitte aufzubrechen kann es für das Pferd einfacher machen und ermöglicht dem Reiter, wenn nötig das Gleichgewicht wieder herzustellen.

Zickzack-Traversale

Die Zickzack-Traversale wird normalerweise rechts und links von der Mittellinie geritten und ist ein guter Test für die Aktivität des inneren Hinterbeins auf jeder Hand. Im Trab wird die in jede Richtung zurückgelegte Distanz in Metern gemessen, während im Galopp eine bestimmte Anzahl von Galoppsprüngen gefordert wird.

Probleme in den Zickzack-Traversalen

1. Schiefe

Ein häufiges Problem ist, dass das Pferd schief wird – nach jedem Richtungswechsel kann die Hinterhand die Vorhand überholen, sodass das Pferd nach jedem Handwechsel schief wird.

Lösungen

a Es ist ein Fehler, trotz der Schiefstellung mit der Übung fortzufahren, da das Pferd daraus lernen kann, die Versammlung zu vermeiden. Bleibt das Pferd länger schief, brechen Sie den Zickzack ab und reiten das Pferd energisch nach vorn.

✘

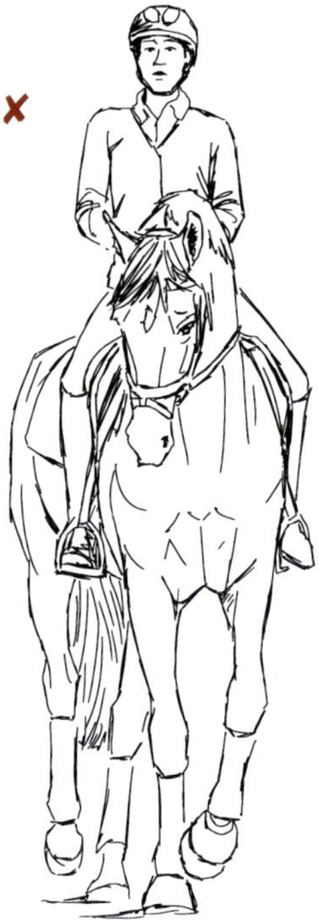

Dies ist nicht nur ein Problem der Zickzack-Traversale, es kann in jeder Galopp-Traversale passieren, wenn der Galopp nicht gerade und energisch genug gesprungen wird. Hier wird die Vorhand von der Hinterhand überholt, während sie in einer korrekten Traversale immer führen muss.

✘

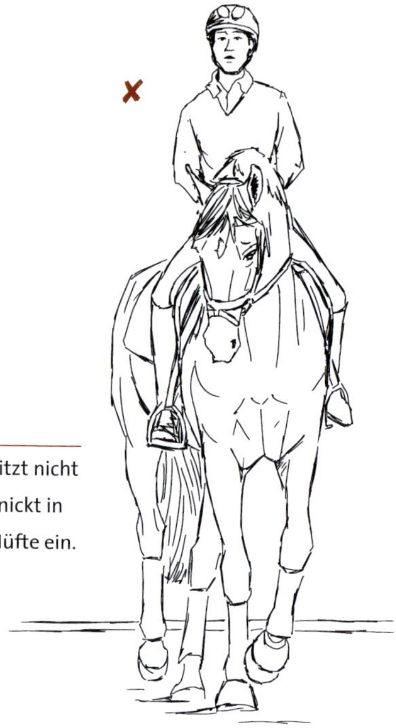

Die Reiterin sitzt nicht gerade und knickt in der inneren Hüfte ein.

Versuchen Sie es mit Zirkelverkleinern und -vergrößern, auch mit Schulterherein kann man das Überholen der Hinterhand korrigieren.

b Vielleicht sitzt der Reiter nicht gerade und knickt in der Hüfte ein. Dies kann das Pferd aus dem Gleichgewicht bringen und das Geraderichten beeinträchtigen.
Denken Sie daran, den inneren Schenkel herunter (aber nicht nach vorn) zu drücken und gleichzeitig das innere Schlüsselbein an- und etwas zurückzuheben, sodass die Schultern nicht nur parallel zum Boden, sondern auch parallel zu den Pferdeschultern sind. Jetzt sollte der Reiter gerader im Sattel sitzen und mit dem Pferd im Gleichgewicht bleiben können.

c Der Reiter darf nicht vergessen, das Pferd geradezurichten, bevor er zum nächsten Segment des Zickzacks übergeht.

- Mit dem inneren Schenkel hält der Reiter die Vorwärtsaktivität aufrecht, um das Pferd geradezuhalten und mit weichen halben Paraden die Vorhand in eine Schultervor-Stellung zu bringen (wobei er Sitz, Schenkellage und Zügelhaltung an die neue Biegung anpasst), dann das Pferd in die neue Richtung biegt und vorwärts-seitwärts reitet.
- Diese Phase von »alte Traversale – geraderichten – neue Traversale« kann zwei Galoppsprünge in Anspruch nehmen (im Trab bis zu drei Tritte).

- Ein Reiter, der die Zickzack-Traversale gerade erst lernt, ist vielleicht nicht in der Lage dieses so wichtige Geraderichten in nur zwei Galoppsprüngen auszuführen. Kein Problem. Reiten Sie einen Galoppsprung oder zwei mehr, damit Sie Zeit haben, das Pferd richtig einzustellen. Reiten Sie außerdem weniger Sprünge in jeder Richtung, sonst reicht Ihnen vielleicht der Platz nicht aus.
- Erfolgt das Geraderichten schließlich instinktiver, kann der Reiter zu weniger Galoppsprüngen übergehen. So lernt er, seine Hilfen zu koordinieren, und das Pferd wird nicht irritiert oder nimmt schlechte Angewohnheiten an.

d Die Schiefe kann auch von einem allzu bemühten Reiter herrühren, der sich während der Richtungswechsel im Körper zu sehr bewegt, was das Pferd aus dem Gleichgewicht bringen kann, sodass es hin- und herschwingt und schlussendlich die Hinterhand führt.

- Die Antwort heißt: Sehr still sitzen und sich darauf konzentrieren, das Pferd unter sich zu spüren. Das sollte dabei helfen, Ihr Timing und die Koordination der Hilfen zu verbessern.
- Wenn die Aufgabe viele Handwechsel und steile Traversalen verlangt, versuchen Sie es sich und dem Pferd anfangs leichter zu machen, indem Sie weniger scharfe Winkel reiten und weniger die Hand wechseln, bis Ihnen in beide Richtungen flüssige Traversalen gelingen.

Die Antwort heißt: Sehr still sitzen und sich darauf konzentrieren, das Pferd unter sich zu spüren.

2. Probleme mit den fliegenden Wechseln im Zickzack

a Wenn der Reiter Traversalen in beide Richtungen in korrekter Stellung reiten kann, kommen wir zum Problem des fliegenden Wechsels im richtigen Moment.

- Sie behalten die Biegung in der alten Richtung bei, achten aber darauf, dass die letzten Galoppsprünge in der Traversale so parallel zum Hufschlag wie möglich erfolgen. Damit ist der Anfang der Traversale in die neue Richtung viel einfacher zu regulieren.
- Bereiten Sie gedanklich den fliegenden Wechsel dadurch vor, dass Sie das Pferd in die neue Richtung biegen, bevor Sie den fliegenden Wechsel reiten.

b Je mehr Sprünge in jeder Richtung verlangt werden, desto schwieriger wird die Übung, weil der Winkel der Traversalen steiler wird. Schleppt die Hinterhand nach, versuchen Sie die Übung einfacher zu gestalten, indem Sie weniger Sprünge in jeder Richtung reiten. Wenn sich dann Selbstvertrauen und Gleichgewicht des Pferdes verbessert haben, können Sie allmählich mehr verlangen.

- **c** Manchmal lässt sich das Pferd zu Beginn der Zickzack-Traversale nicht geraderichten.
- Versuchen Sie es damit, die Übung auf dem Hufschlag zu beginnen. Die Bande hilft dem Reiter, die Geradheit zu überprüfen. Reiten Sie nun nur wenige Sprünge in der Galopp-Traversale, richten Sie das Pferd gerade, reiten Sie den fliegenden Wechsel parallel zur Bande und traversieren Sie zur Bande zurück. Geraderichten und wieder wechseln. Wenn Sie sich darin sicher fühlen, gehen Sie über zur Zickzack-Traversale von der Mittellinie aus.

3. Ungenaues Reiten

LÖSUNGEN

- **a** Zählen Sie sorgfältig die Anzahl der Galoppsprünge, die Sie reiten. Sie müssen wissen, wie viele Sie bereits geritten haben.
- Denken Sie daran, dass der fliegende Wechsel der erste Sprung in die neue Richtung ist. Wenn Sie beispielsweise von der Mittellinie drei Galoppsprünge nach rechts, sechs nach links, drei nach rechts reiten wollen, zählen Sie »eins, zwei, drei, Wechsel, zwei, drei, vier, fünf, sechs, Wechsel, zwei drei, gerade«. Damit sollten Sie die Mittellinie wieder erreicht haben.
- **b** Wenn es Ihnen schwerfällt, genaue Linien zu reiten, schauen Sie zwischen den Pferdeohren durch auf einen bestimmten Punkt in der Bahn und lassen Sie ihn nicht mehr aus den Augen. Für den Handwechsel im Zickzack müssen Sie sich dann einen anderen Punkt zum Anvisieren suchen. Wenn es Ihnen gelingt, die anvisierten Punkte im Fokus zu behalten, wird sich Ihre Genauigkeit verbessern.

4. Mein Pferd wechselt nicht rechtzeitig

LÖSUNG

Dieses Problem ist im Grunde eines der Reaktion auf die Hilfen. Schalten Sie zurück und reiten Sie so lange fliegende Wechsel, bis diese absolut sicher auf Ihre Hilfen erfolgen. Tun sie dies nicht, ist Ihr Pferd noch nicht bereit für die Zickzack-Traversale.

5. Wechsel zu früh/vorweggenommen

LÖSUNG

a Ein Pferd, das zu früh wechselt, ist möglicherweise verspannt. Nehmen Sie sich die Zeit, es zu lösen, und denken Sie darüber nach, ob Sie vielleicht die Ursache der Verspannung sein könnten, weil Sie die Hilfen zu stark gegeben haben.

b Manchmal wechselt ein Pferd zu früh, weil es die Übung kennt und sie vorwegnimmt. Auch wenn es Ihnen damit gefällig zu sein versucht, müssen Sie es ruhig daran erinnern, auf Ihre Hilfen zu warten.

- Verändern Sie die Übung, indem Sie nach der Traversale keinen Wechsel reiten, und versuchen Sie die Zickzack-Traversale an einer anderen Stelle in der Bahn. Oder Sie reiten einen einfachen Wechsel anstatt des fliegenden. Durch den Wechsel in Ihren Anforderungen sollten Sie erreichen, dass das Pferd Ihre Hilfen abwartet.

PIROUETTE

Allgemein

Eine Pirouette wird im Schritt oder Galopp geritten. Sie kann auch in der Piaffe ausgeführt werden.

- Die Schrittpirouette ist ein kleiner Kreis auf zwei Hufschlägen, wobei das innere Hinterbein den Mittelpunkt des Kreises bildet. Dieses Bein bewegt sich im Rhythmus der Gangart auf und ab, fast auf der Stelle.
- Die Vorhand bewegt sich um die Hinterhand herum, wobei das äußere Vorderbein vor dem inneren überkreuzt. Achtung – die Hinterbeine dürfen nicht überkreuzen.
- Die Länge des Pferderumpfes bestimmt die Größe der Pirouette. Anfangs dürfen sich die Hinterbeine ein wenig nach vorn bewegen, um es dem Pferd leichter zu machen. Dann spricht man von einer »großen« Pirouette. Später muss sie mehr auf der Stelle erfolgen, wobei die Hinterbeine einen gut tellergroßen Kreis beschreiben sollen.
- Das Pferd ist leicht um den inneren Schenkel des Reiters gebogen und behält während der gesamten Bewegung den gleichen Takt bei.
- Die Pirouette kann als Viertel-, Halb- oder Vollpirouette geritten werden.
- Eine Schritt-Pirouette ist der Grundstein für die Galopp-Pirouette.

Zweck

- Entwicklung von Kraft und Engagement und damit der Versammlung der Hinterhand.

Hilfen für die Schritt-Pirouette

- Versuchen Sie, versammelten Schritt zu reiten. Im Mittelschritt wird die Pirouette zu groß.
- Der Reiter nimmt mit Sitz, Schenkeln und Zügeln die Position innen ein (als ob er einen kleinen Zirkel reiten wollte).
- Der innere Schenkel am Gurt aktiviert die Hinterhand und erhält den Schwung.
- Der innere Zügel zeigt die Richtung der Wendung an.
- Der äußere Schenkel, hinter dem Gurt, verhindert, dass die Hinterbeine nach außen ausweichen.
- Der äußere Zügel reguliert das Maß der Biegung, wir dürfen aber auch nicht vergessen, während der Pirouette immer wieder leicht nachzugeben, damit das Pferd flüssig durch die Wendung geht.

Probleme mit der Pirouette

1. Hinterhand weicht nach außen aus

Vielleicht bewegt sich die Vorhand nach innen, die Hinterhand jedoch bewegt sich nach außen. Genau genommen dreht sich das Pferd um die Mittelhand statt um den inneren Hinterfuß. Dies bedeutet, dass das Pferd die vermehrte Lastaufnahme mit dem inneren Hinterbein vermeidet.

Lösungen

a Überprüfen Sie, ob der äußere Schenkel noch an seinem Platz hinter dem Gurt ist und verhindert, dass sich die Hinterhand nach außen bewegt.

b Wichtig ist, gerade im Sattel sitzen zu bleiben. Knickt der Reiter in der inneren Hüfte ein, verlagert sich sein Gewicht nach außen, und dies kann genügen, um die Hinterhand nach außen zu schieben.

c Die Pirouette kann für den Ausbildungsstand des Pferdes zu klein sein. Es kann sich nicht genügend zusammenstellen und verschafft seinem inneren Hinterfuß Erleichterung, indem es nach außen ausweicht.

- Im Allgemeinen hilft es, die Pirouette größer zu reiten.
- Denken Sie daran, im Frühstadium eventuell Viertelpirouetten zu reiten, um die Anforderungen an die Hinterhand kleiner zu halten. Der Ausbau bis zur vollen Pirouette findet dann allmählich statt.

2. Taktverlust

a Achten Sie darauf, dass die Hilfe mit dem inneren Schenkel während der Wendung funktioniert. Es kann hilfreich sein, Schritt für Schritt wechselnde Hilfen zu geben, sodass jeder Schritt, den das Pferd in der Pirouette unternimmt, gestützt wird. Von Seiten des Reiters erfordert dies Gefühl und Timing, und wenn Ihnen dies Schwierigkeiten bereitet, bitten Sie Ihren Trainer anzusagen, wann Sie welchen Schenkel einsetzen sollen. Die Hilfe sollte im selben Augenblick gegeben werden, in dem der entsprechende Hinterfuß abfußen will. (So kontrolliert der innere Schenkel das innere Hinterbein und der äußere Schenkel das äußere Hinterbein.)

b Wie oben erwähnt, kann die Pirouette zu klein sein und dadurch der Takt verloren gehen. Lässt sich das Problem durch vermehrtes Treiben mit dem inneren Schenkel nicht lösen, reiten Sie die Pirouette größer.

c Der innere Hinterfuß sollte ab- und auffußen im Takt der Gangart. Gelegentlich ist zu sehen, dass er für einen Tritt oder mehrere am Boden klebt.

- Schuld daran kann zu starke Zügeleinwirkung sein, die den Schwung hemmt. Kurzes Annehmen und Nachgeben erlaubt dem Pferd, sich flüssig, und zwar sowohl seitwärts wie geringfügig nach vorne, zu bewegen.

3. Fällt auf die innere Schulter

Eine korrekt gerittene Pirouette erfordert Durchlässigkeit, Gleichgewicht und Aktivität. Fehlt es daran, kann das Pferd auf die innere Schulter fallen.

Lösungen

a Zu viel innerer Zügel kann dazu führen, dass das Pferd sich an der Hand anlehnt und deshalb, wenn es in die Wendung geht, sein Gewicht auf der Vorhand hat und nach innen fällt. Der

Reiter darf nicht der Versuchung erliegen, das Pferd mit dem inneren Zügel in die Pirouette zu ziehen. Wie bei jedem Zirkel geht es um eine Kombination aus Sitz-, Schenkel- und Zügelhilfen. Die Pirouette ist ein sehr kleiner Kreis auf zwei Hufspuren, weshalb sich die Wirkung jeder falsch gegebenen Hilfe nur zu gern vervielfacht.

Der innere Zügel weist dem Pferd die Richtung, aber in Koordination mit den anderen Hilfen. Er sollte niemals dominieren.

b Auch mangelnde Aktivität der Hinterhand kann das Pferd auf die Vorhand bringen, mit dem Ergebnis, dass es nach innen fällt. Verstärken Sie mit dem inneren Schenkel den Vorwärtsimpuls oder, wenn das Pferd faul erscheint, reiten Sie es energisch im Galopp vorwärts, parieren durch zum versammelten Schritt und beginnen so bald wie möglich mit der Pirouette. Durch den Galopp wird der Schritt lebhafter und der Vorwärtsimpuls bleibt erhalten.

c Wenn das Pferd steif ist und Probleme mit der seitlichen Biegung hat, kann es das Gleichgewicht verlieren, wenn Sie eine Pirouette versuchen, und fällt dann nach innen.

Versuchen Sie die Biegung im Schulterherein zu etablieren, geben Sie eine halbe Parade und reiten Sie eine Viertelpirouette. Das weniger anspruchsvolle Schulterherein kann dann als Vorbereitung auf die Anforderungen der Pirouette betrachtet werden.

d Statt im Takt Schritt für Schritt herumzutreten, kann das Pferd eine rasante Drehung vollführen, entweder weil es das Gleichgewicht verloren hat oder weil es die Übung vorwegnimmt.

- In diesem Fall verlangen Sie nur einen oder zwei Schritte der Pirouette und reiten dann mit geradegerichtetem Pferd aus der Übung heraus. Die Unterteilung in kleinere Abschnitte verleiht Ihnen mehr Kontrolle über das, was unter Ihnen vorgeht.
- Helfen kann auch, die eigenen Schultern langsamer in die Wendung zu drehen.

Die Hinterbeine dürfen nicht kreuzen und nicht nach innen treten, sondern müssen einen sehr kleinen Kreis beschreiben.

4. Hinterbeine bewegen sich nach innen, anstatt unter das Gewicht zu treten

Die Hinterbeine dürfen nicht kreuzen und nicht nach innen treten, sondern müssen einen sehr kleinen Kreis beschreiben.

Lösungen

Das Problem kann ein zu stark einwirkender äußerer Schenkel sein. Um die Hinterhand am Ausweichen nach außen zu hindern, tun manche Reiter des Guten zu viel und schieben unabsichtlich die Hinterhand nach innen. Geben Sie die Hilfe viel leichter.

- Bei einem sehr empfindlichen Pferd legen Sie wie üblich den äußeren Schenkel hinter den Gurt, berühren das Pferd an der Flanke aber kaum bis überhaupt nicht. Durch das Zurücklegen des Schenkels verlagert sich das Reitergewicht korrekt auf den inneren Gesäßknochen. Das Pferd nimmt den Schenkel zwar wahr, aber wenn er es nur sehr leicht berührt, akzeptiert es ihn eher, anstatt davor wegzulaufen.
- Beginnen Sie die Pirouette aus einem Schulterherein. Die Vorhand nach innen zu bringen ist eine gute Vorbereitung und macht es für die Hinterhand schwerer, sich nach innen abzustellen.
- Ist der Schritt vor der Pirouette sehr lebhaft, können wir das Pferd mit halben Paraden zum vermehrten Untertreten anregen, was die Vorhand leichter macht. Damit wird die Wendung einfacher, und der Reiter kann leichtere, feinere Hilfen geben. Starkes Einwirken mit dem äußerer Schenkel ist dann nicht mehr nötig.

Galopp-Pirouette

Allgemein

- Es handelt sich um einen kleinen Kreis auf zwei Hufschlägen, wobei sich die Vorhand um die Hinterhand herumbewegt.
- Der Dreischlag des Galopps muss während der gesamten Übung erhalten bleiben.
- Das Pferd nimmt mit den Hinterbeinen vermehrt Last auf, manifestiert durch ein deutliches Absenken der Hinterhand. Damit wird die Vorhand leichter, was dem Pferd die Möglichkeit gibt, die Lektion auszuführen.
- Die Übung kann als Voll-, Halb- oder Viertelpirouette geritten werden.
- Die Anzahl der Galoppsprünge kann unterschiedlich sein, im Allgemeinen können Sie bei einer ganzen Pirouette mit sechs bis acht, bei einer halben Pirouette mit drei bis vier Sprüngen rechnen.

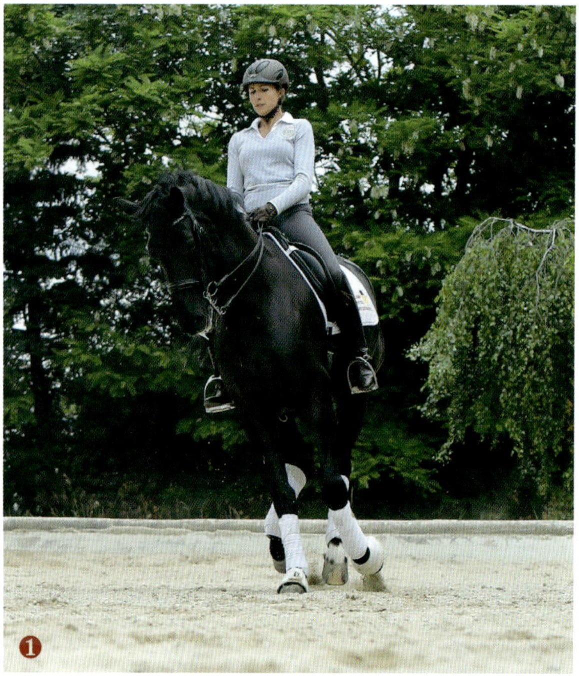
1

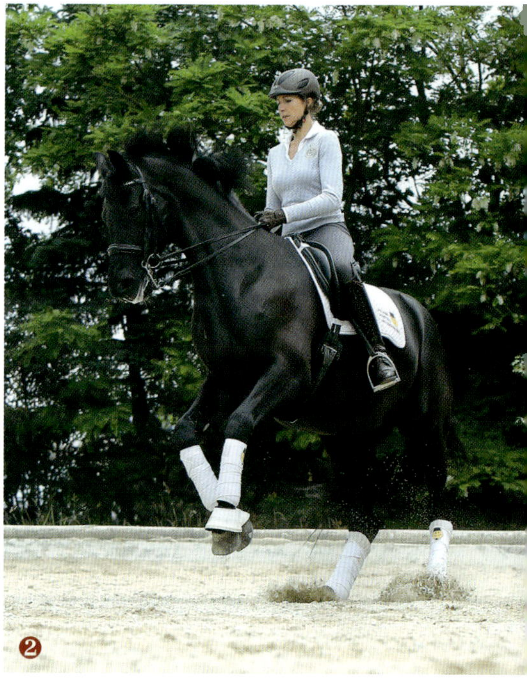
2

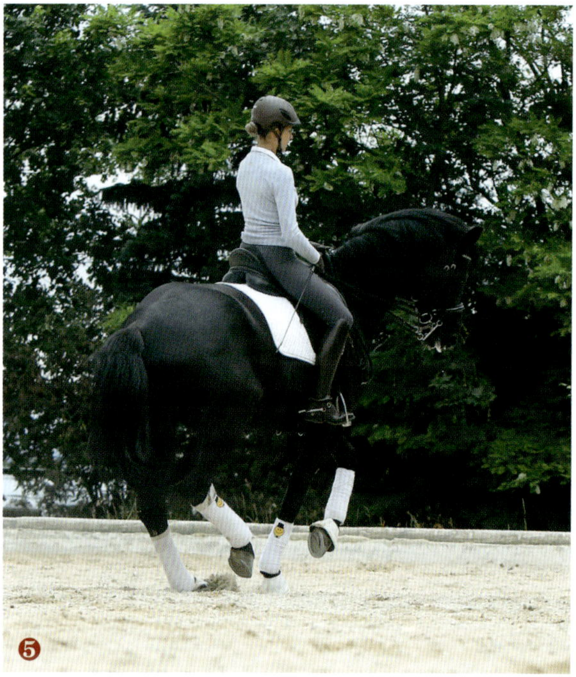
5

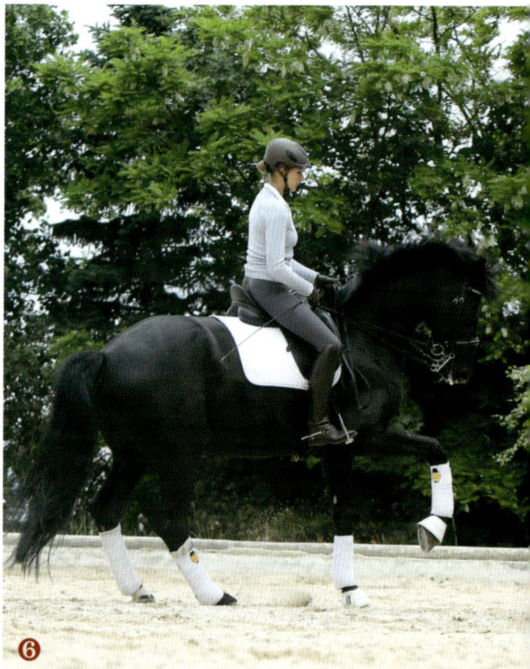
6

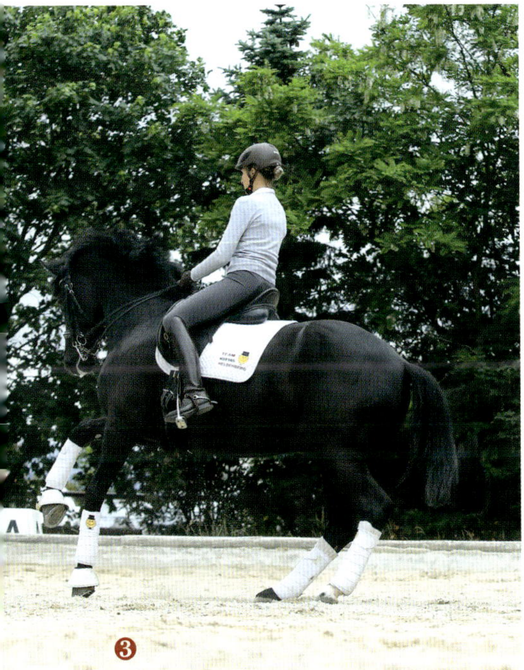

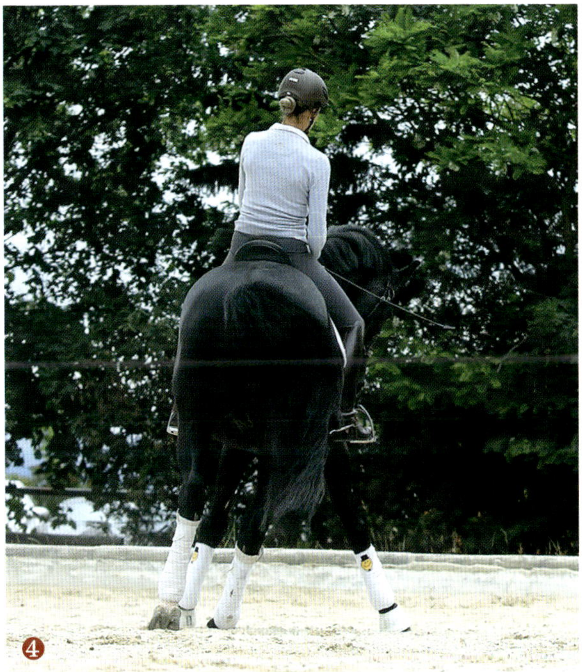

Eine ganze Galopp-Pirouette nach rechts. Deutlich erkennbar die Kraft des Pferdes während der Lastaufnahme auf der Hinterhand. Nur wenn es sich auf diese Weise setzt, kann die Vorhand so leicht werden, dass das Pferd unter Beibehaltung des Taktes eine Wendung um 360° ausführen kann.

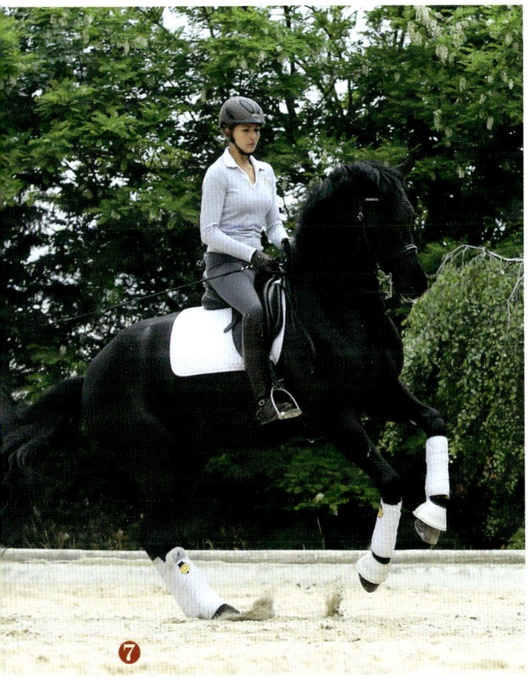

Hilfen für die Galopp-Pirouette

- Zur Vorbereitung verlangen Sie mehr Versammlung und Kadenz im Galopp. Dem Gefühl nach galoppiert das Pferd fast auf der Stelle, der Galoppsprung darf jedoch nie seine Elastizität und Sprungkraft verlieren. Der Reiter strebt eine vermehrte Hankenbeugung an, manchmal auch »Pirouetten-Galopp« genannt. Dies verlangt dem Pferd viel Kraft ab, da das innere Hinterbein mehr Last aufnehmen muss. Das Genick bleibt der höchste Punkt.
- Der innere Schenkel am Gurt sorgt für die Beibehaltung des Schwungs und ist der Dreh- und Angelpunkt, um den das Pferd sich biegt.
- Der äußere Schenkel ein wenig hinter dem Gurt leitet die Pirouette ein und verhindert, dass die Hinterhand nach außen ausweicht.
- Der innere Zügel ist verantwortlich für die Halswölbung und die Seitwärtsbewegung.
- Der äußere Zügel regelt den Takt und auch das Maß der Biegung und Halswölbung.
- Wenn die Pirouette beendet ist, wird das Pferd energisch aus der Lektion herausgeritten. Setzen Sie den inneren Schenkel am Gurt und den äußeren Zügel ein, um das Pferd auf eine gerade Linie zu bringen.

Probleme mit der Galopp-Pirouette

1. Die Pirouette ist zu groß

Möglicherweise ein Anzeichen dafür, dass der Galopp nicht versammelt genug war und die Sprünge zu lang und nicht gesetzt waren.

Versammlung besteht im Wesentlichen daraus, wie viel Last das Pferd nach hinten verlagern und mit den Hanken tragen kann. Hauptziel der Versammlung sind nicht kürzere Tritte oder Sprünge; diese sollten vielmehr das Resultat der vermehrten Aktivität der Hinterhand sein.

Lösungen

Es gibt eine Reihe von Übungen zur Entwicklung der Versammlung.

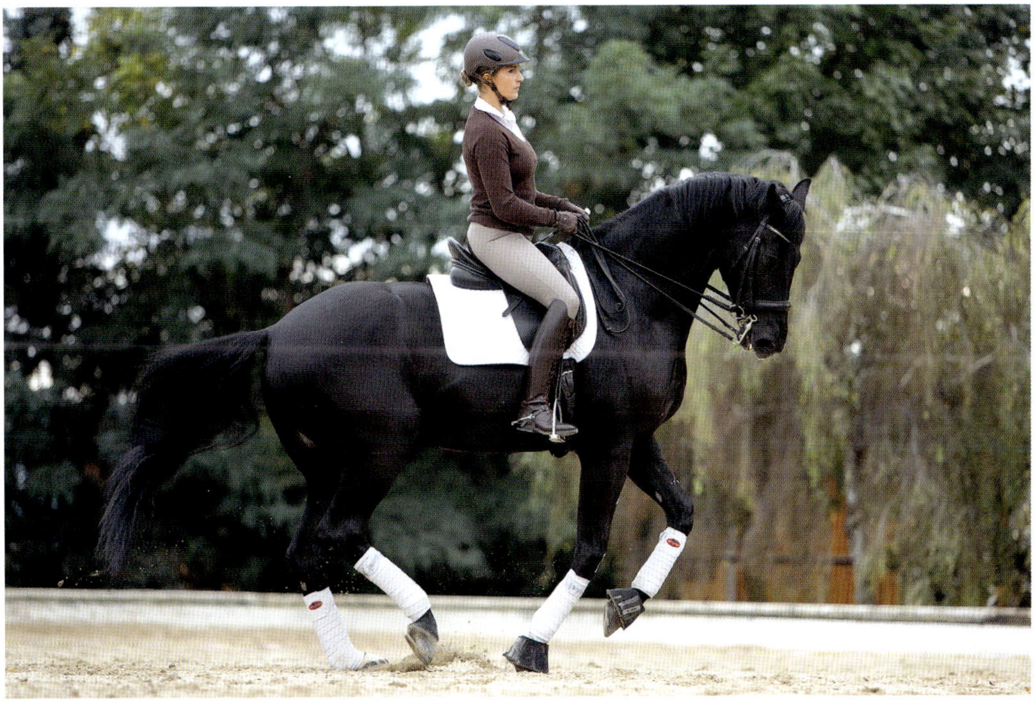

Hier sehen Sie die Extra-Versammlung, die für eine Pirouette unabdingbar ist. Beachten Sie die ausgeprägte Hankenbeugung und die abgesenkte Kruppe.

Vorschläge

- Zirkelverkleinern im Galopp ist ein guter Start, aber nur wenn Biegung, Gleichgewicht und Sprungkraft dabei erhalten bleiben. Geht die Aktivität verloren, sorgen Sie mit ein paar Sprüngen im Mittelgalopp auf einem großen Zirkel oder einer Geraden für eine Auffrischung der Energie.
- Galopp in einer leichten Travers-Stellung – zwei Hufbreit sind genug – auf einer Geraden sind gut zur Entwicklung der Geschmeidigkeit. Spiralförmig geritten bringen sie uns in guter Biegung näher an die Pirouette heran, aber bevor wir mit der Pirouette beginnen, muss das Pferd unbedingt wieder geradegestellt werden.
- Ist das Pferd in der Lage, eine Pirouette zu springen, diese fällt je doch zu groß aus, können wir die Bande zuhilfe nehmen. Reiten Sie im Außengalopp auf der Dreiviertellinie. Kurz vor Ende der langen Seite versammeln Sie das Pferd zum »Pirouetten-Galopp«, reiten eine halbe Pirouette zur Bande hin und galoppieren im »richtigen« Galopp auf der Dreiviertellinie zurück. Wand oder Bande sorgen dafür, die Vorwärtsbewegung einzuschränken. Je besser das Pferd wird, desto näher an der Bande kann es geritten werden, sodass die Pirouetten immer kleiner ausfallen.

Es kann vorkommen, dass der Reiter zu früh zu viel vom Pferd verlangt. Es ist nur logisch, zuerst gut gesetzte Viertel- und dann halbe Pirouetten zu reiten, bevor man sich an die volle Pirouette wagt.

- Reiten Sie ein Viereck mit leichter Travers-Stellung. Vor jeder Ecke stellen Sie das Pferd gerade und fordern die maximale Versammlung, zu der Ihr Pferd fähig ist, bevor Sie eine Viertelpirouette reiten. Reiten Sie nach jeder Wendung energisch vorwärts, damit das Pferd nicht seitwärts driftet. Die Seiten des Vierecks sollten gerade sein.
- »Sitzt« die Übung, machen Sie das Viereck kleiner, sodass die Ecken schneller auf Sie zukommen, eine gute Vorbereitung zum schnellen Denken und Handeln für den Reiter. Danach sollte das Pferd bereit sein für die halbe Pirouette.
- Für die halbe Pirouette reiten Sie eine Schlangenlinie mit drei Bögen. Bei Erreichen der Mittellinie reiten Sie eine halbe Pirouette, galoppieren auf derselben Hand weiter zum zweiten Bogen, wieder halbe Pirouette und auf derselben Hand weiter zum dritten Bogen, von Anfang bis Ende alles auf einer Hand. Die halbe Pirouette auf der Mittellinie gibt dem Reiter einen guten Anhaltspunkt für die Größe der Pirouette.
  Setzt der Reiter den Sitz nicht korrekt ein, bringt er das Pferd nicht genügend auf die Hanken für die Pirouette. Das Pferd hat dann keine Chance, eine kleine Pirouette zu springen und darf nicht die Schuld an etwas zugeschoben bekommen, für das es nichts kann.
- Wie oben erwähnt, können wir das Pferd nicht dadurch versammeln, dass wir am Zügel ziehen. Zeit und eine geschickte Kombination von Sitz, Schenkeln und Zügel sind nötig, um ein Pferd auszubilden, das leistungsfähig und stark genug ist, mit der Hinterhand vermehrt Last aufzunehmen. (Einzelheiten siehe Kapitel »Der Sitz«.) Mangelnde Geschmeidigkeit kann ein Problem sein. Hier können Seitengänge hilfreich sein.
- Reiten Sie zum Beispiel eine Galopp-Traversale vom Hufschlag zur Mittellinie bei D oder G.
- Dann reiten Sie einen kleinen halben Zirkel im Travers, stellen das Pferd gerade und reiten weiter in der Galopp-Traversale. Diese Kombination von Übungen trägt dazu bei, das Pferd von hinten zu schließen. Wenn das Pferd Fortschritte macht, reiten Sie am Ende der Traversale eine halbe Pirouette. Bei beiden Übungen sollte sich eine deutliche Verbesserung zeigen.

2. Die Hinterbeine springen gemeinsam

Bei einer korrekten Pirouette bleibt die Sprungfolge des Galopps erhalten. Schwungverlust kann die Ursache dafür sein, dass beide Hinterbeine gleichzeitig abspringen.

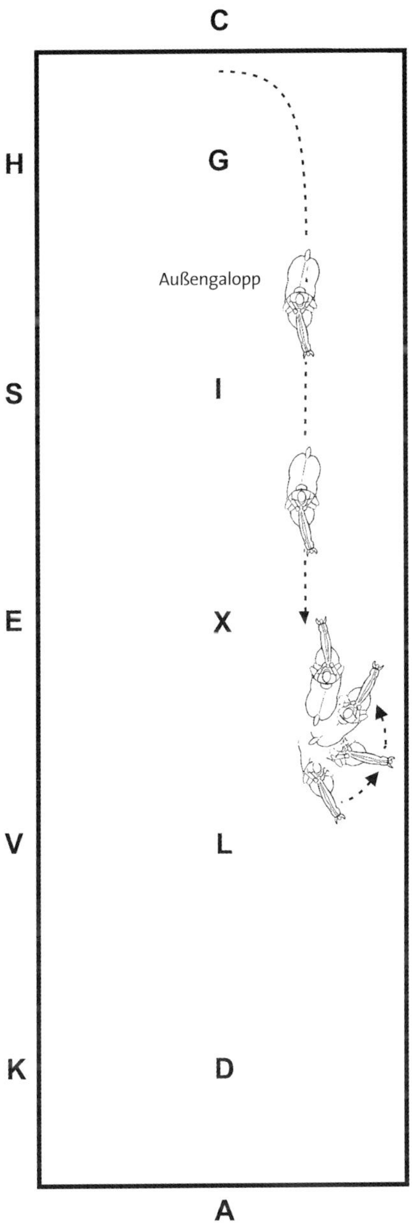

Außengalopp zur halben Pirouette. Die Zeichnung zeigt eine Übung, bei der Bande oder Wand dazu eingesetzt werden, die Größe der halben Pirouette zu regulieren. Die Linie für den Außengalopp muss so angelegt sein, dass dem Pferd Raum bleibt für die Pirouette. Ist sie zu nah an der Bande, kann das Pferd das Vertrauen verlieren, weil es dem Anspruch noch nicht gerecht werden kann.

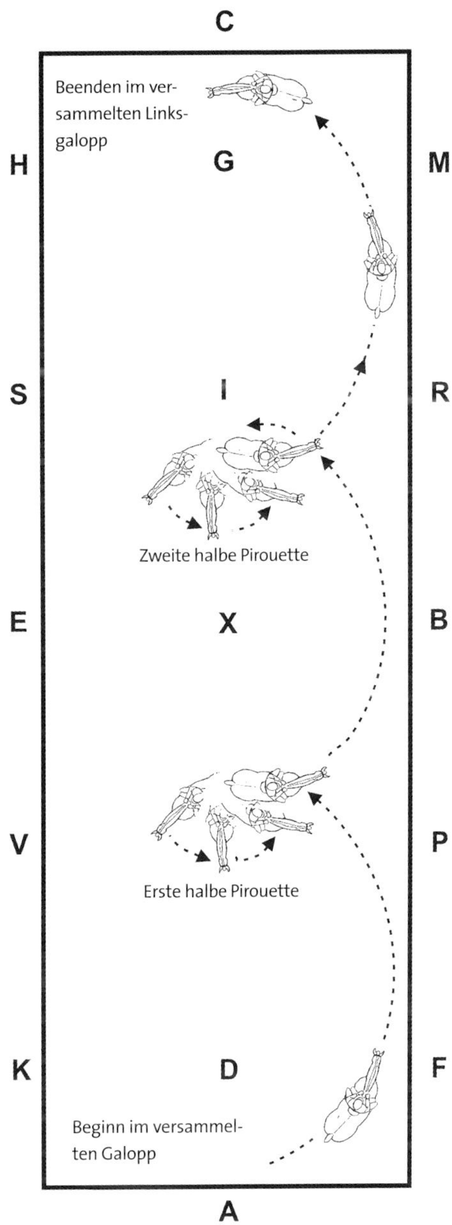

Diese Schlangenlinien beginnen und enden auf derselben Hand. Achtung: Aufgrund der halben Pirouetten auf der Mittellinie gehen die Bögen nicht bis zum Hufschlag der anderen Seite – sie bleiben auf einer Seite.

LÖSUNGEN

a Halten Sie leichte Anlehnung, bevor Sie mit der Pirouette beginnen. Ist sie zu stark, kann sie das Pferd daran hindern, energisch nach vorne zu galoppieren.

b Reiten Sie Mittelgalopp, dann versammeln bis hin zum »Pirouetten-Galopp« und die Übung ausführen. Fängt das Pferd korrekt an, macht jedoch zwischendurch immer wieder »Häschen-Hüpfer«, reiten Sie weniger Galoppsprünge, gefolgt von Mittelgalopp, damit das Pferd weiterhin nach vorne denkt.
Es kann aber auch sein, dass das Pferd noch nicht die Kraft für die volle Pirouette hat und mehr Zeit für seine Entwicklung braucht.

3. Hinterhand fällt aus

Um der Lastaufnahme mit dem inneren Hinterbein aus dem Weg zu gehen, kann das Pferd mit der Hinterhand nach außen ausweichen.

LÖSUNGEN

a Der äußere Schenkel hinter dem Gurt hindert die Hinterhand am Ausweichen. Kommen Sie damit nicht durch, setzen Sie den Schenkel im Rhythmus des Galopps etwas stärker ein.

b Üben Sie mit dem Pferd den Travers, bis Sie nach Wunsch sicher von geraden zu Seitengängen wechseln können. Damit lässt sich der Gehorsam auf den äußeren Schenkel verbessern. Auch hier kann ein Viereck mit abwechselndem Travers geritten werden, dann wieder gerade oder sogar Schultervor.

c Die Pirouette ist für das Pferd sehr anstrengend und stellt hohe Anforderungen an Kraft und Gleichgewicht. Zu oft und zu lang geübt besteht die Gefahr, dass die Hinterbeine überanstrengt werden.

VORSCHLÄGE

- Reiten Sie im Training die weniger anspruchsvolle »Arbeitspirouette«, bei der die Hinterbeine einen Kreis von 2 m Durchmesser beschreiben dürfen. Damit kann der Reiter immer noch die entsprechenden Hilfen üben, während Takt und Biegung erhalten bleiben.

d Für eine gute Pirouette muss der Reiter still und geschmeidig im Sattel sitzen. Ein steifer Reiter produziert ein steifes Pferd, und wenn der Reiter in der inneren Hüfte einknickt, verschieben sich sein Sitz und sein Gewicht nach außen, was das Pferd aus dem Gleichgewicht bringt und die Hinterhand nach außen ausweichen lässt. Ein fehlerhafter Sitz führt zu fehlerhaften Lektionen!

Ein steifer Reiter produziert ein steifes Pferd …

4. Auf die innere Schulter fallen

Dies kann zurückzuführen sein auf mangelnde Durchlässigkeit oder einen Sitzfehler des Reiters.

LÖSUNGEN

a Das Pferd muss die innere Schenkelhilfe gehorsam annehmen.

- Überprüfen Sie mit Schultervor, dass das Pferd sich nicht auf den inneren Zügel legt. Wir müssen in der Lage sein, das Pferd mit dem inneren Schenkel an den äußeren Zügel heranzutreiben, anstatt am äußeren Zügel zu ziehen.
- Im Galopp sollte das Pferd aufgrund Ihres Sitzes nach innen (siehe Kapitel »Der Sitz«) ganz leicht um den inneren Schenkel gebogen sein. Ist es dazu nicht geschmeidig genug, ist es nicht bereit für die Pirouette.

b Ein Problem kann das Vorwegnehmen sein. Das Pferd wendet dann zu schnell und kann die Balance verlieren.

Ein fehlerhafter Sitz führt zu fehlerhaften Lektionen!

- Denken Sie daran, mit den Schultern langsamer in die Wendung zu gehen, damit das Pferd Ihre Körperbewegung nachahmt. Sie müssen allerdings selbst die Initiative ergreifen, damit es auf Sie reagiert, und nicht umgekehrt.

c Ein schiefes Pferd ist nicht ausbalanciert und kann auf die Schulter fallen, wenn es die Pirouette versucht.

- Nehmen Sie sich in diesem Fall Zeit, das Pferd geradezurichten. Außengalopp und Übergänge zwischen Travers, Schultervor und Geradeausreiten sind dabei eine große Hilfe.

5. Auf der Vorhand

Ist das Pferd auf der Vorhand, wirkt die Pirouette mühsam. Die Vorhand sollte sich in der Wendung heben, weil die Hinterhand sich senkt.

Lösungen

Von einem Pferd, das nicht über den Rücken geht, ist auch nur eine mangelhafte Pirouette zu erwarten. Das Genick muss der höchste Punkt bleiben und das Gewicht sich von der Vorhand auf die Hanken verlagern.

- Versuchen Sie den Galopp mit häufigen Übergängen innerhalb der Gangart und von einer Gangart zur anderen besser vorzubereiten. Wichtig ist eine runde, elastische Oberlinie, und zur Überprüfung der Selbsthaltung kann der Reiter gelegentlich die Zügel hingeben und wieder aufnehmen.
- Ab und an einige wenige Galoppsprünge in extremer Versammlung reiten und wieder die Selbsthaltung überprüfen.
- Versuchen Sie, die Versammlung mit leichtester Anlehnung zu reiten und dabei die wichtigsten Elemente zu bewahren: das Pferd durch die vortreibenden Hilfen (nicht durch ein Ziehen am Zügel) an den Zügel heran geritten, mit elastischer Oberlinie und aktiver Hinterhand.

Kapitel 6

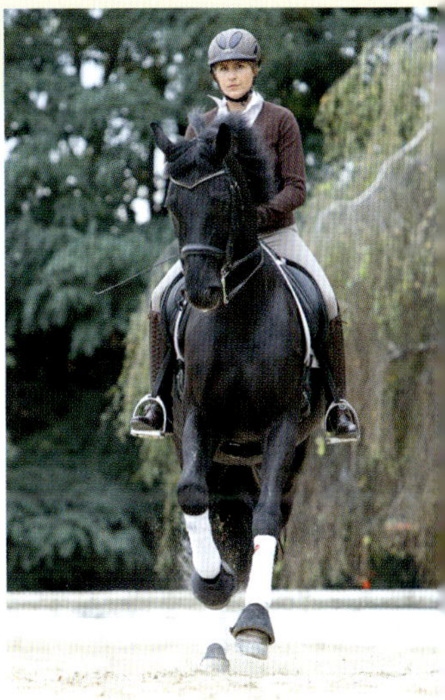

FORTGESCHRITTENE GALOPPARBEIT

AUSSENGALOPP

Vom Außengalopp war erstmals in Kapitel 4 die Rede. Nun können wir das Thema vertiefen.

Allgemein

- Er stärkt die Hanken, weil er ein geradegerichtetes Pferd und gleichmäßige Lastaufnahme durch beide Hinterbeine erfordert. Durch den Außengalopp wird das Pferd gerade und durchlässig.
- Der Galopp darf nicht eilig sein und muss sein Gleichmaß beibehalten.
- Sind sie nicht von Natur aus gut ausbalanciert, fällt den meisten Pferden die Übung schwer. Gehen Sie also mit Gefühl vor.
- Von der Leichtigkeit, mit der ein Pferd den Außengalopp ausführt, lässt sich auf seine Bereitschaft zu fliegenden Wechseln schließen.

Einführung des Außengalopps

Es ist ratsam, den Außengalopp aus dem Schritt zu entwickeln.

VORSCHLÄGE

1 Ein einfacher Weg besteht darin, an der langen Seite flache Bogen (einfache Schlangenlinien), 3 bis 5 m tief, zu reiten.
- Nach Durchreiten der Ecke bringen Sie das Pferd vom Wechselpunkt an fließend vom Hufschlag weg, und auf der Höhe

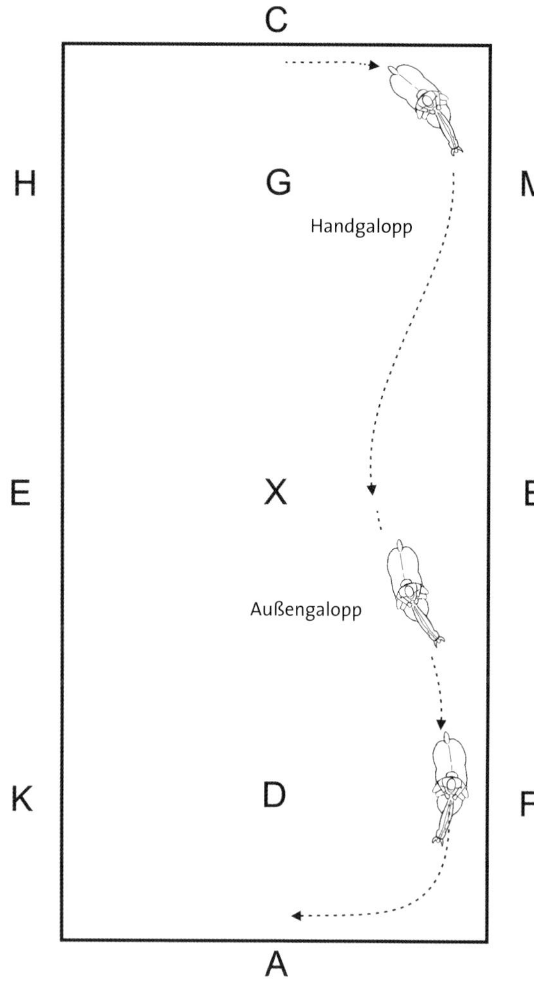

Hier und auf den folgenden Seiten sind Methoden zur Einführung des Außengalopps dargestellt. Am einfachsten ist ein flacher Bogen (einfache Schlangenlinie), 3 bis 5 m tief, an der langen Seite.

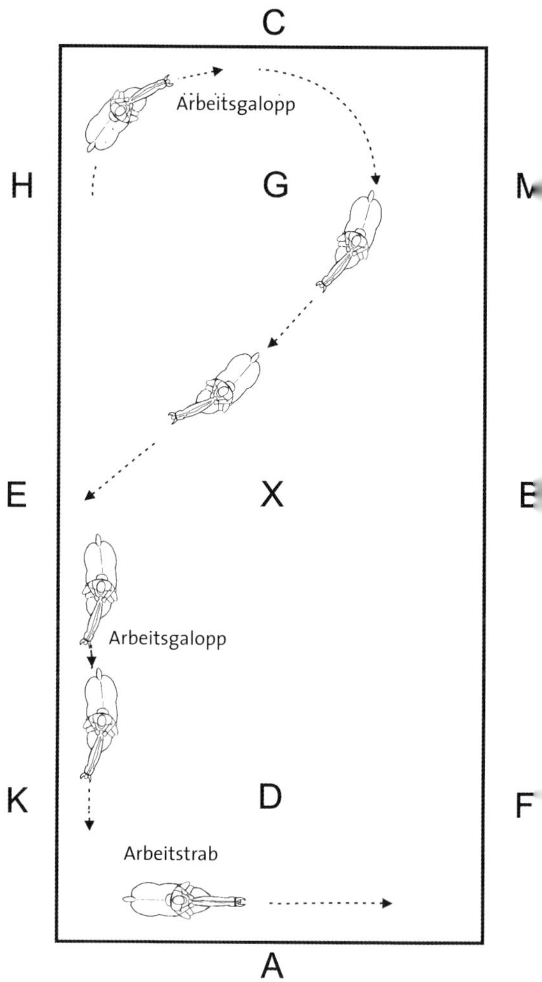

Der halbe 15 m-Zirkel und die Diagonale durch die halbe Bahn stellen höhere Anforderungen an das Gleichgewicht, ...

von B bzw. E reiten Sie ruhig zum zweiten Wechselpunkt zurück, so dass das Pferd gerade und mit allen vier Hufen auf dem Hufschlag ist, wenn Sie mit der Schulter den Wechselpunkt passieren.

- Die zweite Hälfte des Bogens ist der Teil im Außengalopp, ein sanfter Weg, die neue Übung einzuführen.
- Während der gesamten Schlangenlinie behalten Sie mit Sitz, Schenkeln und Zügeln die Position innen bei.
- In der zweiten Hälfte führt der innere Schenkel am Gurt das

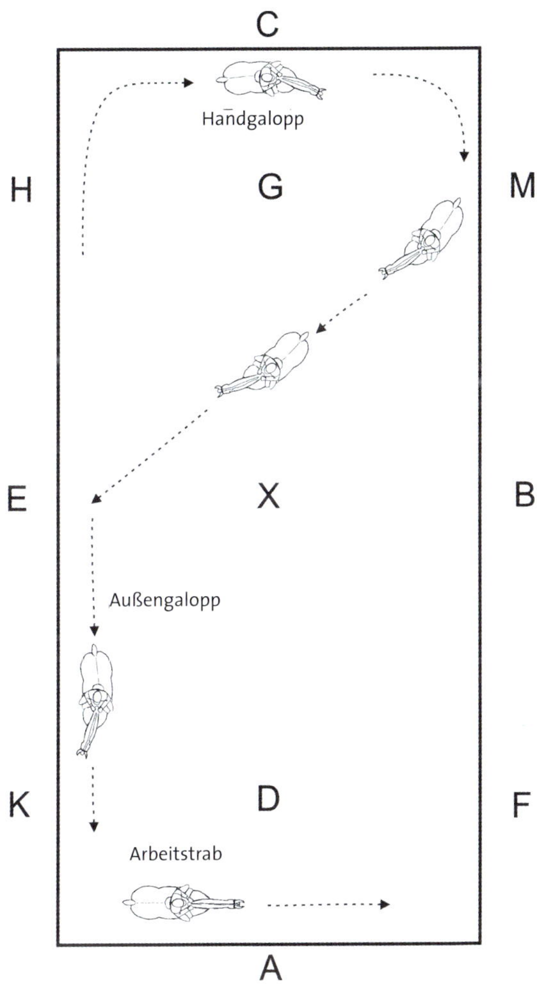

... je steiler die Rückkehr zum Hufschlag geritten wird.

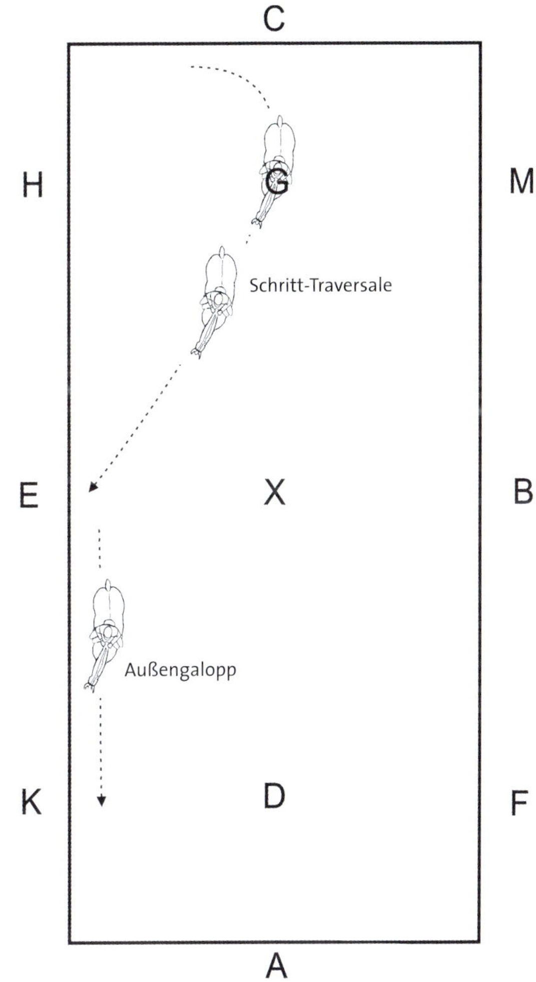

Anspruchsvoller ist es, aus der Schritt-Traversale im Außengalopp anzugaloppieren. Hierzu müssen Gleichgewicht und Engagement schon vor dem Angaloppieren gefestigt sein.

Pferd in den Bogen. Leichter wird es, wenn Sie den Punkt anvisieren, an dem Sie ankommen wollen.

- Wenn dem Pferd 3 bis 5 m tiefe Bögen keine Schwierigkeiten mehr bereiten, können Sie diese allmählich bis X ausdehnen, d. h. bis zu einer Tiefe von 10 m.

2 In der nächsten Stufe reiten Sie am Ende der langen Seite einen halben 15 m-Zirkel und kehren zwischen dem halben Bahn- und dem Wechselpunkt vor der Ecke zum Hufschlag zurück, sodass das Pferd auf dem äußeren Hufschlag einige Galoppsprünge im Außengalopp zurücklegt.

3 Sie können auch durch die halbe Bahn wechseln und auf dem gegenüberliegenden Hufschlag einige Sprünge im Außengalopp reiten. Hat das Pferd Schwierigkeiten, den Außengalopp zu halten, gehen Sie eine Stufe zurück und reiten wieder einige einfachere flache Bögen.
4 Eine weitere Möglichkeit: Im Schritt von A oder C zu den halben Bahnpunkten traversieren. Am Hufschlag angekommen, die Biegung in der Traversale zur Vorbereitung nutzen und den Außengalopp verlangen. Vor der ersten Ecke Schritt.
5 Wenn das Pferd mit dem Außengalopp immer besser zurechtkommt, reiten Sie im Außengalopp große Wendungen um die Ecken der kurzen Seite, wechseln nach der zweiten Ecke durch die ganze Bahn und reiten im Handgalopp weiter.
6 Zur weiteren Verfeinerung reiten wir einen halben 20 m-Zirkel im Außengalopp, dann einen ganzen Zirkel und so weiter, bis das Pferd so versammelt und ausbalanciert ist, dass wir es im Außengalopp um die ganze Bahn reiten können.

Probleme mit dem Aussengalopp

1. Ausfallen/Kreuzgalopp

Dieses Problem tritt häufig auf. Gewöhnlich ist es auf mangelndes Gleichgewicht des Pferdes, des Reiters oder beider zurückzuführen.

Lösungen

a Das Problem kann darauf zurückzuführen sein, dass der Reiter sich verkrampft. Versuchen Sie Abhilfe zu schaffen, indem Sie Sitz und Schenkel entspannen. Sind Sie sich nicht sicher, ob Sie die Übung beherrschen, gehen Sie eine Stufe zurück und reiten ein paar einfache Bögen, bis Sie wieder weich mitgehen können. Vergessen Sie nicht, das Pferd mit dem inneren Schenkel zu unterstützen und daran zu erinnern, den Außengalopp zu halten.

b Bei einem verkrampften oder allzu bemühten Reiter kann die Hand hart werden. Auch deshalb kann das Pferd im Außengalopp ausfallen.

- Der Reiter muss immer ruhig im Sattel sitzen und darf das Pferd nicht dadurch stören, dass er sein Gewicht verlagert, was das Pferd mit Kreuzgalopp quittieren könnte. Im Außengalopp auf einem Bogen darf der Reiter nicht am äußeren Zügel ziehen, um das Pferd um eine Wendung oder auf den Zirkel zu steuern. Es verliert das Gleichgewicht und rettet sich in den Kreuzgalopp.

c Manche Pferde fallen aus oder verfallen in den Kreuzgalopp, wenn sie auch die kurze Seite im Außengalopp gehen sollen.

- Beginnen Sie mit dem Bogen der Wendung ein gutes Stück vor der Ecke, vielleicht sogar am halben Bahnpunkt. Versuchen Sie, immer viel Freiraum zu lassen, um das Selbstvertrauen des Pferdes aufzubauen.
- Fällt es dem Pferd schwer, reiten Sie die Wendung möglichst noch größer.

d Ein Pferd kann auch ausfallen, wenn es nicht genug Kraft in der Hinterhand hat, besonders wenn es im Außengalopp auf dem Zirkel oder über die kurze Seite gehen soll.
Wechseln Sie zu einer einfacheren Übung, damit es Zeit hat, die Kraft in der Hinterhand zu entwickeln. Zwingt man ein schwaches Pferd, den Außengalopp durchzuhalten, kann dies zu Spannungen führen und in der Zukunft zum Problem werden. Ein Experte kann dann beraten, wieviel der Reiter von seinem Pferd verlangen darf.

2. Eilt im Außengalopp

Wahrscheinlicher Grund: ungenügende Versammlung mit daraus resultierendem Verlust des Gleichgewichts.
Lösungen

- Kontrollieren Sie Ihre Vorbereitung. Geben Sie dem Pferd eine Chance, indem Sie es mit halben Paraden auffordern, sich etwas mehr zu setzen, und achten Sie auf gleichmäßigen Rhythmus, bevor Sie mit der Übung beginnen.
- Bleiben Sie unbedingt im Sattel sitzen. Wenn Sie nach vorne kippen, wird das Pferd schneller.
- Seien Sie bereit, mit den Zügeln immer wieder leicht nachzugeben, damit das Pferd locker bleibt. Verstärktes Ziehen am Zügel führt nur dazu, dass es dagegengeht.

3. Auf zwei Hufschlägen

Eines der Hauptziele des Außengalopps besteht darin, das Pferd geradezurichten. Deshalb darf man nicht erlauben, dass es im Außengalopp die Hinterhand abstellt und auf zwei Hufschlägen galoppiert statt auf einem.

Eine Schiefstellung muss immer dadurch korrigiert werden, dass die Vorhand auf die Hinterhand ausgerichtet wird.

LÖSUNGEN

Stellt das Pferd zum Angaloppieren die Hinterhand ab, muss der Reiter zuerst die Schultervor-Stellung verlangen, bevor er die Galopphilfen gibt. Eine Schiefstellung muss immer dadurch korrigiert werden, dass die Vorhand mit der Hinterhand auf eine Linie gebracht wird.

- Der äußere Schenkel hinter dem Gurt liegt nur leicht an. Ist er zu stark, kann das Pferd dies als Hilfe zum Seitwärtsgehen interpretieren und der fehlerhaften Anweisung Folge leisten!
- Biegen Sie den Pferdehals nicht zu sehr in Richtung führendes Vorderbein. Es kann dazu führen, dass das Pferd die Hinterhand herumschwenkt und sich auf die äußere Schulter legt. Denken Sie sich im Außengalopp ein fast gerades Pferd, das nur ganz leicht um den inneren Schenkel am Gurt gebogen ist.
- Die Galoppsprünge sollten im Außengalopp ausbalanciert, aber voller Schwung sein. Ein Pferd ist einfacher geradezuhalten, wenn eine positive Energie vorhanden ist, die man kanalisieren kann. Aber nicht übertreiben: Es wird sich nur festmachen, wenn Sie es auf die Schulter schieben.

4. Macht sich fest

Entweder ist die Übung zu anspruchsvoll, oder der Reiter macht sich selbst steif.

LÖSUNGEN

Übersteigt die Übung den derzeitigen Stand des Pferdes an Durchlässigkeit, kann es sich festmachen, um das Gleichgewicht zu wahren. Versuchen Sie es in diesem Fall mit einem einfacheren Übungsmuster im Außengalopp. Wir müssen immer sensibel auf unser Pferd reagieren und bereit sein, ihm mehr Zeit zu lassen, anstatt das Thema zu forcieren.

- Ein Reiter, der sich steif macht, bewirkt das Gleiche bei seinem Pferd. Wie schon erwähnt, muss er ruhig sitzen und darf sich weder verdrehen noch versteifen. Wenn seine Reiterei Ruhe und Harmonie ausstrahlt, ist er für das Pferd ein Zugewinn, kein Hindernis.

Einfache Wechsel

Siehe die Fotoserie auf den folgenden Seiten.

- Dies ist ein einfacher Galoppwechsel mit drei oder vier Zwischenschritten – ungefähr eine Pferdelänge.
- Korrekte einfache Galoppwechsel sind notwendig zur Vorbereitung auf die fliegenden Wechsel.
- Während der Schrittphase wird das Pferde geradegerichtet (die vorherige Biegung wird aufgegeben) und in die neue Richtung gebogen. Dann ist es bereit dafür, neu anzugaloppieren.

Vorschläge

1 Wir können im Galopp durch die halbe Bahn wechseln, kurz vor der Ecke und in der Wendung Schritt gehen und auf der anderen Hand neu angaloppieren. Der Bogen der Wendung trägt dazu bei, dass das Pferd den neuen Handgalopp akzeptiert.

2 Oder Sie galoppieren von E oder B aus einen halben 10 m-Zirkel und parieren kurz vor X durch zum Schritt. Vor X zwei Tritte im Schritt, umstellen, nach zwei weiteren Tritten nach X mit der neuen Biegung erneut angaloppieren. Die Biegung in den halben Zirkeln hilft dem Pferd, korrekt anzugaloppieren, und das für die Zirkel erforderliche Gleichgewicht sorgt für gute Übergänge vom Galopp zum Schritt.

- Das Ziel sind sichere einfache Wechsel auf gerader Linie, wobei vorausgesetzt wird, dass die Ausbildung von Pferd und Reiter sich inzwischen so verfeinert hat, dass eine leichte Umstellung der Biegung genügt, um das Pferd im neuen Handgalopp angaloppieren zu lassen.

Probleme bei den einfachen Wechseln

1. Pferd nimmt den neuen Handgalopp nicht auf

Möglicherweise mangelnde Geschmeidigkeit auf einer Seite oder schlechte Vorbereitung durch den Reiter.

Lösungen

- Überlegen Sie sich eine Übung, die dem Pferd helfen kann. Eine im Galopp gerittene Acht macht es dem Pferd leichter, in den neuen Handgalopp zu finden.
- Geben Sie präzise Hilfen. Das Pferd muss den Unterschied zwi-

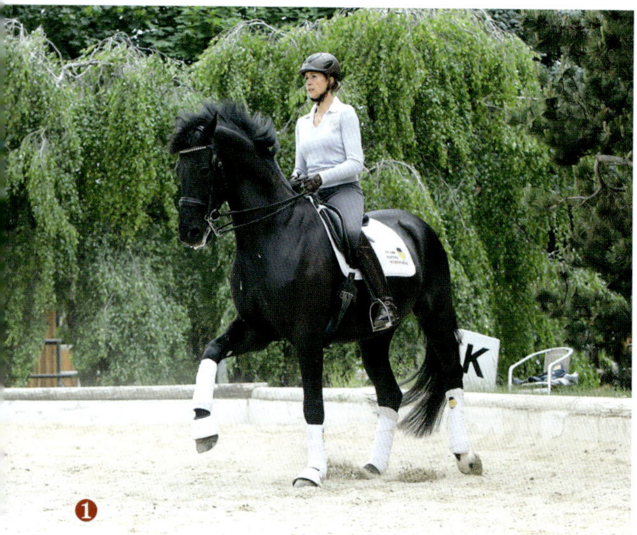

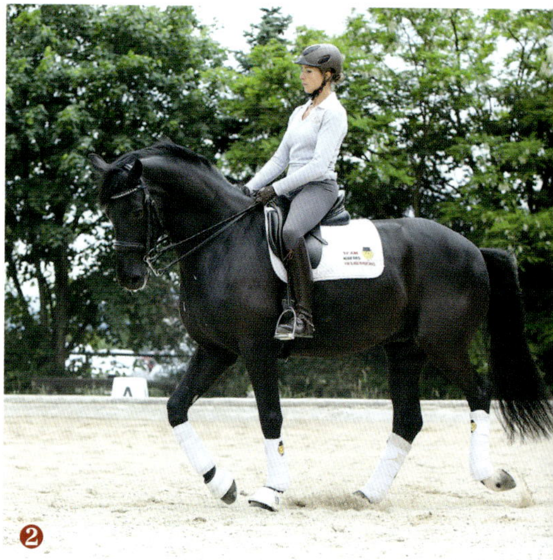

1. Das Foto zeigt die Reiterin im Rechtsgalopp, in der Vorbereitung des Übergangs zum Schritt. Der äußere Schenkel liegt korrekt hinter dem Gurt.

2. Auf diesem Foto geht das Pferd Schritt, die Reiterin hat Sitz, Schenkellage und Zügelhaltung jedoch schon für das Angaloppieren im Linksgalopp verändert.

3. Hier springt das Pferd im Linksgalopp an. Es hebt sich aus dem gebeugten Hinterbein heraus in eine schöne Aufwärtshaltung.

schen Ihren Hilfen zum Rechts- und zum Linksgalopp wahrnehmen können.

- Halten Sie während des einfachen Wechsels den Oberkörper ruhig. Fehler können entstehen, wenn Sie sich im Sattel verwinden oder vor- und zurückschaukeln.

2. Pferd trabt durch den einfachen Wechsel

Zwischen altem und neuem Galopp muss das Pferd drei bis vier Tritte im Schritt gehen, sonst ist es kein einfacher Wechsel.

Lösungen

- Es ist wichtig, den Übergang vom Galopp zum Schritt gut vorzubereiten. Siehe diesbezüglich Übergänge in eine niedrigere Gangart im Kapitel »Der Sitz«. ***Siehe Foto gegenüber.***
- Wenn der Reiter während des Übergangs zum Schritt mit dem Becken treibt, hat das Pferd Probleme mit dem sauberen Schritt.
- Ein übereifriges Pferd kann den Übergang vorwegnehmen und eher traben als Schritt gehen. Parieren Sie durch zum Schritt, aber ohne daraus wieder anzugaloppieren, bis das Pferd sich beruhigt und auf die Hilfen wartet.
- Reiten Sie die einfachen Galoppwechsel an verschiedenen

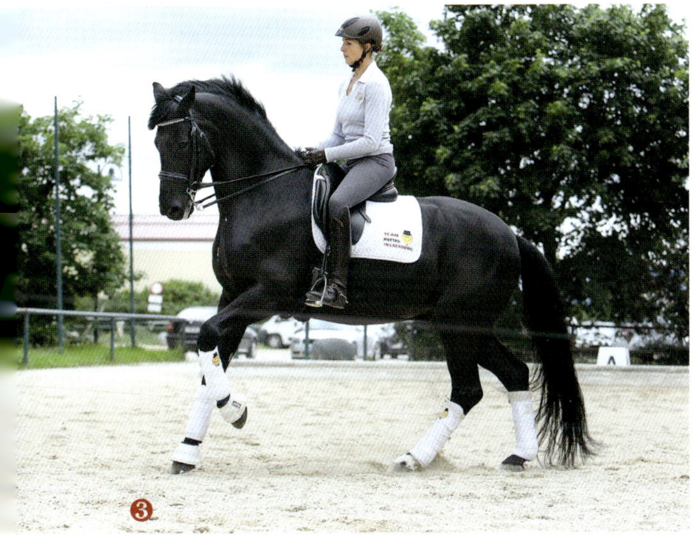

Unten: Soll der Übergang gelingen, muss der Galopp zuvor vorbereitet werden. Beachten Sie die abgesenkte Hinterhand: Das Pferd verlagert das Gewicht nach hinten, was ihm einen sauberen, ausbalancierten Übergang vom Galopp zum Schritt erlaubt.

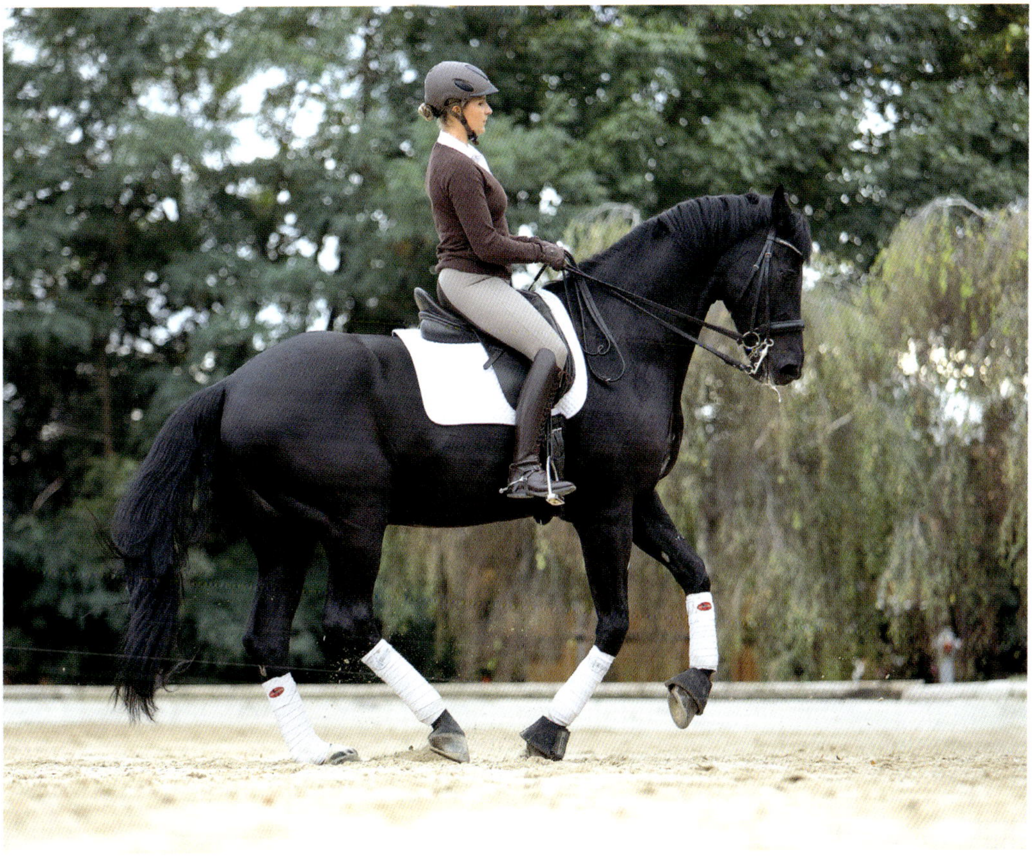

Stellen, damit das Pferd sie nicht ohne Weiteres vorwegnehmen kann.

- Wird das Pferd heftig, reiten Sie Galopp, Schritt, Halt und richten es dann ruhig rückwärts (siehe Rückwärtsrichten auf S. 157), bevor Sie auf der anderen Hand angaloppieren.
- Bei einem heftigen Pferd gelingt der Galopp-/Schritt-Übergang besser, wenn die Hilfen nahe an der Bande gegeben werden.

3. Pferd ist nicht mehr gerade

Während des einfachen Wechsels müssen die Hinterbeine in der Spur der Vorderbeine folgen.

Lösungen

- Achten Sie auf gefühlvolle Hilfen. Es genügt schon, wenn ein Schenkel oder ein Zügel stärker zum Einsatz kommen, dass das Pferd sich schief stellt.
- Einknicken in der Hüfte und die dadurch verursachte Gewichtsverschiebung können die Geraderichtung des Pferdes beeinträchtigen. Es ist wichtig, den korrekten Sitz immer beizubehalten: Er dient einem Zweck, und der besteht nicht nur in Eleganz.
- Eine Hilfe kann auch sein, den Wechsel zwischen zwei Bodenstangen zu reiten.
- Reiten Sie zum Beispiel 10 m-Zirkel in Achter-Form und den einfachen Wechsel, wenn Sie über X kommen. Legen Sie bei X zwei parallele Stangen in einem Abstand von 1 m rechts und links von der Mittellinie auf den Boden. Wenn Sie den einfachen Wechsel zwischen den Stangen reiten, kommt das Pferd nicht so leicht ins Schwanken.

4. Pferd geht beim Übergang über dem Zügel

Für einen korrekten einfachen Galoppwechsel muss das Pferd natürlich an den Hilfen bleiben und einen sauberen Schritt gehen. Ein wahrscheinlicher Grund für dieses Problem besteht darin, dass der Reiter das Pferd nicht am Sitz hat und der Galopp nicht ausbalanciert ist. Um zum Schritt durchzuparieren, zieht der Reiter nun am Zügel, und das Pferd reißt den Kopf hoch und geht über dem Zügel.

Lösungen

Wichtig ist die Vorbereitung auf den Galopp. Ziel ist ein gewisses Maß an Selbsthaltung, sodass der Reiter nicht in Versuchung kommt, das Pferd mit der Hand an den Hilfen halten zu wollen. Der Sitz muss effektiv sein, und das setzt voraus, dass er korrekt ist.

Der Sitz muss effektiv sein, und das setzt voraus, dass er korrekt ist.

- Es ist schwieriger, die Galopp-/Schritt-Übergänge auf gerader Linie zu reiten, üben Sie sie also zuerst auf dem Zirkel. Überprüfen Sie die Selbsthaltung, indem Sie erst einen Zügel, dann beide annehmen und nachgeben. So sind Sie sicher, dass die Anlehnung nicht zu stark ist.
- Ein ausbalancierter Galopp sollte das Gefühl vermitteln, dass das Pferd Sie in gleich bleibendem Tempo, mit gut unterspringender Hinterhand, einen Hügel hinaufträgt. Dann wird der Übergang leichter.
- Stellen Sie sich vor, wie Sie den Übergang reiten würden, wenn Sie keine Zügel in der Hand hätten – Sie wären dann darauf angewiesen, ihn nur mit dem Kreuz zu reiten. Versuchen Sie dieses Gefühl zu bewahren, wenn Sie vom Galopp zum Schritt durchparieren.

Rückwärtsrichten

- Das Pferd bewegt sich auf gerader Linie rückwärts, wobei es in diagonaler oder fast diagonaler Fußfolge zurücktritt.
- Trotz des Zweitakts gibt es im Gegensatz zum Trab keine Schwebephase.
- Die Tritte sollten gleichmäßig und ohne Eile erfolgen.
- Die Hufe dürfen nicht am Boden schleifen.
- Das Pferd bleibt am Zügel, wölbt den Rücken auf und senkt während des Rückwärtstretens das Becken etwas ab.
- Dies trägt zur Versammlung bei, weil die Gelenke der Hinterbeine sich mehr beugen müssen.
- Es zeigt die Durchlässigkeit.
- Es ist anstrengend für die Hinterbeine und sollte deshalb nur in Maßen geübt werden.

Hilfen zum Rückwärtsrichten

- Parieren Sie durch zum Halten, das Pferd geschlossen und an den Hilfen.
- Legen Sie beide Schenkel etwas zurück.
- Der Reiter kann sich leicht vorneigen, als ob er das Pferd einla-

den wollte, den Rücken aufzuwölben. Die Bewegung darf allerdings nicht zu stark sein und kaum auffallen.

- Während die Schenkel vorsichtig treiben, schließen sich die Hände um die Zügel, damit das Pferd nicht nach vorne tritt. Bietet das Pferd stattdessen an zurückzutreten, wird die Hand leichter, um Zustimmung auszudrücken. Bei jedem Tritt wiederholen.
- Seien Sie für den Anfang mit einem Tritt rückwärts zufrieden. Wenn das Pferd verstanden hat, was Sie von ihm wollen, können Sie auf drei oder vier Tritte, etwa eine Pferdelänge, erweitern.
- Um das Rückwärtsrichten zu beenden, legen Sie die Schenkel wieder in Normalposition und reiten auf gerader Linie ruhig wieder an.
- Vor dem Antreten darf keine Pause entstehen.

Probleme mit dem Rückwärtsrichten

1. Das Pferd bleibt nicht gerade

Ein Schiefwerden nach einer Seite ist fehlerhaft. Es gibt dafür zahlreiche Gründe.

Lösungen

a Richten Sie das Pferd auf dem Hufschlag rückwärts, dann hilft die Bande, das Pferd geradezuhalten.

- Wenn es sich immer noch nach innen abstellt, richten Sie es zwischen zwei Bodenstangen rückwärts. Es wird nicht auf die Stangen treten wollen, und das kann Ihnen zugute kommen.

b Sie müssen beide Gesäßknochen gleich belasten, um das Pferd nicht aus dem Gleichgewicht zu bringen. Auch die Hilfen müssen beidseitig gleich stark gegeben werden. Wirkt der Schenkel oder der Zügel auf einer Seite stärker ein, kann sich das Pferd schiefstellen.

c Vielleicht versucht das Pferd auch, ein Hinterbein zu schonen. Tritt es zum Beispiel nach links, legen Sie den linken Schenkel etwas stärker an als den rechten oder legen ihn ein wenig weiter zurück.

Achtung: Dies steht nicht im Widerspruch zur normalen gleichseitigen Hilfengebung, sondern ist eine Korrektur für eine spezifische Situation.

d Das Halten vor dem Rückwärtsrichten muss geschlossen und gerade sein. Sonst ist dem Pferd ein korrektes Rückwärtstreten so gut wie unmöglich.

2. Pferd sperrt sich/geht nicht zurück

- Manche Pferde gehen ungern rückwärts. Sie haben zwar eine fast vollständige Rundumsicht, aber unmittelbar hinter der Hinterhand einen blinden Fleck, und genau dahin sollen sie nun treten. Sie müssen darauf vertrauen, dass ihnen von dort keine Gefahr droht.
- Andere verstehen nicht, was wir von ihnen wollen.
- Bei manchen Pferden ist der Widerstand gegen das Rückwärtstreten ein Zeichen von Ungehorsam.

LÖSUNGEN

a In vielen Fällen ist es die beste Option, dem Pferd das Rückwärtsrichten vom Boden aus beizubringen. Bei jungen Pferden kann dies als Lektion in Vertrauen betrachtet werden und als Test, ob das Pferd die Wünsche des Ausbilders respektiert und auf sein Verlangen hin zurücktritt. Üben kann man dies im Stall, was gleichzeitig den guten Manieren des Pferdes zugute kommt, sodass es nicht in den persönlichen Freiraum des Menschen eindringt.

- Das Pferd trägt einen Kappzaum mit eingehakter Longe. Mit leichten halben Paraden an der Longe wird es aufgefordert zurückzutreten. Bewegt es sich nicht, legen Sie ihm eine Hand auf die Brust, üben ein wenig Druck aus und setzen die Stimme ein. Geht es einen Schritt zurück, hören Sie auf und loben. Einige Male wiederholen, bis das Pferd gut verstanden hat.

Belohnen Sie das Pferd für jeden Tritt zurück und zeigen Sie, dass Sie mit ihm zufrieden sind.

- Reagiert es positiv im Stall, können wir es in der Halle versuchen. Bringen Sie das Pferd an der Wand zum geschlossenen Halten; so bleibt es leichter gerade. Dann wiederholen Sie, was Sie im Stall gemacht haben, sodass sich nur eines ändert: der Ort, wo die Übung stattfindet.
- Reagiert es nicht auf die halben Paraden, dürfen Sie trotzdem nicht grob werden. Das Pferd würde sonst seine Sensibilität einbüßen, und Sie würden sich für die Zukunft Probleme einhandeln. Tippen Sie es stattdessen mit einer Dressurgerte abwechselnd an den Fesselgelenken an, damit es sich daran gewöhnt, in diagonaler Fußfolge zurückzutreten.

- Haben Sie Geduld. Zorn und Ungeduld würden die Situation nur verschlimmern.
- Üben Sie das Rückwärtsrichten an derselben Stelle in der Halle, damit das Pferd weiß, was es erwartet. Sobald es jedoch verstanden hat, versuchen Sie es auch an anderen Stellen.
- Widersetzt es sich dem Rückwärtsrichten unter dem Sattel, dürfen Sie auf keinen Fall stärker am Zügel ziehen. Es gibt Pferde, die daraufhin steigen, andere biegen den Rücken durch und lassen die Hufe am Boden schleppen.
- Erzielen Sie als Reiter keinen Erfolg, kann der Ausbilder vom Boden aus helfen, entweder indem der leicht gegen die Pferdebrust drückt, während Sie die entsprechenden Hilfen geben, oder indem er abwechselnd die Fesselgelenke mit der Gerte antippt. Wie immer erfordert eine korrekte Ausbildung Geduld.

b Achten Sie darauf, mit der Hand nicht hart und unnachgiebig zu werden. Es bringt nichts, sich mit dem Pferd ein Tauziehen zu liefern. Beim Reiten geht es um Technik und Gefühl, nicht um Brutalität. Nehmen Sie die Zügel mehrmals weich an und vergessen Sie nicht, den Druck sofort einzustellen, wenn das Pferd anbietet zurückzutreten. Zeigen Sie ihm, dass es sich mit seiner Kooperation eine leichtere Hilfe verdient.

3. Das Pferd tritt nicht sofort wieder an

Am Ende des Rückwärtsrichtens darf es beim Wiederantreten zu keiner Verzögerung kommen.

- Ursache kann schlechte Koordination der Hilfen sein.
- Wurde das Rückwärtsrichten nicht korrekt ausgeführt, war die Hinterhand vielleicht nicht genügend aktiv und das Pferd hat Probleme mit dem sofortigen Antreten.

Lösungen

a Der Reiter muss mental darauf vorbereitet sein, seine Hilfen sofort umzustellen, sobald die gewünschte Anzahl der Tritte zurück erreicht ist.

Wenn Sie das Pferd zum Beispiel drei Tritte zurückrichten wollen, schieben Sie während des dritten Tritts Ihre Schenkel nach vorn an den Gurt, geben das Zeichen zum Vorwärtsgehen, setzen sich aufrecht hin und werden leichter in der Anlehnung, damit das Pferd sich nach vorn bewegen kann, je nach Wunsch im Schritt, Trab oder Galopp. Wird eine dieser Hilfen zu spät gegeben, kann das Pferd zum Halten kommen, bevor es sich nach vorn bewegt.

b Ursache der Verzögerung kann auch sein, dass das Rückwärtsrichten schlecht geritten wurde und das Pferd ohne Rücken rückwärtsging und die Hufe nachzog. In diesem Fall müssen die Ursachen angegangen werden, um das Problem zu lösen.

- Siehe oben, »Hilfen zum Rückwärtsrichten«.

4. Pferd geht zu viele Tritte zurück

Üblicherweise wird eine bestimmte Anzahl von Rückwärtstritten verlangt (oft drei oder vier), die ruhig gezeigt werden sollen.

- Ein nervös verspanntes Pferd kann vor Angst rückwärtslaufen.
- Statt auf den Reiter zu hören, kann es als Ausweichmanöver gelegentlich auch rückwärtslaufen.

Lösungen

a Verspannt sich das Pferd, müssen wir uns die Zeit nehmen, in der Ausbildung zurückzugehen und sein Vertrauen wiederzugewinnen. Verlangen Sie ganz ruhig einen einzigen Schritt zurück. Vergessen Sie das Loben nicht. Der Ausbilder zu Fuß kann ihm ein Stück Zucker geben, damit es aufhört rückwärtszulaufen.

- Wiederholen Sie das Ganze und bleiben Sie dabei ganz ruhig, sodass das Pferd wieder Vertrauen fasst. Mit der Zeit bleibt es dann auch entspannt, wenn es zum Zurücktreten aufgefordert wird.
- Läuft das Pferd weiterhin rückwärts, kann der Ausbilder dem ein Ende setzen, indem er eine lange Gerte waagrecht hinter das Pferd hält. Dabei muss er gefühlvoll vorgehen, um das Pferd nicht zu erschrecken.

b Handelt es sich um ein Ausweichmanöver, müssen Sie den Vorwärtsimpuls des Pferdes verstärken. Reiten Sie im Mitteltrab oder -galopp energisch vorwärts. Dann halten, einen Tritt zurück verlangen und wieder energisch anreiten. Wie oben erwähnt, kann der Ausbilder zur Abschreckung eine lange Gerte hinter das Pferd halten. Denken Sie daran, das Pferd zu loben, wenn es nach vorn geht.

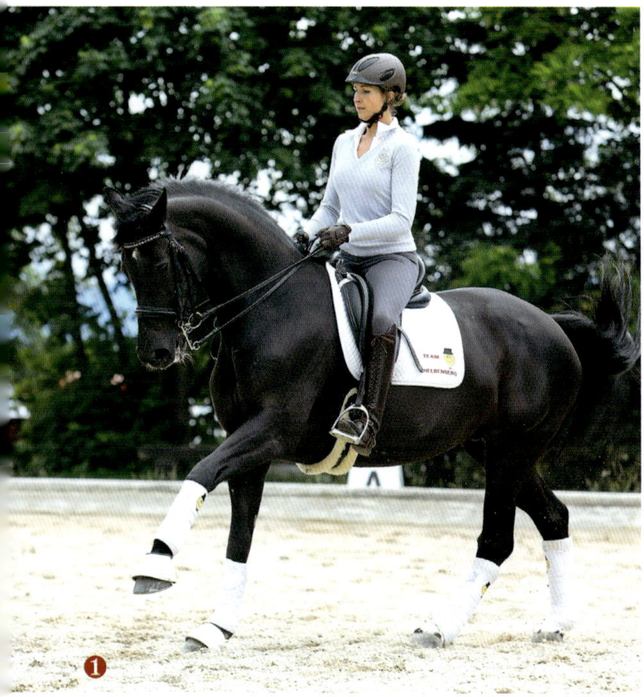

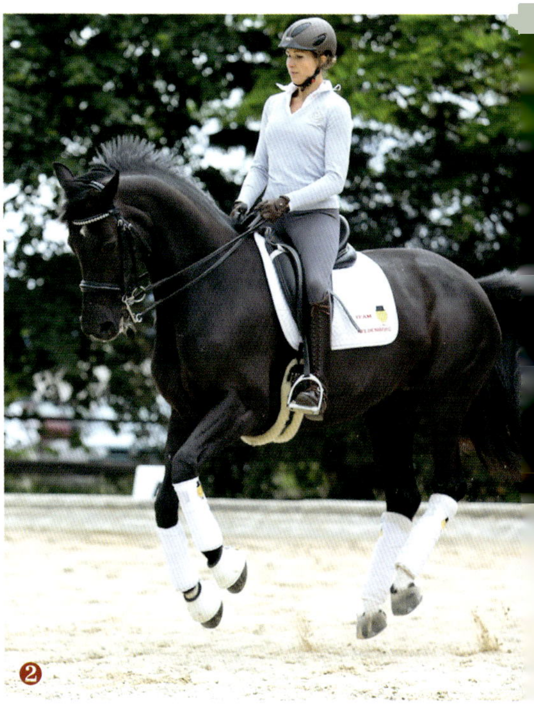

1. Das erste Foto zeigt die Reiterin im versammelten Rechtsgalopp, in der Vorbereitung auf den fliegenden Wechsel nach links. Der äußere (linke) Schenkel ist am Gurt, also geöffnet, wirkt in diesem Moment aber nicht ein.

2. Der neue (rechte) äußere Schenkel liegt hinter dem Gurt und verlangt den Wechsel zum Linksgalopp. Das Foto fängt die Schwebephase ein, bei der alle vier Hufe in der Luft sind. Diese Phase ist eines der Zeichen für einen guten fliegenden Wechsel.

Fliegende Galoppwechsel

- So sieht ein fliegender Galoppwechsel aus: in der Luft, ohne Zwischenschritte oder Trabtritte.
- Gewechselt wird in der Schwebephase, wenn kein Huf den Boden berührt.
- Es gibt einfache fliegende Wechsel (einer allein) oder mehrfache fliegende Wechsel nach einer bestimmten Anzahl von Galoppsprüngen: nach 4, 3 oder zwei Sprüngen oder auch von Sprung zu Sprung (Einer- oder à Tempo-Wechsel).
- Jeder Wechsel muss gerade gesprungen werden, die Hinterhand darf nicht zu einer Seite ausweichen.
- Das Pferd bleibt am Zügel.
- Der Galopp ist schwungvoll und lebhaft, gut im Gleichgewicht.
- Die Wechsel werden ruhig gesprungen.

Gedanken zu den fliegenden Galoppwechseln

- Bevor man sich an den fliegenden Galoppwechseln versucht, muss das Pferd versammelt galoppieren können und dabei ruhig, gerade und ausbalanciert bleiben.

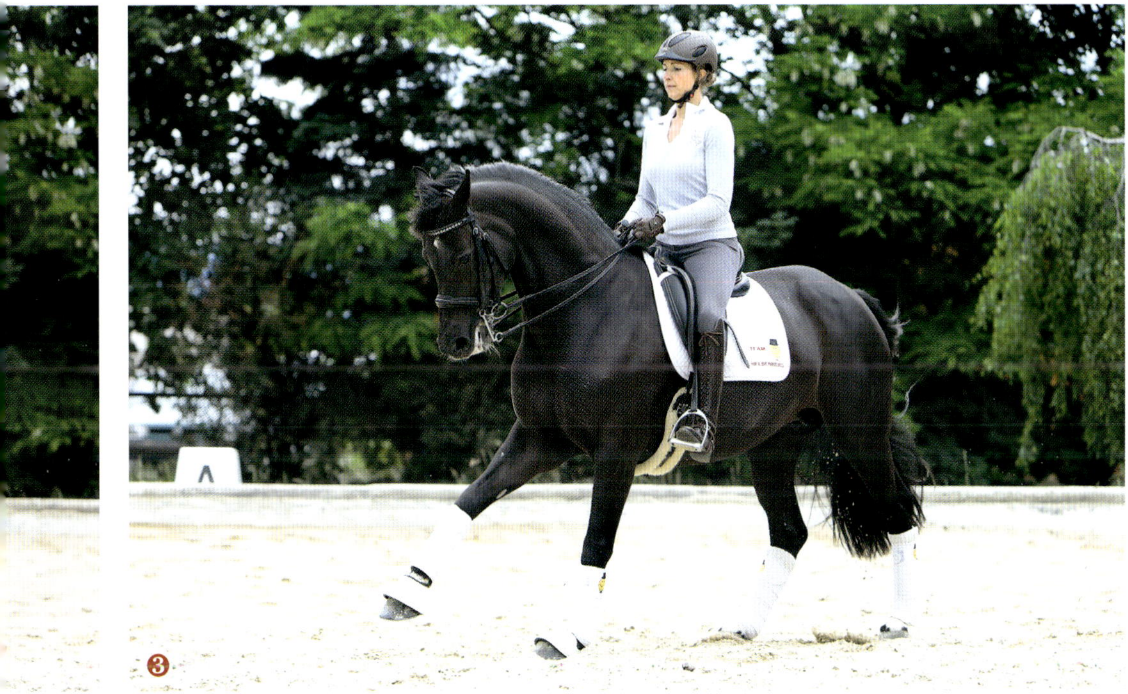

3. Caroline verhält sich ruhig im Sattel und erlaubt dem Pferd damit einen ausdrucksvollen Wechsel.

- Es muss an jeder Stelle in der Halle auf leichte Hilfen hin präzise einfache Galoppwechsel ausführen können.
- Es muss Außengalopp und Rückwärtsrichten sicher beherrschen, da diese Übungen nützlich sind für die Arbeit an den fliegenden Wechseln.

Die Hilfen für den einfachen fliegenden Wechsel

- Erst muss das Pferd im Galopp an den Hilfen stehen, gerade, ausbalanciert und mit lebhaften Galoppsprüngen.
- Ein Pferd kann nur sauber umspringen, wenn alle vier Hufe in der Luft sind, das heißt, Sie müssen Ihre Hilfen zeitlich auf den Punkt bringen – schnell, aber leicht.
- Warnen Sie Ihr Pferd mit halben Paraden vor.
- Sorgen Sie für gleichmäßige Anlehnung und setzen Sie sich aufrecht in den Sattel.
- Für den Wechsel verlagern Sie den alten äußeren Schenkel vorwärts an den Gurt, setzen ihn aber nicht ein. Das nennt man »den äußeren Schenkel öffnen«.
- Wenn Sie den alten äußeren Schenkel öffnen, bewegen Sie ihn im Rhythmus des Pferdes. Bewegt er sich schneller oder langsa-

mer, kann dies bei zukünftigen Tempi-Wechseln zu Problemen führen.

- Wenn Sie den alten äußeren Schenkel öffnen, verlagern Sie den alten inneren Schenkel hinter den Gurt und berühren das Pferd. Das ist das Signal zum Wechseln.
- Sobald das Pferd gewechselt hat, setzen Sie den neuen inneren Schenkel treibend ein, um die Qualität der Galoppsprünge zu sichern, und der neue äußere Schenkel kehrt zu seiner passiv verwahrenden Rolle zurück.

Vorschläge zur Einführung des einfachen fliegenden Wechsels

Es gibt viele Wege, einen fliegenden Wechsel zu reiten. Hier einige Vorschläge.
Für alle folgenden Übungen ist es wichtig, dass Sie den Galopp gut vorbereiten – er soll versammelt, gerade und schwungvoll sein. Das Pferd muss auf leichte Hilfen ansprechen, wenn saubere und gute Wechsel gelingen sollen.

a Wir können uns eine kleine Achter-Figur zunutze machen.

- Reiten Sie beispielsweise auf der rechten Hand im Galopp einen 10 m-Zirkel bei K. Gut geritten, trägt solch ein kleiner Kreis dazu bei, das Pferd ausreichend zu versammeln und ins Gleichgewicht zu bringen. Aus dem kleinen Zirkel auf einen zweiten auf der anderen Hand zu wechseln gibt dem Pferd den Ansporn zum fliegenden Galoppwechsel.
- Kurz vor D auf der Mittellinie geben Sie zur Vorbereitung eine halbe Parade.
- Über D öffnen Sie den alten äußeren Schenkel und verlagern den neuen inneren Schenkel leicht hinter den Gurt, um den Wechsel zu fordern.
- Ihre beständig aufrechte Haltung und der neue äußere Zügel sorgen für die Regulierung des Tempos.
- Geben Sie dem Pferd nach dem Wechsel zu verstehen, dass es alles gut gemacht hat: Klopfen Sie ihm den Hals oder loben Sie es mit der Stimme.

b Alternativ können Sie auch im Außengalopp einen 20 m-Zirkel um X reiten.

- Achten Sie auf einen gut ausbalancierten Außengalopp ohne unnötige Halsbiegung zum führenden Vorderbein. Das Pferd soll gerade sein.
- Wenn Sie sich der Mittellinie nähern, geben Sie als Vorwar-

nung eine halbe Parade und fordern dann den fliegenden Wechsel wie oben beschrieben.

- Dass das Pferd vom Außengalopp zum einfacheren Handgalopp wechseln soll, müsste dazu beitragen, dass es Ihren Hilfen willig Folge leistet und wechselt.

c Von einem Wechselpunkt (z. B. F) können wir eine Hälfte eines 10 m-Zirkels zur Mittellinie reiten und dann diagonal nach M zurückkehren.

- Kurz vor M überprüfen wir die Geraderichtung, geben eine halbe Parade und verlangen bei M den Wechsel.
- Die Nähe der Ecke ist eine Einladung, einen Wechsel zu springen, wenn Sie die entsprechenden Hilfen geben.

d Wir können auch die Traversale für den fliegenden Wechsel nutzen.

- Traversieren Sie im Galopp von der Mittellinie bei A oder C aus zum Hufschlag.
- Am Hufschlag überprüfen wir, ob das Pferd gerade ist, geben eine halbe Parade und verlangen den Wechsel.
- Eine gut gerittene Galopp-Traversale ist eine ausgezeichnete Vorbereitung, weil sie Aktivität der Hinterhand, Gleichgewicht und lebhaften Schwung fördert, alles Qualitäten, die Voraussetzung sind für einen guten fliegenden Galoppwechsel.

Ein aufmerksamer Beobachter hat sicher gemerkt, wie frühere Übungen in die fortgeschrittene Arbeit eingebaut werden. Dies zeigt, dass Dressurlektionen keine Tricks oder für sich allein Endziele sind, sondern Teil eines Gymnastizierungsprogramms, das dazu dient, dass unser Pferd leicht zu reiten und im Gleichgewicht ist und es seine Gangarten fließend regulieren kann.

Probleme mit fliegenden Wechseln

1. Mein Pferd hat nicht gewechselt

Dies erklärt sich von selbst.

Lösungen

a Vielleicht ist es noch nicht bereit für die fliegenden Wechsel. Siehe oben »Gedanken zu den fliegenden Galoppwechseln«.

b Analysieren Sie Ihre Hilfengebung. Waren Sie zu langsam und haben Ihren Schenkel erst verlagert, als das Pferd schon aufgefußt hatte, sodass es gar nicht mehr wechseln konnte?

- Waren Sie durcheinander, sodass das Pferd Ihre Hilfen nicht verstehen konnte?

- Versuchen Sie es in diesem Fall mit einigen einfachen Galoppwechseln, die Ihnen mehr Zeit für die Abfolge der Hilfen lassen. Wenn Ihnen ein präziser einfacher Galoppwechsel mit nur einem Zwischentritt gelingt, wagen Sie sich noch einmal an den fliegenden Wechsel.

c Vielleicht war der Galopp nicht gut genug, auf der Vorhand oder mit ungenügender Schwebephase und Kadenz. Dann wäre das Pferd nicht lange genug in der Luft, um zu wechseln.

- Üben Sie die Versammlung: Reiten Sie viele Übergänge vom Mittel- zum versammelten Galopp und umgekehrt. Dies verleiht der Versammlung mehr Energie und verbessert die Schwebephase.
- Überprüfen Sie mit regelmäßigem Annehmen und Nachgeben der Zügel die Selbsthaltung. Rahmen und Gleichgewicht dürfen sich dabei nicht verändern.
- Geben Sie immer präzise Hilfen, damit das Pferd Ihre Wünsche auch verstehen kann.
- Bei einem etwas träge reagierenden Pferd kann man die Hilfe zum Wechsel verstärken durch leichtes Antippen mit der Gerte, wenn der neue äußere Schenkel zum Einsatz kommt.

d Trotz guter Vorbereitung kann es vorkommen, dass das Pferd den Wechsel nicht auf die Hilfe springt.

- Versuchen Sie den Wechsel auf dem freien Feld oder im Gelände.
- Verstärktes Vorwärtsgaloppieren und eine neue Umgebung bringen ein Spaßelement ins Spiel, das dazu beitragen kann, dass das Pferd den Wechsel anbietet.

e Eine Bodenstange oder sogar ein Sprung über ein niedriges Bodenrick/Cavaletto ist einen Versuch wert.

- Legen Sie die Stange/das Rick auf der Diagonalen durch die ganze Bahn kurz vor dem Wechselpunkt auf den Boden.
- Reiten Sie im Galopp an und geben Sie die Hilfen zum Wechseln, wenn das Pferd darüber galoppiert.
- Da das Pferd die Ecke kommen sieht, bietet es oft von selbst den fliegenden Wechsel an, und da es sich wegen der Stange/des Ricks länger in der Luft befindet, ist die verlängerte Schwebephase eine Hilfe.

2. Springt hinten nach

Alle vier Beine müssen im selben Augenblick wechseln. Manchmal wechselt das Pferd hinten einen Galoppsprung oder mehrere nach den vorderen.

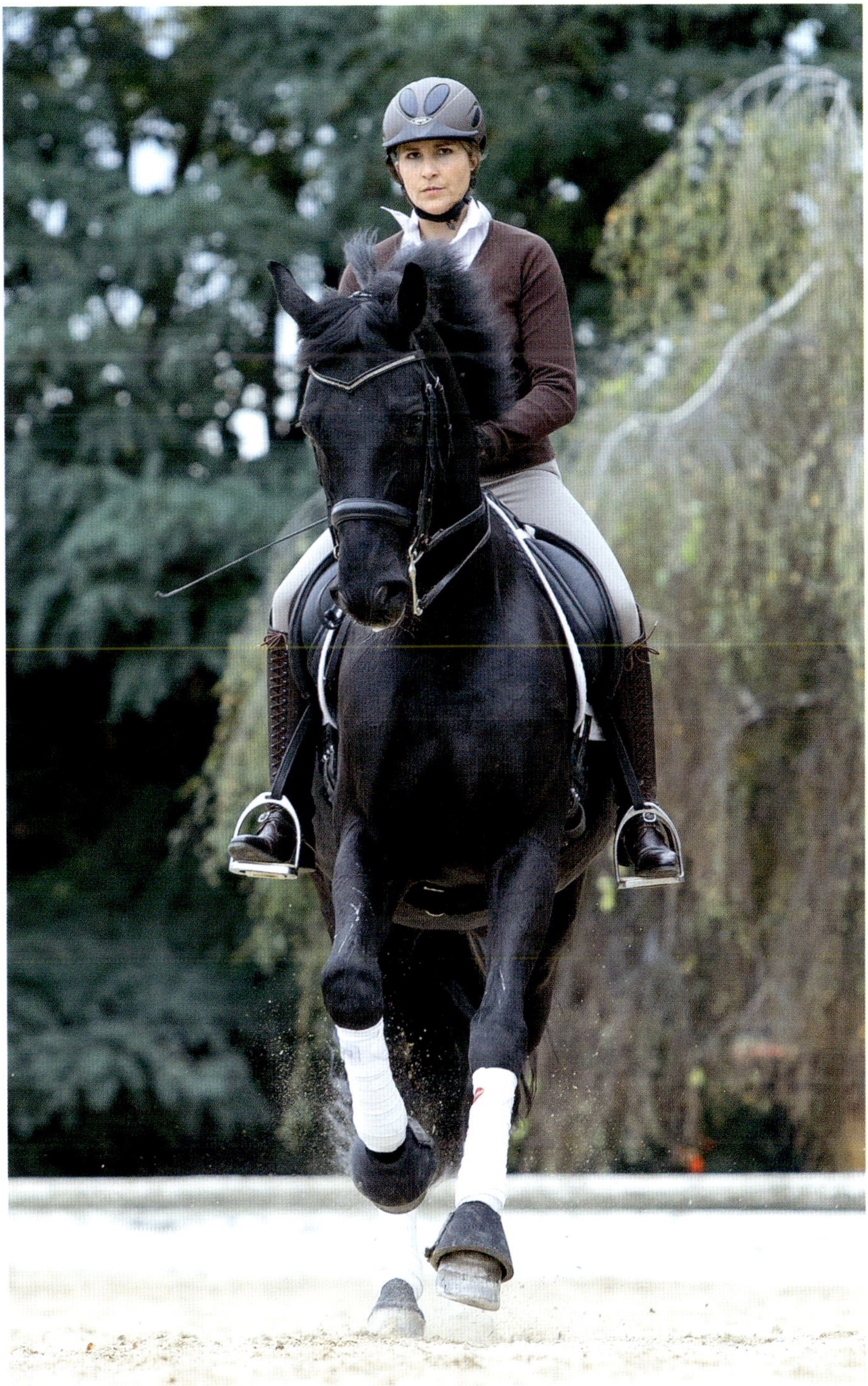

Der Galopp muss gerade sein, wenn die fliegenden Wechsel gelingen sollen.

LÖSUNGEN

a Zu starke Zügeleinwirkung kann die Hinterhand am Durchspringen hindern. Versuchen Sie die Zügelanlehnung gleichmäßig, aber im Vorwärts zu halten. Behindern Sie das Pferd nicht in seiner Elastizität und ersticken Sie die Bewegung nicht.

b Vielleicht liegt es an der fehlerhaften Koordination Ihrer Hilfen. Sind Ihre Schenkelhilfen zu langsam, ist es unwahrscheinlich, dass das Pferd den Wechsel sauber springt.

c Der Galopp muss gerade sein – stellt sich das Pferd schief, kann es mit der Hinterhand nachspringen.

d Ein gleichzeitiges Antippen mit der Gerte, wenn der neue äußere Schenkel zum Einsatz kommt, kann eine Hilfe sein.

- Dies kann erfolgen auf der Seite des äußeren Schenkels. Sind mehrere fliegende Wechsel geplant, können Sie mit der Gerte auch auf die Kruppe tippen. Dies erhöht die Federkraft des Galoppsprungs im Moment des Wechsels und bedeutet, dass der Reiter die Gerte während der Wechsel nicht von einer Hand in die andere nehmen muss.

3. Das Pferd springt vorne nach

LÖSUNG

Dies kommt weniger häufig vor. Stellen Sie kurz vor dem Wechsel das Pferd um in die neue Richtung und fordern Sie dann den Wechsel.

4. Das Pferd schwankt mit der Hinterhand

Bei einem korrekten fliegenden Wechsel bleibt das Pferd gerade; die Hinterbeine folgen den Vorderbeinen.

LÖSUNGEN

a Oft liegt die Ursache im Sitz des Reiters.

- Sitzen Sie still im Sattel. Wenn Sie sich im Oberkörper verwinden, kann das Pferd dies mit einem Hin- und Herschwingen der Hinterhand beantworten.
- Zu starke Schenkelhilfen können zu einem Abstellen der Hinterhand führen. Bleiben Sie locker und geben Sie leichte Hil-

fen. Wenn Ihnen die einfachen Galoppwechsel mit leichten Schenkelhilfen gelungen sind, können auch fliegende Wechsel auf diese Art gelingen.

- Verlagern Sie den Schenkel nicht zu weit nach hinten; ein oder zwei Handbreit hinter dem Gurt sind genug. Noch weiter nach hinten kann dazu führen, dass die Hinterhand sich verschiebt.
- Ursache kann auch eine zu starke Zügeleinwirkung sein, um das Pferd in die neue Richtung zu stellen. Die Zügel sollten gefühlvoll eingesetzt werden. »Weniger ist mehr« ist eine gute Richtlinie.

b Schwingt beim Versuch, den Wechsel an der Bande zu reiten, die Hinterhand nach innen, versuchen Sie es vom zweiten Hufschlag aus. Damit hat der Reiter oft eine bessere Kontrolle über die Geraderichtung des Pferdes, weil es nicht versucht, sich sowohl mit der äußeren Schulter als auch mit der Hüfte an der Bande anzulehnen, was zu einer Schiefstellung führt. Entgegenwirken kann man dieser Tendenz durch eine ganz leichte Schultervor-Stellung vor dem Wechsel.

5. Das Pferd wird nach dem Wechsel schneller

Das Galopptempo sollte vor dem Wechsel, währenddessen und danach gleich bleiben.

Lösungen

a Der Reiter muss aufrecht im Sattel sitzen bleiben. Sieht er nach unten, um zu sehen, ob das Pferd gewechselt hat, kann dies dazu führen, dass das Pferd schneller wird. Um selbst Takt und Gleichgewicht zu wahren, braucht das Pferd die Beständigkeit eines korrekt sitzenden Reiters.

b Viele Pferde finden den fliegenden Wechsel in der Lernphase aufregend und reagieren mit Buckeln oder Davonrennen. Reiten Sie mit Gefühl.

- Wenn Sie wenig Selbstvertrauen oder keine Erfahrung mit fliegenden Wechseln haben, ziehen Sie jemanden mit einschlägiger Erfahrung zu, der dem Pferd den Wechsel beibringt. Er oder sie kann dem Pferd helfen, die Aufgabe zu verstehen, und wenn im Training keine Fehler gemacht werden, wird das Pferd die fliegenden Wechsel entspannter angehen.
- In der Lernphase kann die plötzliche Veränderung des Gleichgewichts dazu führen, dass das Pferd eiliger wird. Es ist sehr wichtig, dass der Reiter ruhig im Sattel sitzen bleibt. Zieht er

am Zügel, um das eigene Gleichgewicht zu wahren, fühlt das Pferd sich beunruhigt und reagiert das nächste Mal vielleicht umso schlimmer.

- Wird das Pferd nach dem Wechsel schneller, kann der Reiter Zirkel reiten und die Zügel annehmen und nachgeben, um das Tempo wieder zu regulieren und das Pferd zu beruhigen.
- Nützt dies nichts, parieren Sie ruhig durch zum Schritt.
- Bei einem älteren Pferd können wir ruhig halten, rückwärtsrichten und wieder angaloppieren. Manchmal muss man diese Übung mehrfach wiederholen, um gutes Benehmen im Pferd zu verankern!
- Überlegen Sie sich, wo Sie den Wechsel reiten wollen – lieber nahe an der Bande anstatt am Anfang der langen Seite mit jeder Menge Platz zum Davonlaufen.
- Neigt das Pferd dazu, nach dem Wechsel zu buckeln, können Sie einige Trabtritte einschieben, bevor Sie auf der anderen Hand angaloppieren. Verringern Sie allmählich die Anzahl der Trabtritte, und wenn dies gelingt, fordern Sie den fliegenden Wechsel. Eine gute Methode für »heiße« Pferde, es kann aber eine Zeitlang dauern, bis das Pferd zur Ruhe kommt.

6. Die Wechsel werden kurz gesprungen

Die Wechsel sollten nicht dazu führen, dass der Galopp schlechter wird. Achten Sie auf gleich lange Galoppsprünge vom Anfang bis Ende.
Verursacht werden kann das Problem durch fehlerhafte Hilfengebung oder mangelnde Losgelassenheit.

a Der Reiter muss während der fliegenden Wechsel locker bleiben. Auf der Koppel wechseln Pferde ganz leicht den Galopp, machen Sie es ihnen also auch unter dem Sattel leicht.

- Wenn wir uns im Rücken versteifen und mit harter Hand reiten, wirkt sich dies negativ auf die Losgelassenheit des Pferdes und damit auch auf die Qualität der Wechsel aus.
- Der Reiter muss bei jedem Wechsel nach vorn denken. Wird der Galoppsprung in einem misslungenen Versuch zur Versammlung nur verkürzt, kann sich das Pferd im ganzen Körper verspannen, und die Wechsel misslingen.

b Wird der Galopp nicht energisch genug gesprungen, können die Wechsel zu kurz ausfallen. Eine Option besteht darin, auf der Diagonalen Mittelgalopp zu reiten, das Pferd zu versam-

meln und dann den fliegenden Wechsel zu verlangen. Damit kann man die Hinterbeine mehr unters Pferd bringen und dem Galoppsprung mehr Raumgriff verleihen.
- Versuchen Sie, die fliegenden Wechsel im Freien auf einem ebenen Feld zu reiten. Dadurch kann der Galopp energischer werden, die Wechsel fallen ausdrucksvoller aus.
- Von einem insgesamt wenig geschmeidigen oder altersbedingt steifen Pferd sollten fliegende Wechsel nicht zu früh in einer Übungseinheit gefordert werden. Es muss gründlich aufgewärmt werden, damit es locker, rund und durchlässig ist. Es darf nicht zu müde sein für die Wechsel, wir müssen ihm jedoch die Chance geben, eine Boxensteifheit abzulegen.
- Für die Wechsel muss der Galopp zwar versammelt sein, aber nicht so sehr wie für Galopp-Pirouetten. Mit einem sehr »gemütlichen« oder trägen Pferd können die Wechsel deshalb durchaus in verstärktem Tempo geritten werden.

c Ein fliegender Galoppwechsel sollte in jede Richtung gleich aussehen. Ist das Pferd nicht ganz geradegerichtet, kann der Wechsel in eine Richtung kürzer ausfallen als in die andere. In diesem Fall müssen wir zur Grundausbildung zurückkehren und versuchen, das Pferd beidhändig auszubilden. Sehr nützlich sind dazu Seitengänge und Außengalopp.
Einzelheiten siehe Abschnitt »Übungen zum Geraderichten« S. 72.

7. Das Pferd nimmt die Wechsel vorweg

Wie immer soll das Pferd an unseren Hilfen stehen und abwarten, was wir von ihm wollen, anstatt zu raten oder sie vorwegzunehmen.

Wie immer soll das Pferd an unseren Hilfen stehen und abwarten, was wir von ihm wollen.

LÖSUNGEN

a Zu einem Vorwegnehmen kann es kommen, wenn wir den Wechsel zu oft an derselben Stelle reiten.
- Solange das Pferd den fliegenden Wechsel lernt, kann es hilfreich sein, ihn immer an derselben Stelle zu reiten, später sollte man allerdings auch einmal über die Stelle hinweg galoppieren, ohne zu wechseln. Das Pferd soll auf unsere Hilfe warten und nicht an einer bestimmten Stelle in der Halle wechseln.

b Wichtig ist, sehr still zu sitzen. Wenn wir uns bereit machen für den Wechsel, verlagern wir vielleicht unabsichtlich das Gewicht; das Pferd erkennt dies und bietet den Wechsel an. Es darf dafür nicht gestraft werden, eher sollten wir an unserem Sitz arbeiten.

- Auch eine nachlässige Schenkellage kann die Ursache für einen zu frühen Wechsel sein, zum Beispiel wenn der äußere Schenkel nach vorn rutscht, anstatt hinter dem Gurt liegen zu bleiben. Das Pferd kann dies leicht missverstehen als ein »Öffnen« des äußeren Schenkels vor einer Hilfe zum fliegenden Wechsel.

c Bei einem älteren Pferd, das die fliegenden Wechsel bereits kennt, müssen wir möglicherweise neue Figuren reiten, damit das Pferd den Wechsel nicht vorwegnimmt.

- Wenn es sich zum Beispiel daran gewöhnt hat, jedes Mal beim Wechseln durch die ganze Bahn einen fliegenden Wechsel ein zulegen, müssen wir die Diagonale ohne Wechsel reiten, und wenn es trotzdem wechselt, parieren wir durch zum Halten und galoppieren auf derselben Hand wieder an. Damit bringt der Reiter dem Pferd bei, auf die Hilfen zu warten. Und der Reiter lernt, sich im Sattel ganz still zu verhalten.

Mehrfache fliegende Galoppwechsel

- Dabei handelt es sich um eine Serie von fliegenden Wechseln, die jeweils nach einer vorgegebenen Anzahl von Galoppsprüngen ausgeführt werden.
- In Dressurprüfungen werden Vierer-, Dreier- und Zweierwechsel sowie solche von Sprung zu Sprung »Einer«) verlangt.
- Bevor man mit den mehrfachen oder A Tempi-Wechseln beginnt, muss das Pferd den einfachen fliegenden Wechsel sicher beherrschen und dabei ruhig, gerade, rund und losgelassen bleiben.
- Einfache fliegende Wechsel müssen an jeder beliebigen Stelle geritten werden können.
- Das Pferd muss auf beiden Händen gerade sein.

Vorschläge

- Beginnen Sie mit zwei einfachen fliegenden Wechseln, einem an jedem Ende der langen Seite. Stellen Sie sich vor, Sie galoppieren auf der kurzen Seite rechter Hand im Rechtsgalopp. Sobald das Pferd auf der langen Seite geradegestellt ist, wechseln Sie fliegend zum Außengalopp bis zum Wechselpunkt an der langen Seite und dann fliegend wieder zum Handgalopp.

- Bleiben Sie so ruhig wie möglich und reiten Sie zur Belohnung Schritt am langen Zügel.
- Mit der Zeit lässt sich die Übung weiterentwickeln, bis sie auf beiden Händen, auf dem Hufschlag und daneben geritten werden kann.
- Kommt es zu Fehlern, analysieren Sie die Gründe dafür, damit sie sich nicht wiederholen und Sie dem Pferd nichts Falsches beibringen.
- Ziel ist es, die Anzahl der Galoppsprünge zwischen den Wechseln zu verringern, sodass Sie als Nächstes zwischen den Wechseln drei Galoppsprüngen einpassen können, und das auf beiden Händen.

Jeder macht Fehler. Der Punkt ist, daraus zu lernen und sie nicht endlos zu wiederholen, weil sie das Pferd durcheinanderbringen und ermüden können.

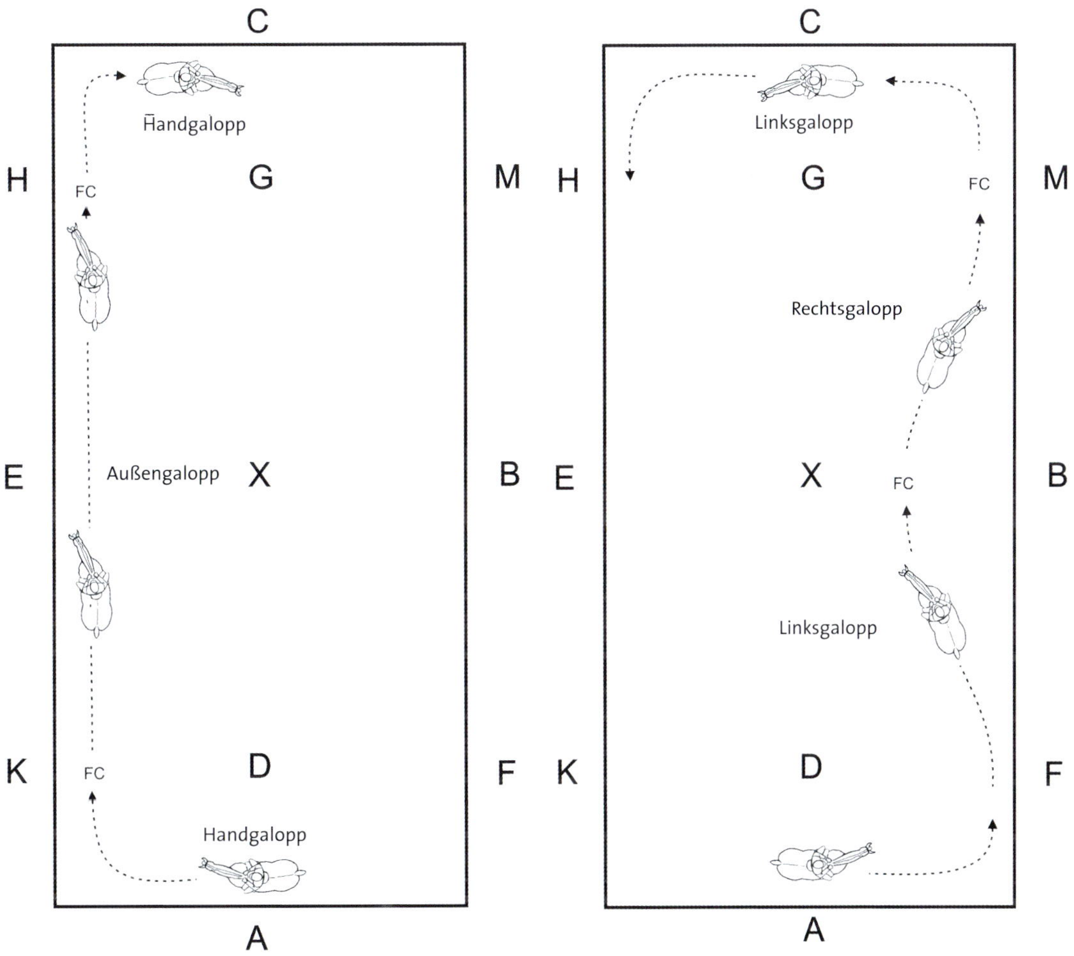

Vom einfachen zum fliegenden Galoppwechsel (siehe auch Seite 174).

- Eine andere Methode wäre, an der langen Seite einen flachen 5 m-Bogen zu reiten. In der größten Entfernung vom Hufschlag, auf der Höhe des halben Bahnpunkts, fliegend in den Außengalopp wechseln und kurz vor der Ecke zurück in den Handgalopp. Der leichte Richtungswechsel kann auch ein Hinweis darauf sein, dass ein Galoppwechsel gewünscht wird.
- Die flachen Bögen können auch als Schlangenlinien rechts und links von der Mittellinie geritten werden, mit einem Wechsel beim Überreiten der Mittellinie.
- Eine Schlangenlinie mit drei Bögen, jeweils 2 oder 3 m tief, beinhaltet zwei Wechsel, während eine mit vier Bögen drei Wechsel erfordert. Je mehr Bögen, desto weniger Galoppsprünge zwischen den Wechseln.
- Viererwechsel kann man anfangs an der Bande entlang reiten, damit das Pferd nicht mit der Hinterhand nach außen schwingt.
- Eine gute Übung sind auch Wechsel auf einem großen Zirkel, die manchem Pferd leichter fallen. Der Zirkel trägt dazu bei, dass das Pferd nicht nach einer Seite ins Schwingen gerät.

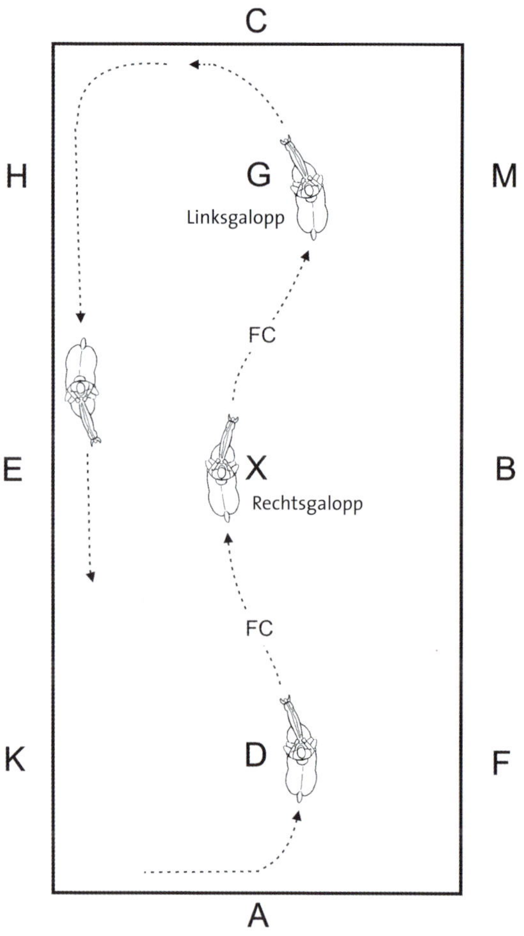

- Wenn sich diese sicher anfühlen, versuchen Sie es auf der Diagonalen. Vergessen Sie nicht, die gewünschte Anzahl der Sprünge im Kopf mitzuzählen, damit Sie nicht aus dem Konzept geraten.
- Damit das Pferd auf der Diagonalen nicht ins Schwanken gerät, schauen Sie zwischen den Pferdeohren hindurch und behalten Ihren Zielpunkt im Auge. Was Sie wollen, ist ein gerades Pferd auf einer geraden Linie.
- Erst wenn die Viererwechsel sicher sind, sollten Sie Dreier- und dann Zweierwechsel in Angriff nehmen. Das kann einige Wochen dauern.
- Wenn Sie die fliegenden Wechsel üben, sollten Sie immer einmal wieder eine Übungseinheit ohne Wechsel reiten, um den Druck vom Pferd zu nehmen. Halten Sie alles so ruhig und entspannt wie möglich.

Wechsel von Sprung zu Sprung

- Ist das Pferd mit Zweierwechseln vertraut, können Sie Einerwechsel versuchen.
- Das Pferd soll versammelt galoppieren – ruhig, aber lebhaft, vielleicht etwas mehr als für die Zweierwechsel.
- Das Pferd muss gerade sein.
- Reiten Sie auf einem großen Zirkel einen Wechsel zum Außengalopp und sofort wieder zurück zum Handgalopp. Wenn Ihr Timing stimmt, schaffen die meisten Pferde das. Denken Sie daran, die Übung auf beiden Händen zu reiten. Der Wechsel vom Außengalopp zum Handgalopp ist für die meisten Pferde eine einladende Option und sollte ihnen das Wechseln erleichtern.
- Die Wechsel müssen auf geraden Linien ausgeführt werden. Sie wechseln zum Beispiel kurz vor einer Ecke in den Außengalopp und sofort wieder zurück in den Handgalopp. Dann fordern Sie den Wechsel in der Mitte der langen Seite.
- Das muss »sitzen«, bevor Sie drei Wechsel von Sprung zu Sprung in Folge fordern. Dies mag dem Pferd schwerer fallen, aber Sie müssen Geduld haben, und wenn ihm drei Einerwechsel gelingen, galoppieren Sie weiter und reiten weitere drei Einerwechsel an einer anderen Stelle. Gelingt dies, können Sie stufenweise zu vier oder mehr Einerwechseln übergehen.

Probleme mit mehrfachen Wechseln

Viele Probleme betreffen alle mehrfachen Wechsel, es folgen aber ein paar Gedanken zu den Einerwechseln.

1. Das Pferd verspringt einen oder mehrere Einerwechsel

Lösungen

a Am wahrscheinlichsten ist, dass das Timing des Reiters zu langsam war.

- Denken Sie daran, dass die Hilfen schnell gegeben werden müssen – Sie müssen mit dem Pferd arbeiten, nicht hinterher. Berühren Sie es unmittelbar nach dem ersten Wechsel mit dem äußeren Schenkel und dann nach jedem folgenden Wechsel.
- Vergessen Sie nicht, den Schenkel nach jeder Hilfe wieder locker zu lassen, weil das Pferd ihn sonst als Klammer empfindet, nicht als Hilfe.

- Hilfen müssen außerdem fein und leicht sein. So bleibt zum Beispiel keine Zeit, den Schenkel weit zu verschieben oder für jeden Sprung das Pferd umzustellen. Wenn zuvor die fliegenden Wechseln korrekt erarbeitet wurden, wäre dies auch unnötig, weil das Pferd gelernt hat, zuzuhören und auf schnelle und subtile Andeutungen zu reagieren.
- Der Oberkörper des Reiters darf nicht von einer Seite zur anderen schwingen, weil er damit das Pferd so aus dem Gleich gewicht bringen kann, dass es einen Wechsel verspringt.
- Eine gute Idee ist, sich als Reiter vor den Einerwechseln im Kopf ein klares Bild davon zu machen, sich dann zu konzentrieren und nachzufühlen, was sich unter ihm abspielt.

b Vielleicht ist das Pferd noch nicht fertig für »die Einer«.

- Kommen trotz exakten Timings Fehler vor, gehen Sie zur Korrektur auf weniger Einerwechsel zurück. Vergessen Sie nicht zu loben, wenn das Pferd einige Wechsel korrekt springt. Überstürzen Sie nichts, damit es keine Angst bekommt und »die Einer« zum Problem werden.
- Verlust des Gleichgewichts kann dazu führen, dass es einen Wechsel verfehlt. Achten Sie auf einen guten Galopp: gerade, aktiv und mit lebhafter aber ruhiger Energie gesprungen.

c Ist der Galopp zu flach und zu wenig versammelt, können die Wechsel gut beginnen, dann aber Fehler auftreten.

- Konzentrieren Sie sich auf Takt und Schwung. Es kann bei den Einerwechseln helfen, zuerst Mittelgalopp zu reiten, das Pferd zu versammeln und Einerwechsel zu verlangen. Führt dies zum Erfolg, zeigt es, dass der Galopp für sichere Einerwechsel verbessert werden muss.

2. Schwanken in den Wechseln

Der Pferdekörper darf nicht von einer Seite zur anderen schwanken.

Lösungen

a Möglicherweise wirkt der Reiter mit einem Schenkel stärker ein als mit dem anderen oder die Anlehnung ist auf einer Seite stärker.

- Auf diesem Level muss mit verfeinerten Hilfen geritten werden. Die Schenkelhilfen müssen leicht und im gleichen Abstand vom Gurt erfolgen.

- Der neue äußere Zügel hilft zwar, das Pferd geradezuhalten, der Reiter darf aber nicht ziehen.

b Möglicherweise verdreht sich der Reiter bei den Wechseln im Oberkörper und bringt damit das Pferd ins Schwanken. Jede Körperbewegung muss sehr subtil, fast unsichtbar sein.

c Mehrfache Wechsel entlang der Bande können zwar dazu beitragen, das Pferd geradezuhalten, es kann aber trotzdem gelegentlich ins Schwanken geraten, weil es die Anlehnung an der Bande sucht. Reiten Sie in diesem Fall auf einem inneren Hufschlag und geben Sie die Hilfen ganz gleichmäßig.

Wenn das Schwanken nicht aufhört, arbeiten Sie wieder an der Geraderichtung im Galopp ohne fliegende Wechsel.

3. Kurze Wechsel

Jeder fliegende Wechsel muss groß, aufwärts und nach vorn gesprungen werden.

LÖSUNGEN

a Überprüfen Sie auch hier wieder die Qualität des Galopps vor dem Wechsel. Galoppiert das Pferd auf der Vorhand, werden die Wechsel kurz und vielleicht mit hoher Kruppe gesprungen werden. Sie fallen nicht ausdrucksvoll aus, sondern erwecken den Eindruck, dass das Pferd sich in den Boden eingraben möchte.

- Ermüdung kann eine Ursache sein. Ein Pferd ist keine Maschine, es kann während einer Unterrichtseinheit nur eine bestimmte Anzahl von Wechseln verkraften, bevor es, abhängig von seinem Stehvermögen und der geistigen Entspanntheit, ermüdet. Falls Ermüdung ein Thema ist, darf man nicht mehr und mehr Wechsel verlangen, nur weil man selbst sie gern üben möchte. Heben Sie es sich für einen anderen Tag auf, damit das Pferd das nächste Mal frisch und eifrig ist.

Zu viel zu trainieren kann ebenso schädlich sein wie zu wenig. Deshalb ist es wichtig, dass wir alles versuchen, unsere Fehler nicht zu wiederholen, weil wir sonst das Pferd zu oft beanspruchen und es müde und sauer machen.

b Sehen Sie auf keinen Fall nach unten. Damit können Sie das Pferd aus dem Gleichgewicht und aus dem Takt bringen. Schauen Sie zwischen den Pferdeohren durch.

c Um die Qualität der Wechsel zu erhalten, darf der Reiter nur minimalen Gebrauch von den Zügeln machen: nur so viel Anlehnung, dass Kopf und Hals gerade bleiben. Bei stärkerer Anlehnung können sich die Galoppsprünge verkürzen, das Pferd kann sich auch im Hals verwinden und schief werden.

d Auch Verspanntheit kann dazu führen, dass die Wechsel kurz und flach gesprungen werden. Nehmen Sie sich die Zeit, das Pferd zu lösen und zu dehnen, sodass es im Rücken loslassen und wieder durchschwingen kann. Dann kann man einen einfachen fliegenden Wechsel reiten und sehen, wie er ausfällt. Nur wenn er groß, rund und durchlässig gesprungen wird und ein Bergauf-Gefühl vermittelt, kann man es an diesem Tag auch wieder mit Tempi-Wechseln versuchen.

Kapitel 7

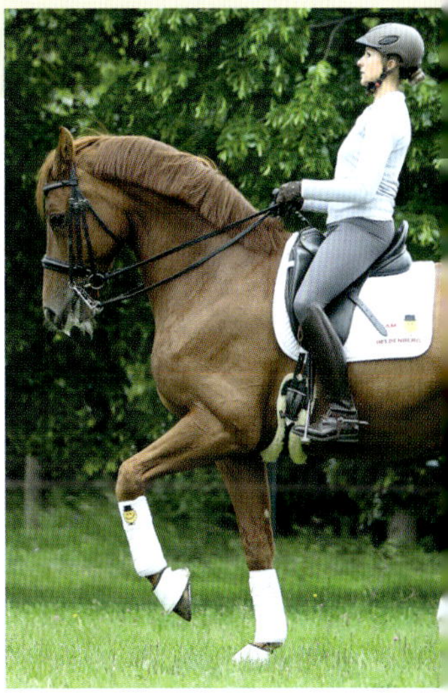

Piaffe und Passage

Piaffe

Allgemeine Gedanken

- Die Piaffe ist eine trabähnliche Bewegung, weil sich die diagonalen Beinepaare paarweise, jedoch ohne Schwebephase bewegen.
- Das Pferd ist versammelt und kadenziert, die Tritte sind gleichmäßig, im Takt und fast auf der Stelle.
- Das Pferd muss elastisch, durchlässig und gut bemuskelt sein, damit es sich in den Hanken beugen und die Kruppe absenken kann. Dies bedeutet, dass die Hinterhand mehr Last aufnimmt und somit die Vorhand leichter macht, sodass die Vorderbeine den Boden nur leicht berühren.
- In der idealen Piaffe wird die Hufspitze eines Hinterbeins angehoben auf die Höhe des Fesselgelenks des stehenden Hinterbeins; das Vorderbein hebt sich, bis der Vorarm eine Parallele zum Boden bildet.
- Kopf und Hals sind gebogen, das Genick ist der höchste Punkt. Die Piaffe sollte Leichtigkeit ausstrahlen, das Pferd an den Hilfen sein.
- Die Piaffe wird zwar auf der Stelle (oder doch fast auf der Stelle) gezeigt, das Pferd muss aber jeden Augenblick nach vorne antreten können. Dazu muss die Piaffe federnd sein und eine Tendenz zur Vorwärtsbewegung aufweisen.

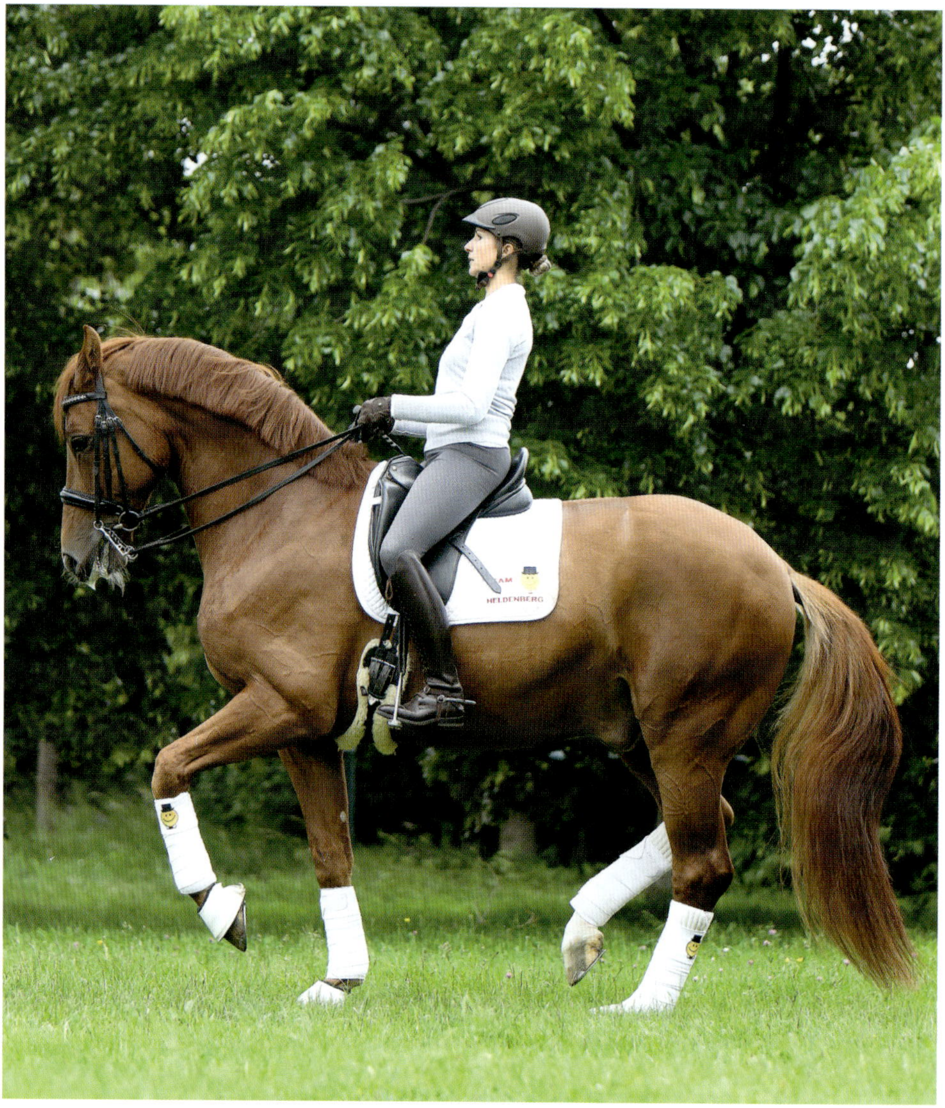

Piaffe auf Kandare

Einführung der Piaffe

- Piaffe ist nicht nur etwas für fortgeschrittene Pferde, piaffe-ähnliche Tritte können auch beim jungen Pferd schon eingeführt werden, als Mittel, sie zur Hankenbeugung zu bringen, was sie aktiviert und kräftigt.
- Es gibt verschiedene Wege, die Piaffearbeit einzuführen. Viele beginnen gern mit der Arbeit an der Hand, weil das Pferd dann die Chance hat, ohne Reitergewicht zu lernen, was von ihm verlangt wird.

Vorbereitung an der Hand

Arbeit an der Hand kann als Vorbereitung sehr nützlich sein. Es gehört aber großes Geschick dazu, weshalb man sie erfahrenen Ausbildern überlassen sollte.
Versuchen Sie es nicht, wenn Sie nicht selbst von einem renommierten Ausbilder darin unterrichtet wurden. Falsch ausgeführt, kann die Arbeit an der Hand für das Pferd schädlich und für den Longenhalter gefährlich sein.
Viel Taktgefühl, Geduld und die Fähigkeit, die Körpersprache des Pferdes zu »lesen«, sind dafür erforderlich. Sehr wichtig ist das gute Timing der Hilfen wie auch die korrekte Position des Trainers im Hinblick auf das Pferd.

- Bevor man mit der Arbeit an der Hand beginnt, sollte das Pferd bereits vertraut sein mit der Longierausrüstung – einem korrekt verschnallten Kappzaum über der Trense, einem Sattel mit darüber geschnalltem Longiergurt, Ausbindezügeln und Bandagen oder Gamaschen an den Vorderbeinen.
- Der Schweif wird bandagiert und hochgebunden, damit man die Hinterbeine mit der Peitsche touchieren kann.
- Die Arbeit an der Hand wird am besten in einer geschlossenen Halle praktiziert, aus Sicherheitsgründen und weil die Wände dazu beitragen können, das Pferd geradezuhalten.
- Bevor Sie beginnen, wenden Sie so viel Zeit wie nötig auf, um das Pferd daran zu gewöhnen, sich mit der Piaffiergerte an den Hinterbeinen, der Kruppe und über Hals und Rücken berühren zu lassen. Die Piaffiergerte dient als Hilfe, nicht zur Bestrafung, das Pferd muss also lernen, dem Ausbilder zu vertrauen.
- Lassen Sie sich Zeit und beobachten Sie das Pferd. Nur wenn es ruhig ist, gehen Sie wie selbstverständlich zum nächsten Schritt über. Ein verspanntes Pferd ist schwer unter Kontrolle zu halten und kann die Arbeit schwierig machen.
- Anfangs arbeitet man an der Hand am besten mit einem Helfer. Dieser hält die Führleine, die im mittleren Ring des Kappzaum eingehakt ist. Der Ausbilder stellt sich mit der Gerte in eine Position, die es ihm erlaubt, die Hanken zu berühren. Instruktionen gibt der Ausbilder, aber gearbeitet werden muss im Team.
- Die Ausbinder werden am Longiergurt befestigt. Sie müssen gleich lang und so verschnallt sein, dass das Pferd am Zügel ist, mit der Nase ein wenig vor der Senkrechten, aber nicht dahinter.
- Helfer wie Ausbilder stehen auf der Innenseite neben dem Pferd.

Ein verspanntes Pferd ist schwer unter Kontrolle zu halten und kann die Arbeit schwierig machen.

- Vielen Pferden fällt es leichter, auf der linken Hand anzufangen. Falls ein Helfer zur Verfügung steht, führt dieser das Pferd zu einem geschlossenen Halten auf dem Hufschlag. Die Wand trägt dazu bei, es geradezuhalten.
- Dann tippt der Ausbilder leicht das innere Hinterbein an, als Zeichen für das Pferd, es ruhig anzuheben. Tut es dies, muss es unbedingt gelobt werden.
- Danach wird das andere Hinterbein angetippt, das die gleiche Reaktion zeigen soll.
- Ob Sie es am Fesselgelenk, hinten am Hinterbein oder oberhalb des Sprunggelenks antippen, hängt davon ab, wo Sie die beste Reaktion erzielen.
- Der Ausbilder muss Geduld haben; es kommt darauf an, dass das Pferd gerade und auf der Stelle bleibt. Aufgabe des Helfers ist es, dass Pferd wenn nötig durch halbe Paraden am Kappzaum an der Stelle zu halten.
- Falls Sie die Gerte einsetzen, muss der Arm locker sein, damit Sie es sanft antippen können.
- Aus Sicherheitsgründen ist es wichtig, die ganze Zeit das ganze Pferd im Auge zu behalten! Der Helfer steht etwas vor der Schulter des Pferdes, nicht zu weit zurück, damit er das ganze Pferd überblicken kann. Er geht rückwärts, wenn er das Pferd anführt, und achtet darauf, leicht seitlich zu bleiben für den Fall, dass das Pferd einen Satz nach vorn macht.
- Wenn das Pferd die Hilfen durch die Piaffiergerte verstanden hat, kann es im versammelten Schritt angeführt werden, und der Ausbilder kann einige halbe Tritte verlangen, indem er die Hinterbeine abwechselnd antippt. Falls das Pferd lieber davonlaufen möchte, als kürzere, höhere Tritte zu zeigen, kann der Helfer am Kappzaum kurze, weiche, nach oben gerichtete halbe Paraden geben.
- Ziel ist eine vermehrte Beugung der Hinterbeine, damit sich die Hanken senken.
- Achten Sie immer darauf, dass das Pferd geradegerichtet bleibt, und fordern Sie immer nur wenige Tritte auf einmal. Loben nicht vergessen, wenn das Pferd versucht, Ihren Wünschen nachzukommen. Anfangs sind zehn Minuten für diese Arbeit genug. Allmählich können Sie die Übungseinheiten verlängern. Was wir wollen, ist ein ruhiges Pferd, das sich darauf freut, es wieder zu versuchen.
- Das Ziel ist, dass das Pferd sich mit der Zeit mehr setzt und ein paar Piaffetritte anbietet.
- Anfangs darf es dabei leicht nach vorn gehen, etwa ein oder zwei Hufbreit, denn wenn wir darauf bestehen, dass es genau auf der Stelle bleibt, können die Tritte steif und hölzern werden.

Probleme an der Hand

- Ein ängstlliches Pferd kann zur Gefahr werden. Nehmen Sie sich immer Zeit, wenn Sie ein Pferd an die Arbeit an der Hand heranführen wollen.
- Wenn das Pferd auf die Aufforderung zum Antreten losstürmen will, versuchen Sie es mit wiederholten halben Paraden am Kappzaum. Beruhigt es sich nicht, kann es klug sein, die Arbeit an der Hand einige Zeit auszusetzen. Reagiert es nicht auf halbe Paraden, üben und perfektionieren Sie diese, bevor Sie die Arbeit an der Hand fortsetzen.
- Manchmal ist ein Pferd zu träge und tritt auf leichtes Antippen mit der Gerte nicht an. Ihm fehlt es wahrscheinlich an Schwung, und es braucht mehr Zeit, bis es für diese Arbeit fertig ist.
- Viele Pferde schwingen mit der Hinterhand nach innen, wenn sie angetippt werden. Als Lösung empfiehlt sich, die Vorhand ganz leicht vom Hufschlag weg nach innen zu stellen, um das Pferd geradezuhalten.

Vorschläge zur Korrektur

- Um dem Pferd beizubringen, sich von der Gertenhilfe weg zu bewegen, können wir uns einer Übung wie der Vorhandwendung bedienen. Bringen Sie es zur Hallenmitte. Dann stellen Sie es mit dem Kappzaum leicht nach innen und berühren es mit der waagrecht gehaltenen Gerte an der Flanke, wobei Sie ihm eine leichte Vorwärtsbewegung gestatten. Es soll mit der Hinterhand ausweichen und einen kleinen Kreis um Sie herum beschreiben. Damit lernt es, sich von der Gerte weg und nicht zu ihr hin zu bewegen. Außerdem ist es eine nützliche Dehnübung für die Beine.
- Versucht ein Pferd, sich mit der Vorhand nach innen zu lehnen, damit es das innere Hinterbein nicht belasten muss, kann man dies dadurch korrigieren, dass man es mit der Hand, welche die Führleine hält, an der Backe nach außen schiebt und so wieder auf den Hufschlag zurückbringt.
- Legt es sich auf die Vorhand, versuchen Sie nicht, es am Kopf hochzuziehen. Aktivieren Sie lieber die Hinterbeine, sodass der Rahmen mehr »Aufwärts-Tendenz« aufweist. Fordern Sie mit der Gerte energischere Tritte, kombiniert mit weichen halben Paraden zur Verbesserung des Gleichgewichts.
- Nicht geschlossenes Halten lässt sich dadurch verbessern, dass man das herausgestellte Bein antippt, bis das Pferd es anhebt und neben dem anderen Hinterbein abstellt.

Hilfengebung zur Piaffe unter dem Sattel

- Der Reiter muss korrekt sitzen, mit weich mitschwingendem Kreuz. Die Schenkelhilfen werden leicht und rechtzeitig gegeben. Ziel ist ein losgelassen über den Rücken gehendes Pferd. Wichtig ist, dass der Reiter die Hände nicht höher hebt, wenn er zur Piaffe ansetzt.
- Die Schenkelhilfen werden beidseitig gegeben: leichter Druck und weg, leichter Druck und weg, begleitet von wiederholten weichen halben Paraden. Das Gesäß des Reiters schwingt mit und sorgt für einen federnden Rhythmus. Die Vorwärtsbewegung ist auf ein Minimum beschränkt, was aber nicht durch Ziehen am Zügel erreicht werden darf. Das wäre ganz falsch.

Entwicklung der Piaffe

- Hat das Pferd die Piaffe an der Hand verstanden, ist es Zeit, sie unter dem Sattel zu versuchen.
- Beginnen kann dies als Fortsetzung der Handarbeit.
- Nummer Eins im Team ist der Reiter. Das Pferd muss nun lernen, dass die Hilfen zur Piaffe vom Reiter kommen und es sich nicht länger auf den Helfer am Boden verlassen kann.
- Der Ausbilder ist zur Unterstützung anwesend; er ist in dieser Situation die Nummer Zwei. Reiter und Ausbilder müssen Erfahrung und viel Gefühl haben, wenn das Pferd die Ruhe behalten soll.
- Der Reiter arbeitet das Pferd, bis es bereit ist zur Versammlung.
- Eine korrekte Piaffe demonstriert gutes Gleichgewicht und Kraft und sollte deshalb nur versucht werden, wenn das Pferd fähig ist, Gewicht auf die Hinterhand zu verschieben.
- Verlangen Sie aus dem versammelten Schritt an der Wand einige piaffe-ähnliche (halbe) Tritte, bei denen das Pferd sich ein wenig nach vorn bewegen darf. Dies dient gleichermaßen dazu, im Pferd den Vorwärtsimpuls zu erhalten, wie dazu, Verspannungen zu vermeiden, die auftreten könnten, wenn man zu früh zu viel verlangt.
- Versteht das Pferd die Reiterhilfen nicht, kann der Ausbilder mit der Piaffiergerte abwechselnd die Hinterbeine antippen und den korrekten Takt vorgeben. Nicht schneller antippen, als das Pferd sich bewegt.
- Bietet das Pferd einige Piaffetritte an (drei oder vier genügen für den Anfang), halten Sie unbedingt an und klopfen ihm den Hals als Zeichen, dass Sie mit seinen Bemühungen zufrieden sind.

- Wenn das Pferd verstanden hat, was von ihm verlangt wird, ist es eine gute Idee, zur Auffrischung des Schwungs aus der Piaffe heraus im versammelten Trab anzureiten – wir wollen nicht, dass aus dem Halten eine Gewohnheit wird.
- Wie immer halten wir das Pferd gerade und üben auf beiden Händen.
- Eine gute Übung zur Entwicklung des Pferdes besteht darin, versammelten Trab zu reiten, dann einige wenige Tritte in hoher Versammlung und wieder vorwärts im versammelten Trab. Es ist sehr wichtig, bei den Tritten in hoher Versammlung den diagonalen Takt zu halten und das Pferd ganz rund über den Rücken gehen zu lassen.
- In der Piaffe sollte das Pferd als Zeichen der Versammlung sich wirklich setzen und in den Hanken beugen. Wenn Sie hinter ihm stehen und die ganze Hufsohle sehen können, ist es nicht genügend versammelt. Es handelt sich dann nur um verkürzte diagonale Tritte.
- Am Ende der Stunde darf das Pferd sich am langen Zügel entspannen, bevor wir es in den Stall zurückbringen. Auch das Pferd soll mit Freude bei der Arbeit sein.

Nach der Arbeit tut es dem Pferd gut, wenn es sich seelisch und körperlich erholen darf. Es streckt sich am verlängerten Zügel dankbar nach vorne-abwärts und schwingt über den Rücken.

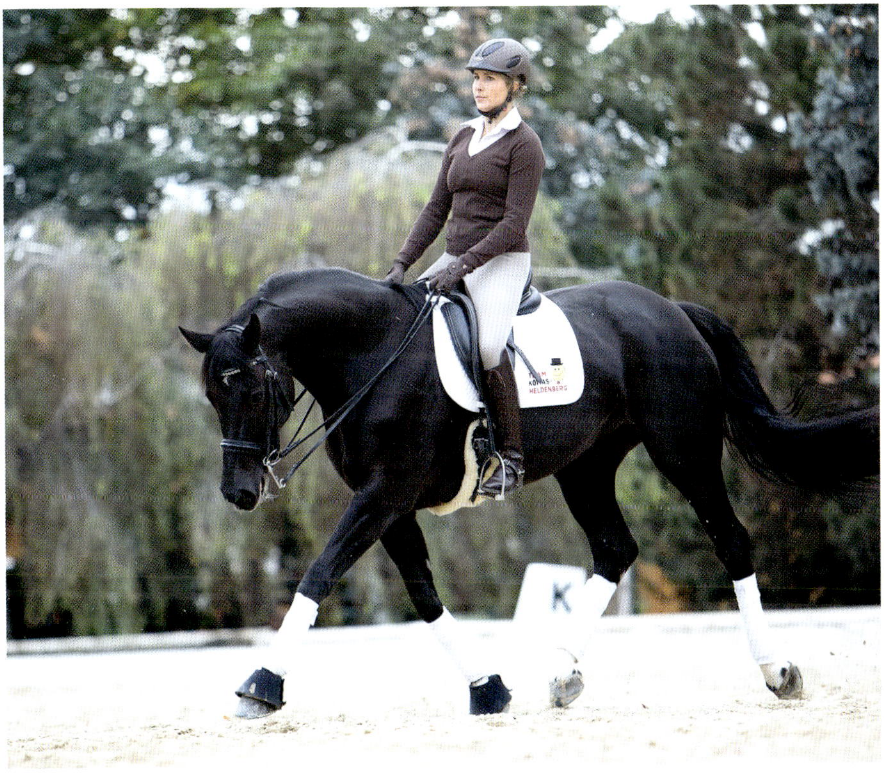

Probleme mit der Piaffe

- Zurücktreten, unregelmäßige Tritte der Hinterbeine und Überkreuzen der Vorder- oder Hinterbeine sind schlimme Fehler.
- Auch das von einer Seite zur anderen Schwingen der Vor- oder Hinterhand ist ausgesprochen fehlerhaft.
- Eilige Tritte ohne Kadenz oder Federkraft kann man nicht als Piaffe bezeichnen. Sie sind nichts als ein Stampfen auf der Stelle oder ein Herumgehampel.
- Fehlerhaft ist es auch, wenn das Pferd sich steif auf die Vorhand legt, anstatt vorne höher zu werden.

Lösungen

- Der Ausbilder muss abschätzen, ob das Pferd wirklich schon fertig war für diese sehr anspruchsvolle versammelte Lektion. Verfügt es noch nicht über genügend Kraft in der Hinterhand, kann es keine korrekte Piaffe zeigen, und wenn es trotzdem weiter dazu gezwungen wird, kann es zu einigen der oben aufgelisteten Fehler kommen.
- Nur wenn die Hanken genügend gekräftigt wurden, um vermehrt Last aufnehmen und dabei geschmeidig und elastisch bleiben zu können, darf man erneut an die Piaffe herangehen.

Piaffe, Pferdebeine zu eng zusammen

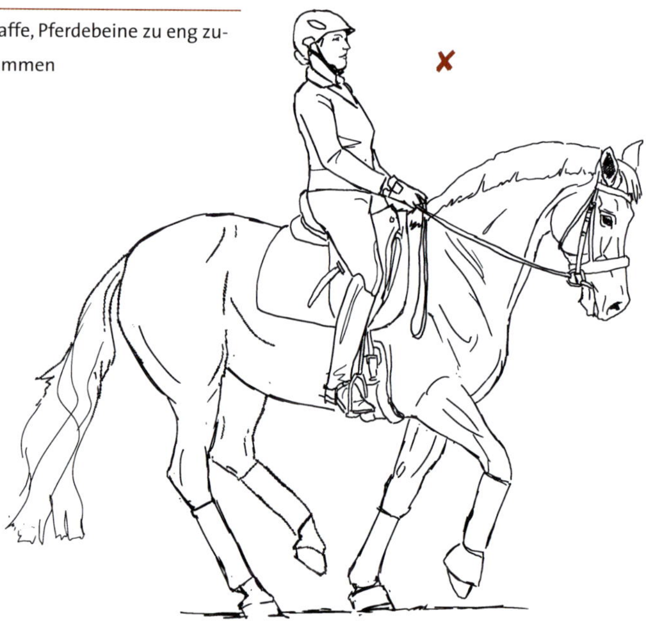

- Ein Seitwärtsschaukeln ist oft das Resultat von mangelndem Gleichgewicht oder Steifheit. Das Pferd versucht dann, sich abwechselnd auf einem Vorderbein abzustützen. Überprüfen Sie die Durchlässigkeit. Sie müssen dem Pferd die Chance geben, seine Aufgabe gut zu erfüllen, indem Sie es gründlich aufwärmen, bevor Sie zu piaffieren versuchen.
- Manche Reiter setzen die Schenkel abwechselnd ein, was dazu führen kann, dass das Pferd schwankt. Treiben Sie mit beiden Schenkeln gleichzeitig und im Takt.

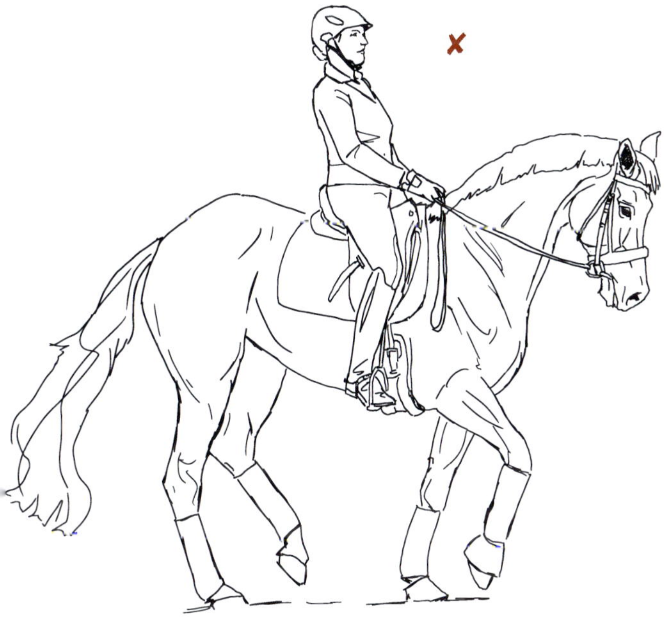

Ein Pferd, das nicht geschmeidig oder stark genug in den Hanken ist, kann sich nicht setzen und legt sich, wenn es piaffieren soll, mit hoher Kruppe auf die Vorhand.

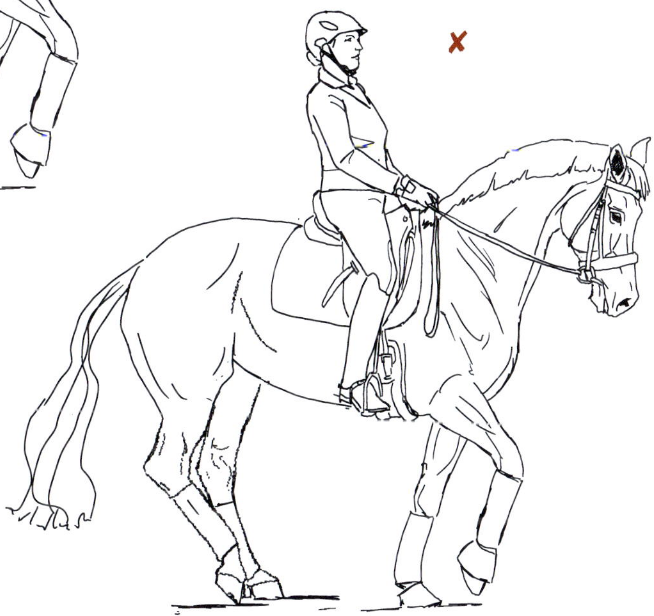

Ist das Pferd im Rücken fest oder schwach in den Hanken, geht der Takt verloren.

- Werden die Vorderbeine nicht senkrecht, sondern weiter hinten unter dem Pferd abgesetzt oder treten die Hinterbeine zu weit unter, geht die Balance verloren. Im letzteren Fall fällt es dem Pferd schwer, die Hinterbeine anzuheben, und die Vorhand ist übertrieben aufgerichtet. Verbessern lässt sich diese Situation durch einige energisch gerittene Übergänge, die dazu dienen, den Vorwärtsimpuls zu erhalten.
- Bei einem Pferd mit steifem Rücken oder schwacher Hinterhand kommt es leicht zu Taktverlust. Die Kruppe wird hoch geworfen, und die Vorderbeine scheinen im Boden festzustecken. Versuchen Sie es mit Rückwärtsrichten vor der Piaffe. Das sollte den Rücken anheben und die Rückenmuskulatur lockern, was dazu beitragen kann, den Takt zu verbessern.
- Diese Probleme gehen auf einen Mangel an Durchlässigkeit zurück. Reiten Sie deshalb viele Übergängen zwischen Mittel- und versammeltem Trab oder Galopp, um zu sehen, ob das Pferd wirklich durchlässig und an den Hilfen ist.
- Manchmal kann es auch am Sitz des Reiters liegen. Wenn er nicht still sitzen kann, bringt er das Pferd aus dem Gleichgewicht, und wenn er am Zügel zieht, anstatt »im Pferd« zu sitzen, verspannt sich das Pferd und macht sich fest.
- Manche Reiter sind glücklich, wenn das Pferd nur so etwas wie diagonale Beinbewegungen zeigt, aber das ist noch keine Piaffe. Dazu muss das Pferd in höchstem Maße versammelt sein, in den Hanken gebeugt und mit dem Gewicht auf der Hinterhand.
- Tritt das Pferd in der Piaffe ungleichmäßig, müssen Sie daran arbeiten, das schwächere Hinterbein zu stärken. Seitengänge tragen dazu bei, das Pferd insgesamt zu kräftigen und geschmeidiger zu machen.
- Cavaletti-Arbeit ist eine Option, ebenso wie das Reiten in hügeligem Gelände. Als Teil des Konditionstrainings kann es für das Pferd eine willkommene Abwechslung sein und den Spaß an der Arbeit erhöhen.

Passage

Allgemeine Gedanken

- Die Passage ist ein versammelter und sehr kadenzierter Trab mit verlängerter Schwebephase.
- Erforderlich sind ausgeprägtes Engagement der Hinterhand

und deutlich gebeugte Knie- und Sprunggelenke. Die Passage sollte graziös und elastisch wirken.
- Sie kann aus der Piaffe, dem Trab, halben Tritten oder dem Schritt entwickelt werden.
- Das Pferd muss ganz geradegerichtet sein und über den Rücken gehen.
- Wenn Pferd wie Reiter vollkommen im Gleichgewicht sind, scheinen sie in der Passage zu schweben.

Entwicklung der Passage

- Oft wird die Piaffe vor der Passage gelehrt, aber wenn es dem Pferd an Schwung fehlt, kann es besser sein, mit der Passage zu beginnen, weil diese das energische Treten fördert.
- Eine korrekte Passage wird aus dem Vorwärts heraus entwickelt, nicht indem man das Pferd zurückhält.
- Der Reiter kann viele Übergänge reiten, auch vom Mittel- oder starken Trab oder Galopp zur Versammlung. Diese Übergänge müssen absolut gerade geritten werden, über den Rücken gehen und unmittelbar auf die Reiterhilfen erfolgen. Ist dies nicht möglich, ist das Pferd noch nicht bereit.

Hilfen zur Passage

- Noch einmal: Bevor man eine Passage verlangt, muss das Pferd gerade sein, mit aktiver Hinterhand, schwingendem Rücken und starker Muskulatur.
- Der treibend einwirkende Reiterschenkel sorgt für mehr Schwung.
- Mit dem Sitz und der vermehrt angespannten Rückenmuskulatur fängt der Reiter den so geschaffenen Schwung auf. Die Tritte sollen erhaben und schwebend sein, nicht schneller und flacher.
- Die Hände gestatten dem Pferd bei jedem Tritt eine leichte Vorwärtsbewegung. Das Pferd federt mit verlangsamten, aber majestätischen Tritten nach vorn ab.

Das Pferd federt mit verlangsamten, aber majestätischen Tritten nach vorn ab.

Aus dem Trab

- Reiten Sie viele Übergänge im Trab. Das Pferd muss sicher an den Hilfen stehen und von einem Augenblick zum nächsten vom versammelten zum starken Trab wechseln können.
- Reiten Sie die Übergänge allmählich in immer kürzeren Ab-

ständen, um Gleichgewicht und Gehorsam des Pferdes beurteilen zu können.

- Halbe Paraden bringen das Pferd aus dem versammelten Trab zu noch höherer Versammlung, gleichzeitig sorgen die Schenkel für mehr Schwung. Das Kreuz wird angespannt, um das Vorwärtselement des Trabtritts aufzufangen, und die Zügel erlauben dem Pferd ein geringes Maß an Vorwärts, sodass die Schwebephase verlängert und die Tritte erhabener werden.
- Im Grunde handelt es sich um den Übergang vom versammelten zum starken Trab, wobei der Reiter den verlängerten Trabtritt im selben Moment, in dem das Pferd ihn anbietet, mit Kreuz und Zügeln auffängt, was ihm ein Gefühl von Aufwärts, Vorwärts und Schweben verleiht.
- Der Hauptunterschied zwischen den Hilfen zum Trab und zur Passage besteht in der vermehrten Kreuzeinwirkung für die Passage. Dies wiederum verlangt vom Reiter einen tiefen, unabhängigen Sitz, damit er das Pferd nicht in einem entscheidenden Moment stört.
- Verlangen Sie nur wenige Tritte, parieren Sie durch zum Schritt und loben Sie das Pferd. Üben Sie nicht bis zur Erschöpfung, damit es das nächste Mal nicht mit Widerwillen reagiert.

Aus der Piaffe

- Auch die Entwicklung der Passage aus der Piaffe kann an der Hand gelehrt werden.
- Das für die Piaffe nötige Gleichgewicht und Engagement wird auch in der Passage verlangt.
- Beherrscht das Pferd die Piaffe an der Hand, können wir es etwas mehr nach vorn gehen lassen, sodass es die erhabenen Passagetritte zeigen kann.
- Hat es ein paar Passagetritte angeboten, lassen Sie es im Trab vorwärtsgehen. Überfordern Sie das Pferd nicht, weder mental noch körperlich. Es braucht Zeit, um neue Lektionen zu begreifen.
- Für den Übergang zur Passage unter dem Reiter ist Hilfe vom Boden aus wieder zu empfehlen. Der Ausbilder steht bereit, um nötigenfalls die Reiterhilfen zu verstärken, aber die Idee ist, dass das Pferd die Hilfen von Kreuz, Schenkeln und Zügeln lernt. Es kann hilfreich sein, wenn der Ausbilder die Vorderbeine mit der Gerte antippt, falls diese nicht hoch genug gehoben werden. Die Gerte soll die Beine nur leicht berühren, sie darf das Pferd niemals erschrecken oder verletzen.

- Die Schenkel treiben vermehrt vorwärts, aber so, dass das Pferd nicht aus dem Takt kommt. Die Zügel lassen die Tritte ein wenig nach vorn heraus.
- Der Oberkörper (das heißt, von der Rückenmitte bis zum Hinterkopf) verhält sich ganz still, während die Lendenpartie vermehrt in der stärkeren Bewegung mitschwingt.
- Nach einigen wenigen Passagetritten lassen Sie zur Belohnung die Zügel lang, damit das Pferd sich entspannen kann.

Aus dem Schritt

- Der Schritt ist oft weniger schwungvoll als der Trab oder die Piaffe, weshalb es schwieriger ist, daraus die Passage zu entwickeln. Er hat jedoch den Vorteil, dass es dem Reiter leichter fällt, seine Hilfen einzusetzen, weil der Schritt glatter verläuft.
- Neigt das Pferd dazu, beim Übergang von der Piaffe in die Passage eiliger zu werden, kann man es mit der Passage aus dem Schritt oder Trab versuchen.
- Die Reiterhilfen für die Passage bleiben dieselben.
- Für welche Methode man sich entscheidet, hängt vom Pferd ab, das man gut beobachten und kennen sollte. Wählen Sie immer den für Temperament und Exterieur des Pferdes einfachsten Weg.

Probleme mit der Passage

1. Das Pferd bietet die Passage an, ist in Hals und Rücken aber noch fest.

Lösung

- Wirkt der Reiter zu stark mit der Hand ein, kann dies dazu führen, dass das Pferd den Kopf hochnimmt und den Rücken wegdrückt. Der Reiter muss Tiefe und Geschmeidigkeit seines Sitzes verbessern, damit er sich in der Passage in Harmonie mit dem Pferd bewegen kann. Balanciert er sich dagegen mithilfe der Zügel aus, kann das Pferd nicht im Rücken schwingen.

2. Das Pferd legt sich auf den Zügel.

LÖSUNG

- Die Zügel können zu kurz sein, sodass das Pferd auf der Hand liegt oder sogar versucht, vor dem Druck davonzulaufen. Ein korrekter Rahmen wird erzielt, indem man das Pferd von hinten nach vorn, von den Hanken bis zum Gebiss, schließt, nicht indem man Kopf und Hals mit der Hand verkürzt und in eine erzwungene Haltung bringt.
- Wird das Pferd eilig, wenn die Zügel leicht verlängert werden, können wir daraus schließen, dass es nicht genügend an den Kreuzhilfen steht. Eingedenk der Binsenwahrheit, dass wir nicht mehr treiben sollen, als wir mit dem Sitz kontrollieren können, muss der Reiter an seinem Sitz arbeiten, bis er so tief einsitzen kann, dass er das Pferd mehr mit den Bauch- und Rückenmuskeln als mit den Händen halten kann. Dabei darf der Rücken sich bei dieser Arbeit nicht versteifen, sondern muss immer elastisch bleiben.

3. Ungleiche Tritte mit den Hinterbeinen

LÖSUNGEN

- Dies kann davon herrühren, dass der Reiter ungleiche Schenkelhilfen gibt. Vielleicht muss er den Schenkel effektiver einsetzen oder das kürzer tretende Hinterbein mit der Gerte antippen.
- Versuchen Sie, das Pferd fleißiger vorwärtszureiten. Achten Sie auf das Gefühl, das die Hinterbeine vermitteln: Arbeiten sie gleichmäßig unter Ihnen oder bewegt sich einer Ihrer Gesäßknochen weniger als der andere?
- Ungleiche Tritte können auch auf eine Schiefe des Pferdes zurückzuführen sein. Dann muss diese zuerst korrigiert werden, bevor man mit der Arbeit an der Passage fortfährt.
- Passagieren an der Hand kann dem Pferd dabei helfen, den Takt besser zu halten. Kappzaum und Ausbinder bieten eine konstante Anlehnung, und ohne das Reitergewicht kann es dem Pferd leichter fallen, eine qualitätvolle Passage zu zeigen. Zur Verbesserung von Aktivität und Engagement lassen Sie es zuerst piaffieren, bevor Sie zur Passage übergehen.

4. Die Hinterhand schleppt nach

Dies wäre ein Zeichen für mangelndes Gleichgewicht, wahrscheinlich aufgrund von ungenügendem Schwung. Energisch gerittene Übergänge haben eine auffrischende Wirkung.

LÖSUNGEN

- Eine nützliche Übung ist, eine lange Seite im starken Galopp zu reiten und dann so schnell wie möglich in die Passage überzugehen. Die Energie, die durch den starken Galopp entstanden ist, führt dazu, dass das Pferd die Hinterbeine mehr anhebt.
- Auch der versammelte Trab und viele Übergänge können eine Hilfe sein, weil dadurch die Hinterbeine aktiviert werden, eine Voraussetzung für die Passage.
- Ein Pferd, das die Hinterbeine nachschleppt oder sie nach hinten herausstellt, anstatt unter den Körper zu treten, kann sich infolge zu starker Anlehnung (siehe oben) fest gemacht haben; es kann zum Teil aber auch am Gebäude des Pferdes liegen. Einem Pferd mit langem Rücken oder nach hinten herausstehenden Sprunggelenken kann das Passagieren schwerfallen. Es braucht sorgfältiges Training zur körperlichen Kräftigung und damit es lernt, den Rücken anzuheben und das Becken einzuziehen, sodass es korrekt untertreten kann. In der Passage muss sich die Rückenmuskulatur aufs Äußerste an- und entspannen, und dies ist nur möglich, wenn das Pferd über Kraft und Geschmeidigkeit verfügt.

5. Das Pferd bietet Passage mit festem Rücken an

LÖSUNGEN

- Vielleicht sind Sie zu schnell vorgegangen und haben sich an der Passage versucht, bevor das Pferd körperlich dazu bereit war. Taucht dieses Problem in einem frühen Stadium auf, lässt es sich durch Vorwärtsreiten im Mittel- und starken Trab oder Seitengänge im versammelten Trab korrigieren.
- Hat sich der Fehler jedoch einmal festgesetzt, ist er oft schwer wieder zu beseitigen.
- Gelegentlich ist dieser Fehler bei Sportpferden mit viel an-

geborener Aktion zu sehen. Da der Trab schon von Natur aus »Passage-Qualität« hat, versuchen manche, diese Anlage auszubeuten, indem sie das Pferd schon früh passagieren lassen. Wird das Pferd jedoch körperlich und seelisch nicht ausreichend darauf vorbereitet, kann dies zu einer falschen Passage führen, bei der sich nur die Beine bewegen, der Rücken jedoch fest ist, weil dies für das Pferd der einzige Weg ist zu zeigen, was von ihm verlangt wird.

6. Ich verlange Passage, aber das Pferd bietet schnellerenTrab an

Als Grund kommt mangelnder Schwung in der Hinterhand in Frage.

Lösungen

- Sollte die Passage ursprünglich aus der Piaffe entwickelt werden, können wir es stattdessen aus dem Schritt oder Trab versuchen. Es kommt darauf an, was dem Pferd leichter fällt.
- Möglicherweise braucht das Pferd mehr Zeit, um die Piaffe so zu perfektionieren, dass der für die Passage nötige Level von Versammlung und Engagement erreicht wird.

7. Die Passage ist schaukelnd oder die Vorderbeine kreuzen

Beides sind schwere Fehler.

Lösungen

- Die Wurzel des Problems kann in einer Steifheit des Pferdekörpers liegen. Ein Pferd, das passagieren soll, kann schaukeln, um die Steifheit in den Hüften zu kompensieren. Ohne Korrektur kann dies dazu führen, dass auch noch die Vorderbeine kreuzen.
- Die Antwort ist, das Pferd wirklich sorgfältig und gründlich zu lösen, bevor man mit der Arbeit an der Passage beginnt.
- Auch hier geht es um die Balance zwischen Pferd und Reiter. Sie muss sehr gut sein, sonst leidet die Qualität der Passage.

Abschließende Gedanken zu Piaffe-/Passage-probleme

Bei allen bisherigen Beispielen sind wir davon ausgegangen, dass Reiter oder Pferd die Piaffe/Passage lernen sollen. Es kommt aber oft vor, dass ein Reiter ein älteres Lehrpferd kauft, das die Lektionen bereits kennt, was natürlich äußerst wertvoll ist.
Nichtsdestotrotz führt das Pferd, sei es aufgrund seines Alters oder eines vielleicht fehlerhaften Trainings in der Vergangenheit, die Bewegungen inkorrekt aus. Handelt es sich um eingefleischte Fehler oder ist das Pferd aus Altersgründen einfach nicht mehr so geschmeidig, wie es einst war, können wir auch beim besten Willen nicht alles korrigieren.

Natürlich werden wir auch weiter den korrekten Ausbildungsprinzipien folgen, es dem Pferd so angenehm wie möglich zu machen versuchen und von dem alten Professor lernen, was er uns beibringen kann.

Ist das Pferd noch fit genug für eine Teilnahme an Turnieren, müssen wir auch akzeptieren, dass manche Lektionen vielleicht nicht so hoch bewertet werden, sollten diese Starts aber als wertvolle Gelegenheiten für die eigene Praxis betrachten.
Das Wohlergehen des Pferdes muss immer vor unserem eigenen stehen, wir müssen uns aber auch dessen bewusst sein, dass wir von den »alten Professoren« sehr viel lernen können.

Das Wohlergehen des Pferdes muss immer vor unserem eigenen stehen.

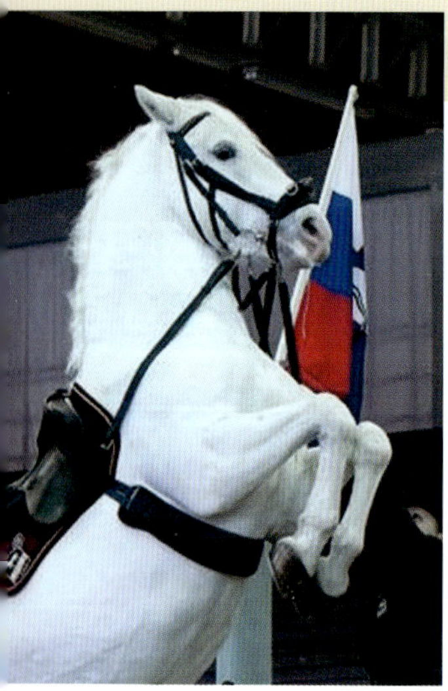

Kapitel 8

Die Schulen über der Erde

Die »Schulen über der Erde«, wie die Spanische Hofreitschule sie zeigt, werden zuerst an der Hand gelehrt, obwohl dies nicht der einzige Weg ist, mit den Lektionen zu beginnen. Sie galten als Gipfel der Dressurausbildung und sollten das vollständige Vertrauen zwischen Pferd und Reiter sowie die Kraft, den Mut und die Fähigkeiten des Pferdes demonstrieren. Sie sind kein Teil der FEI-Dressurprüfungen und werden korrekt nur in wenigen Institutionen der Welt vorgeführt. Unsere Fotos wurden in der Klassischen Reitschule im slowenischen Gestüt Lipica aufgenommen.

Nur Ausbilder mit sehr viel Verständnis und Erfahrung sollten in Betracht ziehen, die Schulsprünge zu lehren, denn es gehört sehr viel Urteilsvermögen dazu, um abzuschätzen, ob ein Pferd das Talent, das Temperament und die Kraft dazu besitzt. Mut muss auch der Reiter besitzen, dazu einen untadeligen Sitz. Die Arbeit ohne diese Eigenschaften anzugehen wäre eine Katastrophe.

Nur wenige Pferderassen können diesen Höchststand von Ruhe und Kraft erreichen, der für die Arbeit in der Hohen Schule erforderlich ist. Deshalb sind Lipizzaner und iberische Pferde für die Schulen über der Erde am besten geeignet. Aber auch dann genügen nur wenige den allerhöchsten Ansprüchen. Nur mit einem Pferd, das keine Angst hat und über genügend Kraft verfügt, sollte die Arbeit bis zur höchsten Stufe fortgeführt werden.

Die Piaffe ist die Grundlage für die Schulsprünge, weil sich, korrekt gezeigt, das Pferd dabei tief in den Hanken beugt und ein Höchstmaß an Kraft, Balance, Engagement und Ruhe beweist.

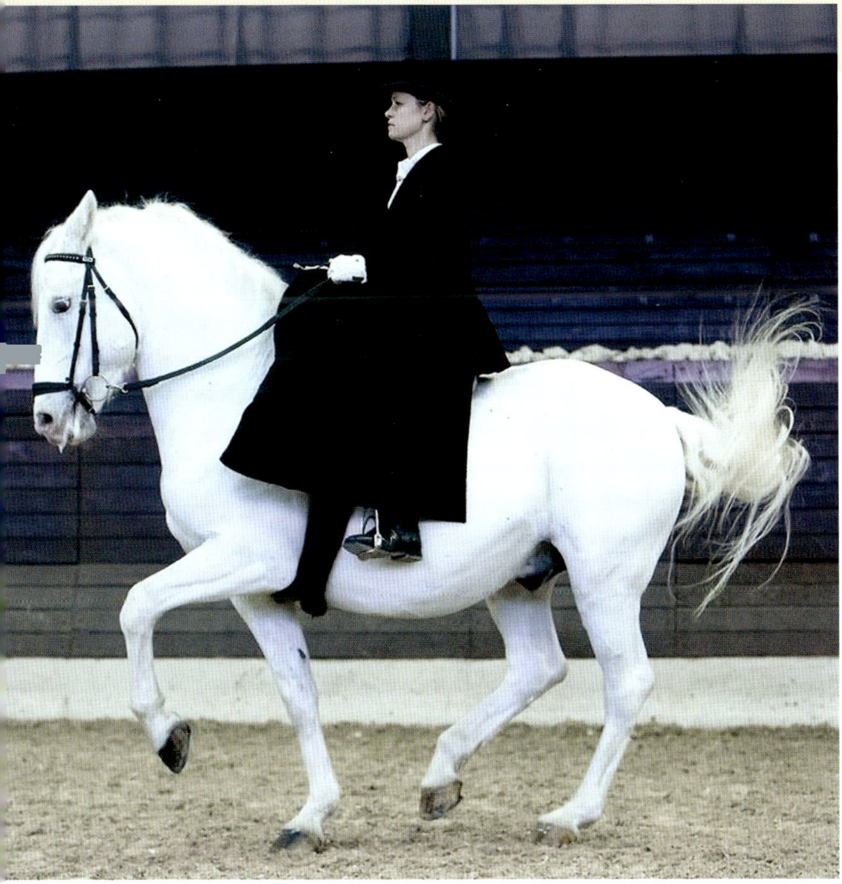

Im Damensattel, elegant in der Haltung und mit weicher Anlehnung, zeigt Kristina Umek Favoury Monteaura in einer lebhaften, aber ruhigen Piaffe.

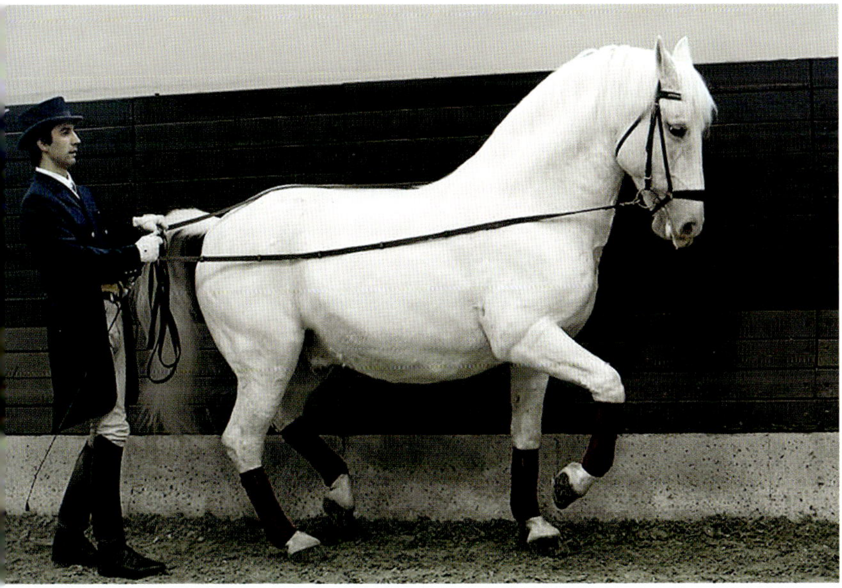

Miro Dragic mit Neapolitano Strana. Die Verbundenheit von Pferd und Ausbilder zeigt sich in der Leichtigkeit der Hilfengebung, die das Pferd am langen Zügel in gute Piaffetritte umsetzt.

Levade

Sie wurde im neunzehnten Jahrhundert eingeführt. Davor nutzten die Reitmeister die Pesade zur Einführung in die Schulsprünge.
In der Levade beugt das Pferd die Sprunggelenke, um die Hanken zu senken, und hebt die Vorhand vom Boden ab, sodass sein Körper mit dem Boden einen Winkel von etwa 30° bildet.

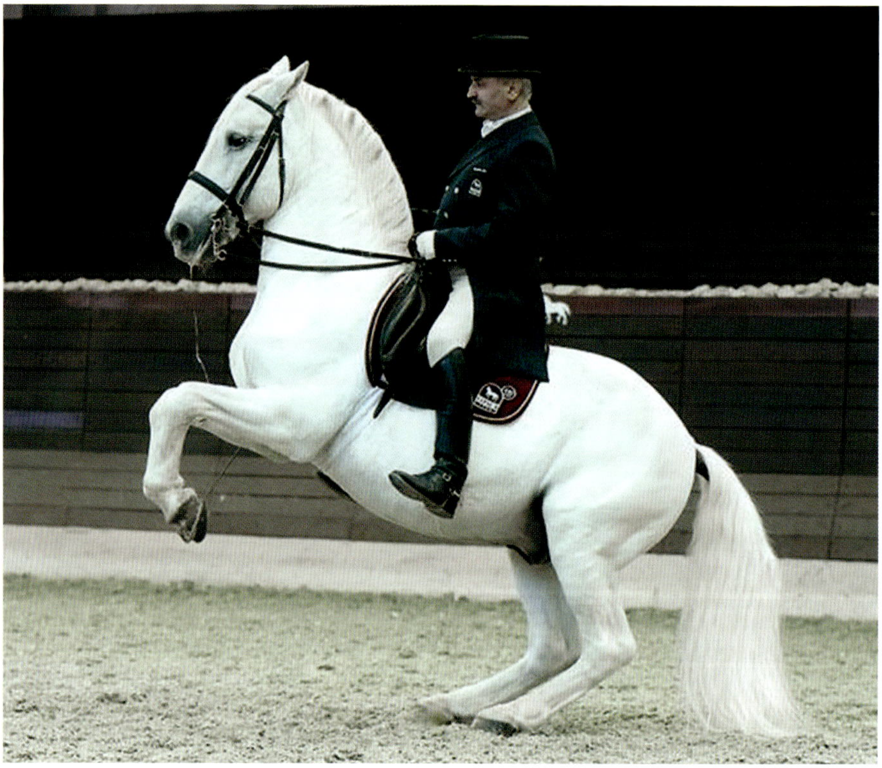

Aloiz Lahs beispielhafter Sitz erlaubt Conversano Allegra, die Hinterbeine in perfekter Balance tief zu beugen. Achten Sie auf die tief über dem Boden liegenden Sprunggelenke, ein Beweis für die große Kraft in den Hanken.

Die Levade ist, mit oder ohne Reiter, die Lektion in der höchsten Versammlung und der Beweis, dass es bei der Versammlung um die Lastaufnahme mit der Hinterhand geht, nicht einfach um verkürzte Tritte.
Die Levade ist die schwierigste unter den Lektionen der Hohen Schule, weil das Pferd bei aller Anforderung an Stärke und Gleichgewicht vollständige Ruhe bewahren muss.

Wird die Levade an der Hand gelehrt, wird das Pferd erst zur Piaffe gebracht und dann allmählich aufgefordert, noch aktiver auf der Stelle zu treten. Dann soll es sich in der Vorhand heben, wobei die Vorderbeine gut angezogen werden müssen und nicht einfach herunterhängen dürfen.

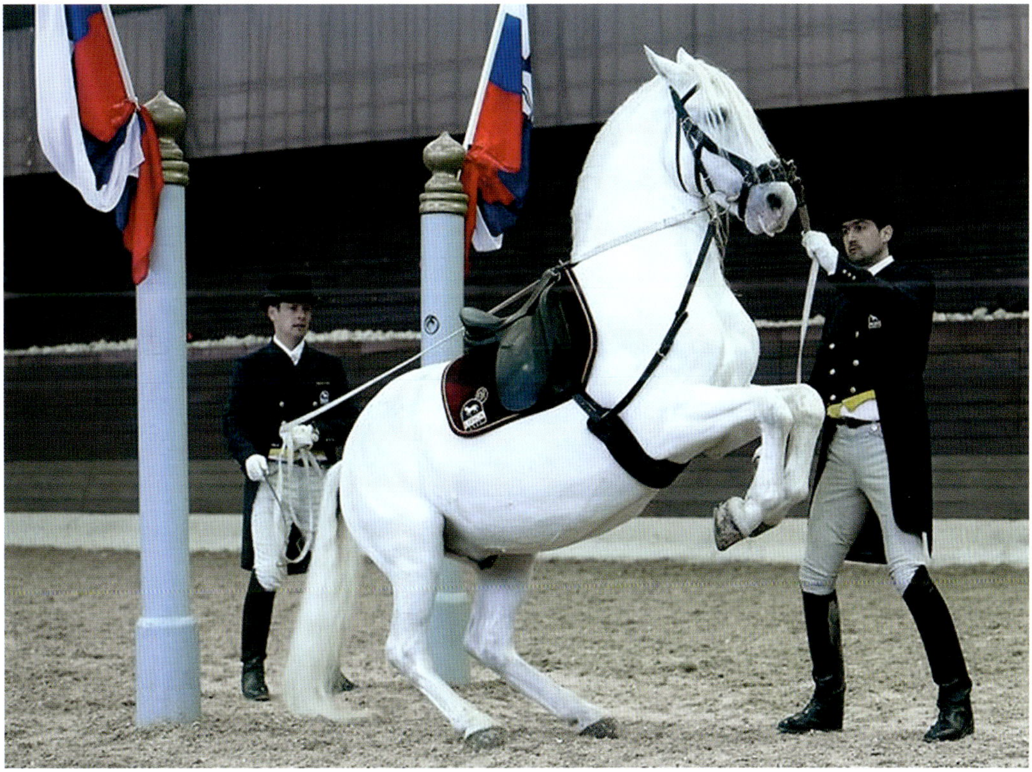

Die Levade wird oft vom Boden aus gelehrt, damit das Pferd die Lektion verstehen und ohne Reitergewicht die Balance finden kann.

Das Pferd darf sich nicht rückwärts bewegen, sondern soll einige Sekunden in dieser Stellung verharren, bis der Ausbilder die Übung beendet. Für das Pferd ist dies eine anstrengende Arbeit, die deshalb nur sparsam verlangt werden darf.

Am Ende der Übung soll das Pferd die Vorhand mit Leichtigkeit wieder aufsetzen und bereit sein, auf Verlangen sofort wieder anzutreten.

Bei einer Levade unter dem Sattel bleibt der Oberkörper des Reiters senkrecht zum Boden.

Pesade

Das Pferd hebt die Vorhand bis zu einem 45°-Winkel an, und obwohl die Sprunggelenke gebeugt sind und die Hinterbeine Last aufnehmen, geschieht dies nicht im gleichen Maße wie bei der Levade. Sie ist deshalb die weniger schwierige Übung.

Vor Einführung der Levade war die Pesade die Vorbereitung auf die Schulsprünge und die Schulen über der Erde.

Die Pesade ist eine gute Vorbereitung auf die Courbette (siehe Seite 201), da sie die Hinterhand stärkt.

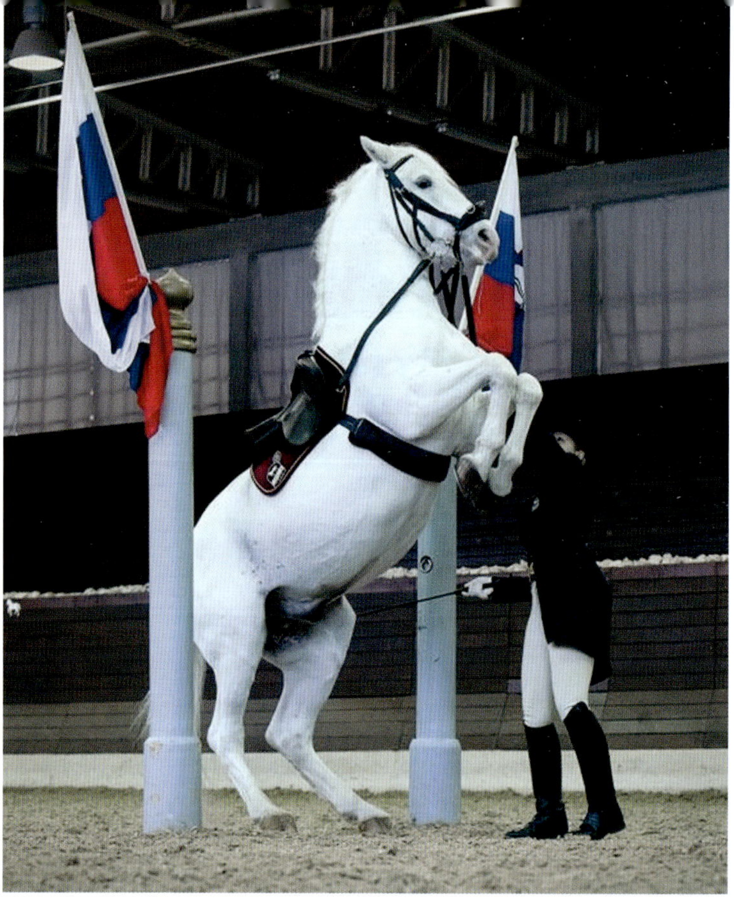

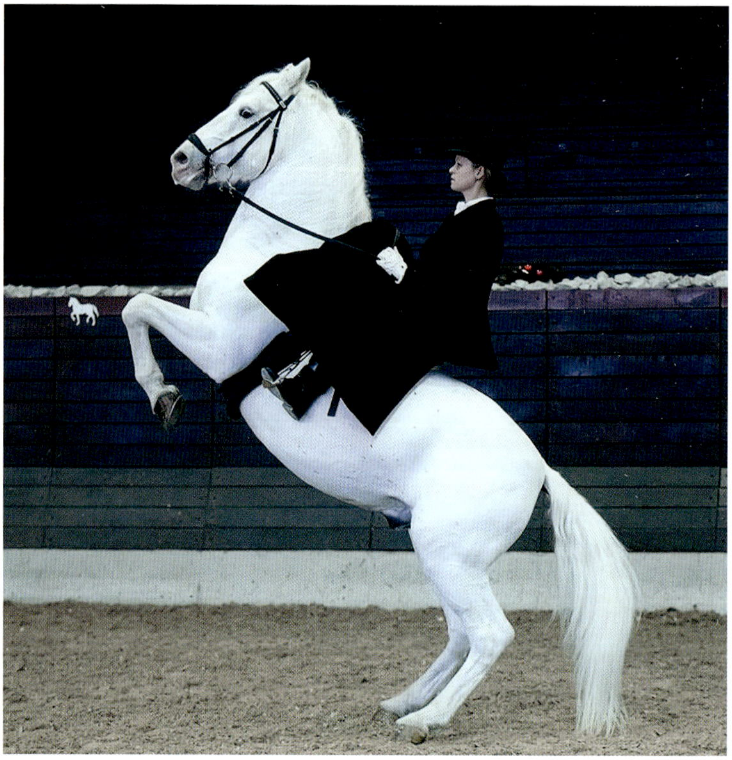

In diesen beiden Fotos demonstrieren Kristina Umek und Favoury Monteaura die Pesade. Im Vergleich zur Levade sind hier die Hanken weniger tief gebeugt, der Winkel zum Boden ist größer. Der Sitz im Damensattel beweist Geschick und Einfühlungsvermögen der Reiterin.

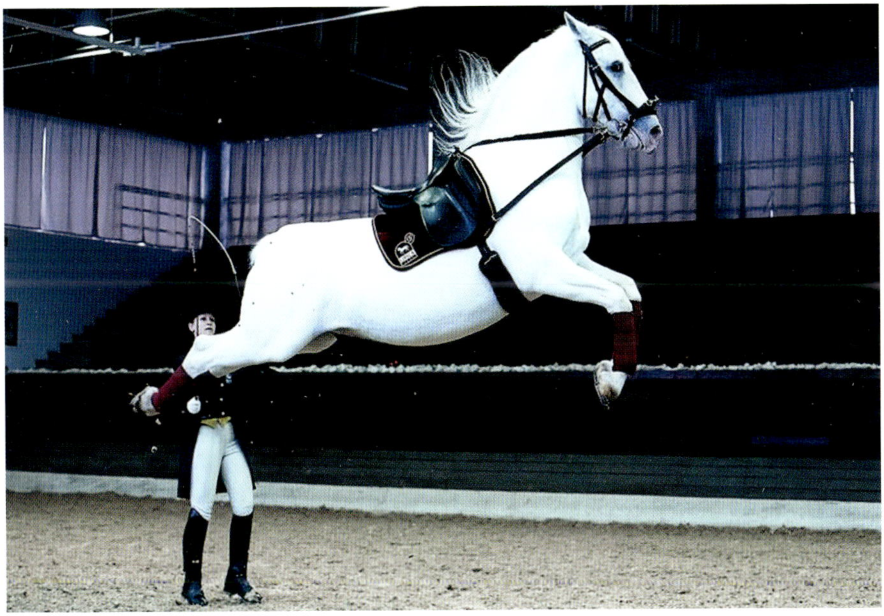

Dieses spektakuläre Foto fängt Conversano Samira in der Kapriole an der Hand mit voll gestreckten Hinterbeinen ein, gezeigt von Kristina Umek.

Am Trainer liegt es zu beurteilen, ob das Pferd über genügend Kraft und Gleichgewicht verfügt, um zur Courbette überzugehen, aber auch, ob es mit Freude und ohne Angst bei der Sache ist.

Achtung: Hebt sich das Pferd mit geraden Hinterbeinen um mehr als die 45° der Pesade, handelt es sich um ein Steigen, keineswegs um eine klassische Lektion.

Kapriole

Die Kapriole ist ein waagrechter Sprung, bei dem beide Hinterbeine auf dem höchsten Punkt gleichzeitig nach hinten ausschlagen. Um auf der maximalen Höhe des horizontalen Sprungs mit beiden Beinen auszuschlagen, muss das Pferd über explosive Kraft verfügen. Es landet auf allen vier Füßen nahe an der Absprungstelle.

Um sie unter dem Sattel zu zeigen, muss der Reiter über einen ausgezeichneten Gleichgewichtssitz verfügen, denn wenn er sich an den Zügeln anstatt mit dem Sitz auszubalancieren versucht, reißt das Pferd womöglich den Kopf hoch, drückt den Rücken weg und verliert die Balance.

Courbette

In der Courbette vollführt das Pferd eine Reihe von Sprüngen, normalerweise zwei bis fünf, auf den Hinterbeinen, ohne dass die Vorder-

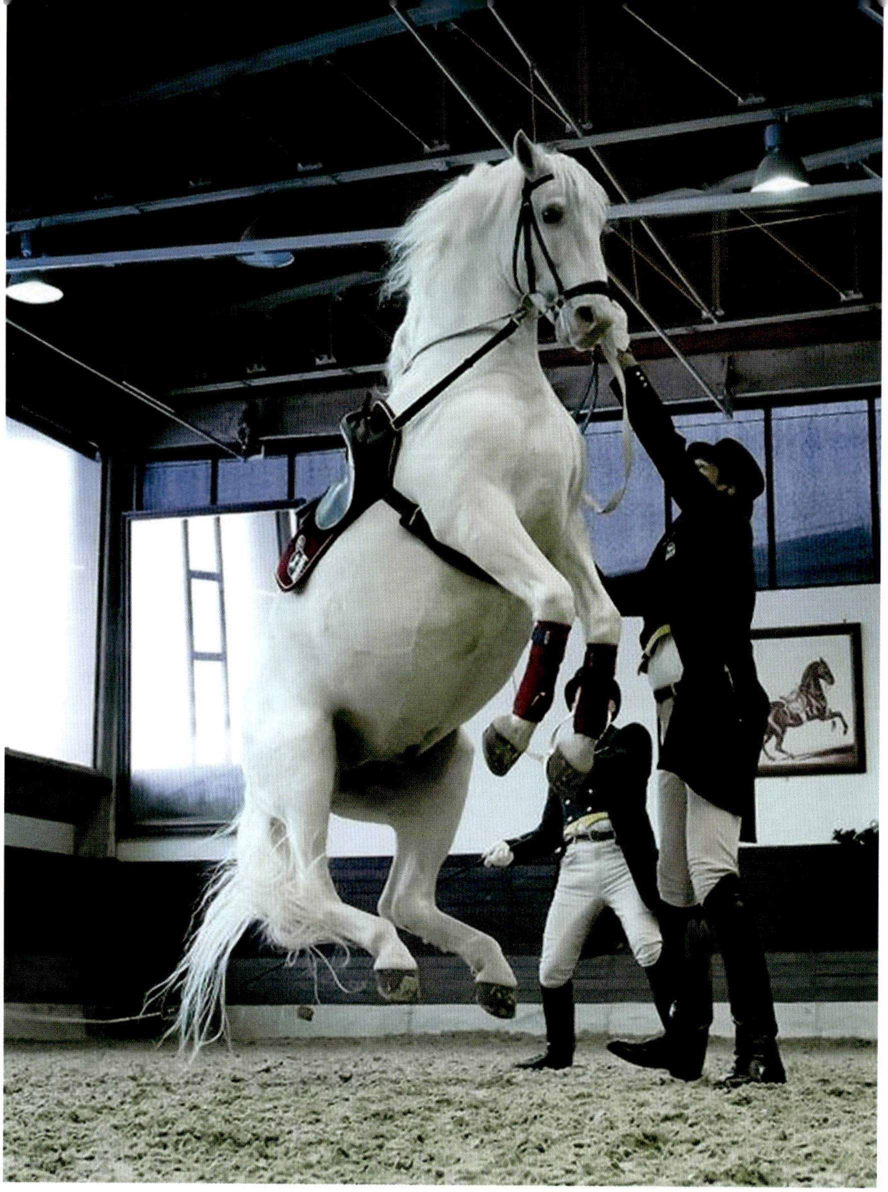

Oben: Miran Mavec und Gregor Lisjak führen die Courbette an der Hand vor. Eine wundervolle Aufnahme von Maestoso Gratiosa mitten im Sprung. Die Hinterbeine befinden sich auf gleicher Höhe, Voraussetzung für eine korrekte Ausführung der Courbette.

beine den Boden berühren. Beide Hinterbeine müssen zusammen abspringen, was große Kraft erfordert.

Der Ausbilder bringt das Pferd in einer fleißigen Piaffe allmählich auf die Stelle. Dann verlangt er die Levade, und wenn diese gezeigt wird, fordert er das Pferd mit einem Zungenschnalzen oder vielleicht einem Antippen der Hinterbeine mit der Gerte zu einem einzelnen Sprung auf. Das Pferd sollte auf den Hinterbeinen landen und in die Levade-Stellung übergehen, bevor es mit den Vorderbeinen den Boden berührt. Weitere Sprünge dürfen nur versucht werden, wenn das Pferd die Courbette vertrauensvoll absolviert und restlos versteht, was von ihm verlangt wird.

Zum Abschluss

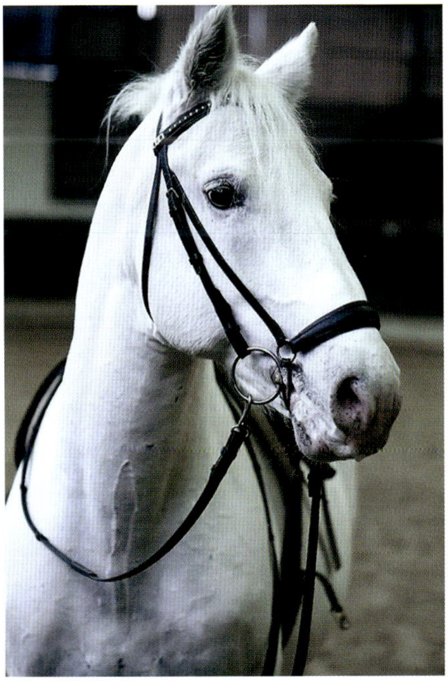

Wir müssen zu jeder Zeit dafür sorgen, dass unsere Pferde Freude an der Arbeit haben und entspannt und glücklich sind.

Im Prinzip ist die Ausbildung von Pferden einfach; die Maxime »Reite dein Pferd vorwärts und richte es gerade«, oft General L'Hotte zugeschrieben, beinhaltet viel vom Wesentlichen der Dressur.

Diese Prinzipien umzusetzen kann sich jedoch als eine Herausforderung erweisen. In der Ausbildung kommen zwei unvollkommene Wesen zusammen, ein Pferd und ein Reiter – drei, wenn auch noch ein Ausbilder ins Spiel kommt. Für eine erfolgreiche Partnerschaft müssen die Menschen auf derselben Wellenlänge arbeiten, sodass das Pferd mit Geduld und Logik erzogen wird. Andernfalls kann das Pferd in Verwirrung geraten, und dies kann zu Problemen führen.

Um diese Harmonie zu erreichen, müssen Reiter und Trainer ein klares Bild des Ziels vor Augen haben, das sie anstreben, und eine realistische Sicht der Zeit, die dafür notwendig ist. Gleichzeitig muss ihnen immer das Wohlergehen des Pferdes am Herzen liegen.

Für Ausbilder, die noch nicht auf eine lange Erfahrung zurückblicken können, ist es wichtig, sich weiter mit dem Thema zu beschäftigen, die Theorie klar in den Griff zu bekommen. Es stimmt zwar, dass man das

Reiten nicht allein aus Büchern lernen kann, es stimmt aber auch, dass man ohne Studium nicht zu einem verfeinerten Reiten gelangt.

Während einer Unterrichtsstunde kann der Ausbilder mit einer Reihe von Fehlern konfrontiert werden, die es zu behandeln gilt. Die Fähigkeit, hier Prioritäten zu setzen und zu erkennen, welches die wichtigsten sind und zuerst behandelt werden müssen, ist von äußerster Wichtigkeit. Hier bietet gesundes Urteilsvermögen gestützt auf Wissen die Sicherheit, dass mit der Zeit ständige Verbesserungen erreichbar sind.

Der Ausbilder muss eine Vorstellung des fertigen Ergebnisses haben und überzeugt sein, dass die von ihm gewählten Übungen und Korrekturen ihn diesem Ideal immer näher bringen. Die Fähigkeit, das »große Bild« zu sehen, aber auch über das Wissen und das Kommunikationsgeschick zu verfügen, sich Einzelheiten zu widmen, ist das Zeichen eines guten Ausbilders.

Als Reiter haben auch wir die Pflicht, unser Bestes zu versuchen, um die Anweisungen des Ausbilders auszuführen. Das bedeutet, dass wir zwischen den Unterrichtsstunden die aufgegebenen Hausaufgaben machen, damit sich in der Kontinuität gute Gewohnheiten etablieren. Vollkommenheit mag unmöglich zu erreichen sein, aber jeder Reiter sollte zumindest das Ziel haben, exzellente Leistungen zu erbringen. Sitzfehler sind oft Ursache für Probleme in der Dressur, und es wäre ein großer Fehler, sie zu vernachlässigen. Kann der Reiter seinen Sitz, das Gewicht, die Schenkel- und Zügelhilfen nicht richtig einsetzen, wie soll das Pferd ihn verstehen und sich mit der Anmut und Freiheit bewegen, die wir suchen?

Heutzutage bringt die Zucht viele Sportpferde mit hervorragenden Bewegungen hervor, viel leistungsbereiter als früher, aber hat auch der Standard der Reiterei sich an diese Pferdeathleten angepasst? In manchen Fällen ja, aber nur zu oft werden Fehler in der Ausbildung erkennbar oder Abkürzungen genommen, und wir sehen Piaffen auf der Schulter anstatt auf der gesenkten Hinterhand oder eine Riesentrabaktion von einem Pferd mit festem Rücken und kurzem Hals – spektakuläre Beinarbeit, aber nicht durch den Körper gehend.

Im Wesentlichen besteht kein Unterschied zwischen Turnierreiten und der klassischen Methode. Korrekt ausgebildet können unsere Pferde sowohl in ihrer Bewegung wie in der ruhigen Harmonie von Pferd und Reiter gleichermaßen glänzen, sie sind schön in ihrer Geschmeidigkeit und Konzentration. Soweit wir wissen, haben Pferde Freude an der Bewegung. Dazu brauchen wir ihnen nur zuzusehen, wenn sie frei auf der Koppel laufen. Unsere Reiterei sollte ihnen ermöglichen, ebendiese Freude zum Ausdruck zu bringen.

Glossar

Außen | Bezieht sich auf die nach außen gebogene Seite des Pferdes und auf die Reiterhilfen auf dieser Seite.

Blaupause | Begriff, der die ideale Vorlage für eine Bewegung oder den Sitz des Reiters beschreibt.

Cavaletti | Kleine Hindernisse bestehend aus einer Stange, die so an einem Holzkreuz befestigt ist, dass sie sich auf drei verschiedene Höhen einstellen lässt. Wird eingesetzt zur Gymnastizierung des Pferdes, zur Verbesserung von Kraft und Geschmeidigkeit.

Demi-Volte | Auch Halbvolte genannt. Eine Volte ist ein Kreis von 6 m Durchmesser, der kleinste Kreis, den wir von einem Pferd verlangen können. Demnach ist eine Demi-Volte ein halber 6 m-Zirkel.

Durchlässigkeit | Von einem durchlässigen Pferd spricht man, wenn es willig den Reiterhilfen folgt, ohne Spannung durch den Rücken schwingt und die von der aktiven Hinterhand ausgehende Energie ungehindert nach vorn fließen lässt.

Engagement | Eine erwünschte Fähigkeit der Hinterbeine, mit gebeugten Gelenken weit unter den Pferdekörper und damit unter den Schwerpunkt zu treten (aktive Hinterhand). Dazu muss der Pferderücken geschmeidig genug sein, um sich aufzuwölben, sodass das Pferd das Becken einziehen und mit den Hinterbeinen weiter vortreten kann. Damit ist es in der Lage, sich leicht und quasi schwebend zu bewegen, statt sich nur kräftig nach vorn abzustoßen.

Galoppwechsel, einfacher | Ein Galoppwechsel mit einem Übergang von drei bis vier Schritten. Die Fähigkeit, präzise einfache Galoppwechsel zu zeigen, ist eine Grundvoraussetzung für die fliegenden Wechsel (s. d.).

Galoppwechsel, fliegender | Ein Wechsel des im Galopp führenden Vorderbeins, z. B. vom Rechts- in den Linksgalopp oder umgekehrt, in dem Augenblick, in dem sich alle vier Hufe in der Luft befinden. Wechseln die Hinterbeine nach den Vorderbeinen, spricht man von einem nachgesprungenen Wechsel, bei dem weniger häufig vorkommenden Nachspringen der Vorderbeine von einem vorne nachgesprungenen Wechsel.

Galoppwechsel, mehrfache | Auch Tempi-Wechsel genannt. Eine vorgeschriebene Anzahl fliegender Galoppwechsel in Folge, z. B. Zweier- oder Dreierwechsel.

Handarbeit | Das Pferd wird vom Ausbilder vom Boden aus, an der Hand, gearbeitet, mit oder ohne Helfer. Dabei trägt das Pferd üblicherweise einen Kappzaum mit eingeschnallter Longierleine, einen Longiergurt, Ausbindezügel und Gamaschen an den Vorderbeinen. Der Ausbilder setzt bei der Handarbeit Stimme, Piaffiergerte und Körpersprache ein, wozu sehr viel Geschick und Erfahrung gehören.

Hilfen, an den | Gemeint ist die körperliche und mentale Bereitschaft des Pferdes, prompt auf feine Reiterhilfen zu reagieren. Ein Pferd, das an den Hilfen steht, ist durchlässig, das heißt, es ist körperlich so locker, dass es ohne Spannung durch den Rücken schwingen und die Energie ungehindert von den Hanken nach vorne fließen lassen kann, sodass es sich im Trab und Galopp mit federnden Tritten und Sprüngen bewegt. Auch mental ist das Pferd entspannt und geht willig auf die Wünsche des Reiters ein.

Innen | Bezieht sich bei einem gebogenen Pferd gewöhnlich auf die hohle Seite und auf die Reiterhilfen auf dieser Seite (wie bei der »inneren Zügelhilfe«).

Verwendet auch im Sinne von »innerer« oder zweiter Hufschlag, d. h. 1 oder 2 m vom eigentlichen Hufschlag entfernt wie bei »Schulterherein auf dem inneren Hufschlag«.

Mittelschritt, -trab, -galopp | Im Mitteltrab oder -galopp werden die Tritte um eine mittleres Maß, zwischen Arbeits- und starkem Trab oder Galopp, verlängert. Die Tritte werden aktiver, bleiben aber ausbalanciert, rund und locker.

Mittelschritt | ist die Normalversion des Schritts, bei dem die Hinterfüße mindestens eine Hufbreite über den Abdruck der Vorderfüße treten sollen.

Pirouette | Eine Seitwärtsbewegung im versammelten Schritt oder Galopp oder in der Piaffe, bei der das nach innen gebogene Pferd einen vollen Kreis beschreibt. Die Hinterbeine beschreiben einen sehr kleinen, die Vorderbeine einen größeren Kreis. Im Idealfall sollte der Radius des Kreises nur wenig länger sein als der Körper des Pferdes, und der Takt der Gangart muss erhalten bleiben. Kann auch als Viertel- oder Halbpirouette geritten werden.

Renvers | Auch Hinterhandheraus genannt. Eine Seitwärtsbewegung, bei der die Hinterbeine auf dem Hufschlag bleiben und die Vorhand nach innen gebracht wird. Das Pferd ist um den inneren Schenkel des Reiters gebogen und schaut in die Richtung der Bewegung.

Schenkelweichen | Eine einfache Seitwärtsbewegung, bei der sich das Pferd vorwärts-seitwärts vom inneren Schenkel des Reiters wegbewegt. Das Pferd bleibt fast gerade mit nur leichter Stellung entgegen der Bewegungsrichtung. Die inneren Beine kreuzen vor den äußeren. Engagement ist für das Schenkelweichen nicht erforderlich, weshalb es oft als erste Seitwärtsbewegung nach der Vorhandwendung gelehrt wird.

Schulterherein | Eine Seitwärtsbewegung, bei der der Reiter die Vorhand leicht vom Hufschlag weg nach innen bringt, während die Hinterbeine auf dem Hufschlag bleiben. Das Pferd ist vom Genick bis zum Schweif gleichmäßig um den inneren Schenkel gebogen. Dies dient dazu, Gleichgewicht, Geschmeidigkeit und Engagement des inneren Hinterbeins zu verbessern, und die Kontrolle über die Vorhand hilft dem Reiter beim Geraderichten des Pferdes.

Bewegt sich das Pferd in einem Winkel zur Bande, jedoch ohne Biegung, handelt es sich um Schenkelweichen, nicht um Schulterherein. In Dressurprüfungen wird Schulterherein auf drei Hufschlägen geritten, im Training können es auch vier sein, wenn das Pferd geschmeidig genug ist. Jeder Hufschlag repräsentiert die Spur eines Hufes oder Hufpaares, das heißt, bei Schulterherein auf drei Hufschlägen befinden sich das äußere Hinterbein auf einem Hufschlag, das innere Hinter- und das äußere Vorderbein auf dem zweiten und das innere Vorderbein auf dem dritten Hufschlag.

Schwebephase | Im Schritt gibt es keine Schwebephase, weil sich immer ein Huf auf dem Boden befindet. Im Trab und Galopp ist sie erwünscht, weil sie den Gangarten Leben und Ausdruck verleiht. Gemeint ist der Augenblick, in dem das Pferd »schwebt«, in dem also kein Huf den Boden berührt. Sie ist ein Zeichen dafür, dass das Pferd sich mit elastischen Gelenken im Gleichgewicht federnd nach vorne-oben bewegen kann. Das Höchstmaß der Schwebephase ist in der Passage erreicht.

Schwung | Die kontrollierte Energie aus der Hinterhand, reguliert durch die Reiterhilfen. Ein rasanter Galopp hat viel mit Schnelligkeit und nichts mit Schwung zu tun – und diese Zwei dürfen nie verwechselt werden.

Seitengang | Eine Übung, bei der das Pferd sowohl vorwärts als auch seitwärts tritt. Seitengänge lockern und kräftigen bestimmte Gliedmaßen und Gelenke und helfen dem Reiter, volle Kontrolle über alle Körperbereiche des Pferdes zu gewinnen. Auch »Arbeit auf zwei Hufschlägen« genannt, weil Vorder- und Hinterbeine sich auf zwei getrennten Hufschlägen bewegen.

Travers | Auch Hinterhandherein genannt. Eine Seitwärtsbewegung, bei der der Reiter die Hinterhand vom Hufschlag ins Bahninnere hereinbringt, während die Vorhand auf dem Hufschlag bleibt. Das Pferd ist vom Schweif bis zum Genick gleichmäßig um den inneren Schenkel gebogen und schaut in die Richtung der Bewegung. Gewöhnlich auf vier Hufschlägen geritten.

Traversale | Eine Seitwärtsbewegung im Schritt, Trab oder Galopp, bei der das Pferd um den inneren Schenkel des Reiters gebogen ist und in die Richtung der Bewegung schaut. Die Vorhand soll der Hinterhand leicht vorausgehen. Im Schritt und Trab kreuzen die Vorderbeine vor dem inneren Vorderbein, im Galopp kreuzen sie nicht, das Pferd springt eher vorwärts-seitwärts.

Übergang | Der Übergang von einer Gangart zu einer anderen, entweder einer unteren (z. B. vom Trab oder Galopp zum Schritt) oder einer oberen (z. B. vom Schritt zum Trab. Auch innerhalb einer Gangart können Übergänge geritten werden, z. B. vom Arbeits- zum Mitteltrab oder vom Mittel- zum versammelten Galopp.

Korrekt gerittene Übergänge | sind als Bausteine für Durchlässigkeit und Gehorsam auf die Reiterhilfen zu betrachten.

Versammlung | Den Zustand der Versammlung zu erreichen ist ein langwieriger Prozess. Sichtbares Zeichen der Versammlung ist eine Hinterhand, die stark und geschmeidig genug ist, um vermehrt Last aufzunehmen. Durch diese Verschiebung von Gewicht und Balance wird die Vorhand leichter und beweglicher. Korrekt gerittene Piaffen und Passagen können als Höhepunkte der Versammlung betrachtet werden. Einfach gesagt ist Versammlung das Ziel der Dressur, weil man unter einem versammelten Pferd versteht, dass es stark, geschmeidig und im Gleichgewicht ist.

Verstärkung | Höchste Steigerung einer Gangart. Im starken Schritt, Trab oder Galopp verlängert das Pferd die Tritte oder Sprünge zum Höchstmaß, das ihm ohne Verlust von Gleichgewicht, Takt oder Rahmen möglich ist. Dazu gehört ein hohes Niveau an Kraft und Geschmeidigkeit, weshalb von Pferden zu Anfang der Ausbildung keine verstärkten Tritte verlangt werden.

Vorhandwendung | Das Pferd dreht sich mit der Hinterhand um die Vorhand, mit dem inneren Vorderbein als Drehpunkt. Das innere Hinterbein kreuzt vor dem äußeren. Oft als Einführung auf die Seitengänge genutzt, um Reiter und Pferd mit den Grundsätzen des Weichens vor einer Schenkelhilfe vertraut zu machen.

Stichwortverzeichnis